犯罪心理分析与矫正

骆 婧 著

中国商业出版社

图书在版编目（CIP）数据

犯罪心理分析与矫正 / 骆婧著 . -- 北京 : 中国商业出版社 , 2020.12

ISBN 978-7-5208-1452-2

Ⅰ . ①犯… Ⅱ . ①骆… Ⅲ . ①犯罪心理学 – 研究 Ⅳ . ① D917.2

中国版本图书馆 CIP 数据核字 (2020) 第 250937 号

责任编辑：陈　皓　常　松

中国商业出版社出版发行

010–63180647　www.c–cbook.com

（100053　北京广安门内报国寺 1 号）

新华书店经销

定州启航印刷有限公司印刷

*

710 毫米 ×1000 毫米　16 开　13.75 印张　250 千字

2020 年 12 月第 1 版　2020 年 12 月第 1 次印刷

定价：56.00 元

* * * *

（如有印装质量问题可更换）

前 言

犯罪心理是引发个体犯罪行为的内在原因与动力，犯罪心理并不是一朝一夕形成的，它与犯罪人早年的经历、家庭教育等密切相关，研究犯罪心理对于预防犯罪有重要的意义。

犯罪心理分析的内容有很多，需要进一步研究与完善。犯罪心理分析理论为犯罪心理分析工作的开展构筑了理论大厦，实现了犯罪心理分析工作的标准化。犯罪心理分析的最终目的是有效地开展矫正工作，因此，有针对性的矫正方案特别是个别化矫正方案的设计是紧随其后的工作。犯罪心理内容的评估诊断与针对性矫正方案的制定与实施，是我国监狱等矫正机构应当重视的关键领域。

本书共包括七章，第一章对犯罪心理学理论进行了概述；第二章对犯罪心理的成因、形成与发展、动机、量化等方面进行了分析；第三章对特殊主体的犯罪心理特征进行了分析；第四章具体阐述了犯罪心理矫正技术，包括以精神为征象的矫正技术、以人本为征象的矫正技术、以认知为征象的矫正技术、以行为为征象的矫正技术；第五章阐述了犯罪心理危机的识别与干预的方法；第六章从运作体系、运作模式与组织实施三个方面阐述了犯罪心理矫正；第七章阐述了犯罪心理矫正的未来走向。本书力求系统性和完整性，层次分明，逻辑严谨，对于警官职业学院的师生有一定的参考价值。

在编写本书的过程中，笔者借鉴了一些国内外相关的研究成果，在此一并表示感谢。对于书中存在的不足之处，恳请广大读者指正。

目　录

第一章　犯罪心理学概述

第一节　犯罪心理学的历史与发展

一、西方犯罪心理学的创立

西方国家的学者和思想家对犯罪心理问题的探讨已有很长的历史。公元前6世纪，古希腊哲学家就开始探讨犯罪心理的根源问题。他们往往把犯罪归结为“由邪恶幽灵引起”，是“中了恶魔的结果”。后来的一些思想家则以人体的结构来解释犯罪的原因。例如，苏格拉底认为可以从人的面色和头形来推断一个人的善恶；亚里士多德也认为人的头部形状与人的心智有关，犯罪者的头盖骨形状与正常人不同。这些大思想家的观点对后人的影响很大，许多后来的学者也把犯罪归结为由天生的素质所造成的。到了近代，刑事古典学派试图探讨犯罪的心理原因。英国学者J. 洛克认为“自然人的一切行为都是自由意志的表现”，“犯罪也是一样，行为人对自己所实施的行为要负责，法律要惩罚的就是基于自由意志的行为”；[①] 法国学者C.L. 孟德斯鸠在《论法的精神》一书中指出犯罪人的精神有重大质变，“悖德狂”和“色情狂”是这种重大质变的结果和表现；普脱（Pooter）在其《质变论》一书中认为犯罪是由于生活不良，身体上受到恶劣影响的结果；刑法学的创始人之一杰里米·边沁（Jeremy Bentham）则认为人是为了追求快乐也就是为了得到财物和肉体的享受才去犯罪的。总之，这一时期的各种见解和学说都趋于认为犯罪心理的产生是受先天

① 朱营周. 新编犯罪心理学 [M]. 北京：警官教育出版社，1997: 75.

遗传气质和精神变质所影响的。[①] 显然，这是很片面和缺乏科学性的。

19 世纪后期的欧洲，生产力迅速发展，从而促进了自然科学的发展，涌现出一大批新兴的学科，如人类学、人体解剖学、心理学、生理学等。同时，随着资本主义的发展，阶级矛盾日趋尖锐，犯罪现象也大量增加，特别是累犯、青少年犯的增加更快。资本家为了获取巨额利润，采取各种非法和犯罪的手段也日益频繁。因此，如何揭示犯罪行为的原因，阐明刑罚效果，改变刑罚制度，探讨预防和控制犯罪的途径就成为当时一个十分突出的现实社会问题，这就促进了犯罪科学包括犯罪心理学的建立。随着自然科学的迅速发展以及科学心理学的诞生，人们开始运用科学实证的方法来研究心理和犯罪心理，取得了突出的成果。其中，德国精神病学家埃宾（Prafft Ebing）于 1872 年出版了《犯罪心理学纲要》，据此他被后人称为“犯罪心理学的鼻祖”，但他的研究并不系统，对后世影响不大。1876 年意大利精神病学家、犯罪学家龙勃罗梭（Cesare Lombroso）发表的《犯罪人论》，是犯罪学和犯罪心理学正式产生的标志。龙勃罗梭从人类学、精神病学、法学等角度系统地研究和解剖了罪犯，涉及生理学、心理学、社会学等方面，创立了“犯罪人类学”（又称犯罪生物学）理论，因此他被后人称为“犯罪学的鼻祖”。[②]

龙勃罗梭的学生菲利（Enrico Fermi）是犯罪社会学派的代表人物。他在其 1884 年发表的名著《犯罪社会学》中提出了“犯罪三原论”和“犯罪饱和法则”等理论，在学术界有很大影响。他十分重视犯罪心理的研究，认为犯罪是在心理活动的支配下进行的，是一种有意识的活动。菲利指出了犯罪与心理活动的密切关系，并强调了研究犯罪心理的重要性。

奥地利犯罪学家格罗斯（Hans Cross）曾担任过预审官和检察官。为了适用刑法，为了判别供述的可靠和保证量刑的正确，他对犯罪心理学进行了深入的研究。他出版了《犯罪心理学》一书，是现代犯罪心理学诞生的标志。此后，由精神病学家、法学家、心理学家等撰写的犯罪心理学专著陆续问世。犯罪心理学作为一个学科开始诞生。

二、20 世纪西方犯罪心理学的发展

19 世纪后期到 20 世纪初，资本主义的社会矛盾日益尖锐，犯罪现象迅

---

① 叶鸿羽 . 犯罪心理学 [M]. 北京 : 台海出版社 , 2019:25.

② [意] 切萨雷 · 龙勃罗梭 . 犯罪人论 第 2 版 [M]. 黄风 , 译 . 北京 : 中国法制出版社 , 2005:43.

速增加。在这种情况下，欧美及日本的犯罪心理学得到迅速发展，对犯罪人的心理，犯罪人的精神、身体，犯罪人所处的社会环境等方面的研究都很活跃。20 世纪初，美国出现了行为主义心理学，其著名的观点是强调“刺激”对人的行为反应的作用，认为人有怎样的刺激就有怎样的反应；一个人受到怎样的刺激就会出现怎样的结果。后来，行为主义得到了发展，又出现了新行为主义，不仅强调外部刺激，还强调刺激与反应的中介因素心理活动。这一思想对犯罪心理学的研究是有影响的。20 世纪初创立和发展起来的精神分析学、临床心理学、学习心理学等，也都促进了犯罪心理学的发展。20 世纪 50 年代，随着科学技术的高速发展，大量新型学科，如控制论、系统论、信息论等开始兴起，对各个领域的研究，包括犯罪心理学研究都产生了重要影响。20 世纪 60 年代，认知心理学出现，它强调以信息加工的观点来研究人的认知过程，把人的心理活动看作一个整体进行研究，认为心理活动都是结构的活动。这些基础理论学科的发展也促进了犯罪心理学的研究。

由于外部条件的成熟和自身研究的深入，犯罪心理学得到了迅速的发展。从深度上说，犯罪心理学对于犯罪心理有从单因素研究转为综合的研究，既重视心理，又重视心理、环境等因素的综合作用；从广度上说，很多学者也不再是孤立地研究犯罪人，而是扩展到与犯罪人、与犯罪活动相关的各种人的心理、行为的研究。这样，以犯罪心理学为基础，围绕着犯罪原因、矫正，出现了一个学科群，如司法心理学、证人心理学、侦查心理学、受害人心理学等。

三、西方犯罪心理学的新发展

（一）理论犯罪心理学

理论犯罪心理学，主要是指以解释犯罪行为产生的原因为核心发展起来的犯罪心理学学说，根据现代犯罪心理学研究的理论基础的不同，可以把现代犯罪心理学中的犯罪原因理论划分为 4 个主要的方向或类别。

1. 精神分析学理论

自奥地利精神病学家西格蒙德·弗洛伊德（Sigmund Freud）在 19 世纪末 20 世纪初创立精神分析学说以来，弗洛伊德特别是奥古斯特·艾希霍恩、弗兰茨·亚历山大、威廉·希利以及本杰明·卡普曼、罗伯特·林德纳、凯特·弗里德兰德、约翰·鲍尔比、弗里茨·雷德尔戴维·亚伯拉罕森等人，运用精神分析学的概念、理论和方法研究犯罪心理问题，发表了一系列论著，提出了很多富有启发性的观点，形成了现代犯罪心理学的一个重要分支或研究领域，并且曾在一个时期成为现代犯罪心理学的主流。

2. 精神病学理论

在犯罪学历史上，应用精神病学的观点和方法解释犯罪问题，研究精神病患者的危害行为，有非常久的历史。进入20世纪以后，这种传统仍然继续着。一些精神病学家、心理学家仍然从事这方面的研究，形成了犯罪心理学的精神病分支。从世界范围内来看，在精神病学理论的发展中，欧洲大陆的精神病学家，特别是意大利、德国的精神病学家们做出了重要贡献。20世纪中叶以后，这些国家的许多精神病学家仍然从事这方面的探讨工作。

3. 正常个性心理学理论

这里所说的正常个性心理学理论，是个很模糊的概念，心理学著作中没有使用过这样的概念，也没有为这个概念下的定义，这里使用的“正常个性心理学”概念，主要是指有关精神正常的个别犯罪人的心理学研究，它强调三点：①包括在“正常个性心理学理论”标题下的观点和学说，主要是对精神正常的犯罪人进行心理学研究的结果，这是这一组学说与精神病学理论的主要区别。②包括在“正常个性心理学理论”标题下的观点和学说，主要是对个别犯罪人进行心理学研究的结果，这是这一组学说与社会心理学理论的主要区别。③包括在“正常个性心理学理论”标题下的观点和学说，主要是对犯罪人正常的、有意识的心理现象进行研究的结果，其研究对象主要是表层的、明显的心理现象，而不是无意识的、深层的、隐伏的心理现象，这是这一组学说与精神分析学理论的主要区别。

4. 社会心理学理论

这是指一组以强调犯罪人之间以及犯罪人与环境之间的相互作用为特色的犯罪心理学理论。虽然任何犯罪学和犯罪心理学理论都有这样的成分，但是这一组理论把犯罪人之间、犯罪人与社会之间的相互作用当作犯罪心理形成和犯罪行为产生的主要原因，把这种相互作用当作其理论的基础。

除了这些比较完备的犯罪心理理论之外，犯罪心理学研究者们还对许多因素与犯罪行为的关系进行了广泛而深入的探讨。这些因素主要包括人格与犯罪、情绪与犯罪、出生顺序与犯罪、智力或学习能力与犯罪、道德发展与犯罪、家庭状况与犯罪、情境与犯罪以及犯罪行为的机制等。

（二）应用犯罪心理学

应用犯罪心理学是犯罪心理学中有关应用研究的总称。严格地讲，犯罪心理学并不是一门理论性的学科，而是一门应用性的学科，研究并解决刑事司法实践中与犯罪有关的心理问题，是犯罪心理学的首要任务。从国外的犯罪心理学发展情况来看，犯罪心理学研究者们在如何将犯罪心理学的理论研究与司法实践的结合上进行了大量的工作，主要表现在以下方面。

1. 犯罪心理和犯罪行为的预测

这类预测研究既包括对犯罪行为的早期预测，例如，1950 年美国犯罪学家格卢克夫妇编制的社会预测表就是为了预测学龄前儿童的违法倾向而编制的，据称通过使用这个预测表，少年儿童的违法倾向在他们 6 岁时就可以精确地被预测出来；又包括许多对成年犯罪人的犯罪可能性的预测研究，这类研究的重要方面是预测和评价成年人的人身危险性、暴力行为倾向等。

2. 对犯罪现象的心理学分类

对犯罪现象进行恰当的心理学分类，是犯罪心理学研究与司法实践密切结合的重要方面，因为这类研究可以直接影响刑事立法和刑事政策。犯罪心理学中的类型学研究主要包括对犯罪人和对犯罪行为的分类两个方面。这些分类研究对于确定犯罪案件中作案人的类型、实施犯罪行为的犯罪动机和犯罪案件的性质等，具有重要的意义，能有效地帮助司法人员侦破案件。

3. 对犯罪人的心理矫正

这类研究的主要目的是矫正犯罪人的犯罪心理和不良行为习惯，促使犯罪人顺利适应社会生活。这方面的研究主要由在矫正领域工作的心理学家们来进行，研究的成果体现在为数众多的罪犯心理矫正计划中。

4. 对犯罪行为的心理学预防

犯罪心理学家们把很多的精力用在预防犯罪和重新犯罪方面，试图提出一些有效的犯罪预防措施，例如，关于刑罚的威慑力的研究，通过危机干预来预防犯罪的研究等。

四、中国犯罪心理学的研究历史和现状

犯罪心理学作为一门独立的学科只有近百年的历史，但是对犯罪心理的探讨却由来已久。我国古代的史书上早就有探讨犯罪心理问题的记载。公元前 11 世纪，周公旦就曾对犯罪的心理原因、犯罪动机等问题提出了自己的观点。春秋战国时期，诸子百家关于人性善恶的论战，其实就是对犯罪心理形成原因的探讨。孟子认为人皆有“恻隐”“羞恶”“是非”之心，有些人之所以干坏事，是因为受环境的影响。他说：“富岁，子弟多赖；凶岁，子弟多暴。”荀子则认

为，人生来就有“好利”“疾恶”“好声色”的不良本性，只有“师法”，即进行遵守礼仪法度的教育，才不会作恶。西汉初期，董仲舒提出“性三品”说，认为“圣人”天生性善；“斗筲之徒”天生性恶；“中民”则既可为恶，又可为善，关键在于对其是否进行教化和以刑罚威胁。可见，我国历史上许多政治思想家和学者早已对犯罪心理有精辟的见解，影响远及世界。

犯罪心理学在我国的传播比欧美国家晚。虽然我国历史上早就有关于犯罪思想的探讨，其历史比欧洲早得多，内容也更为丰富，但是一直未能形成一门系统的独立学科。同其他心理学分支学科一样，20 世纪 30 年代到 40 年代，犯罪心理学在我国缓慢地发展着。20 世纪 50 年代到 70 年代中期，犯罪心理学一直没有得以重视，这方面的研究几乎是空白的。直到 20 世纪 70 年代末，犯罪心理学才与心理学的其他分支学科一样开始复苏，且在较短的时间内获得了迅猛的发展。我国许多心理学工作者、教育工作者、法学工作者、青少年工作者进行了大量的犯罪心理研究，翻译出版和撰写出版了几十种犯罪心理学教材和专著，以及不计其数的研究报告和论文。开设犯罪心理学课程的学校从几所政法院校发展到全国各地的几百所院校。犯罪心理学成为心理学各门支学科中发展最为迅速的学科之一。

20 世纪 90 年代后，中国犯罪心理学得到快速的发展，对当时学科的发展产生了推进作用的事件主要包括：① 1990 年，日本犯罪心理学家森武夫教授来访。中国心理学会法制心理专业委员会负责人罗大华、李世棣教授会见了森武夫教授。② 1991 年，日本犯罪心理学家松本恒之教授应邀为中国政法大学举办的犯罪心理学研讨班讲学。③ 1992 年，罗大华先生应邀在日本犯罪心理学会第 30 届年会上做了题为《中国犯罪心理学研究的回顾与展望》的学术报告。这本身就意味着我国犯罪心理学学术力量以走出国门的形式与国际学术界进行直接的对话，亦表明当代中国化的犯罪心理学总体实力已引起发达国家学术社会的关注。④在 1980 年至 1990 年我国犯罪心理学各方面研究成果的基础上，1994 年终于出版了《中国法制心理科学研究十年》学术年鉴。这部科学的史典几乎包括了 10 年中所有犯罪心理学的研究成果，并按不同的序列、层次、作用给予了系统的展示，可让人一目了然地把握我国犯罪心理学学术研究的历史。⑤从 1993 年开始，武伯欣先生将“犯罪学”的研究成果与研究经验同“犯罪心理学”进行有重点的嫁接，并把这两者与对犯罪嫌疑人的心理测试结合起来，在特定的公安刑侦突审环境中按个案展开，及时地把握了侦讯对象的心理状态，取得了协助侦查机关突破一些有影响的案件的司法实践效果，使犯罪心理学科应用价值得到了社会的肯定。⑥ 1990 年后，犯罪心理学界相继出版了一批专业书籍。有张文清等著的《犯罪心理学》（辽宁人民出版社，1990年）、罗大华主编的《犯罪心理学》（群众出版社，1991年）、董贵山的《经济犯罪心理学》（北京出版社，1991年）、高汉生主编的《犯罪心理学》（南京大学出版社，1993年）、张保平编著的《犯罪心理学》（警官教育出版社，1995年）、林少菊等编著的《犯罪心理学》（军事科学出版社，1995年）、罗大华主编的《新编犯罪心理学》（中国政法大学出版社，1997年）、朱营周主编的《简明犯罪心理学》（警官教育出版社，1997年）、栗克元著的《犯罪心理学》（河南大学出版社，1999年）、徐乃龙主编的《犯罪心理学》（群众出版社，2000年）。⑦ 1998年，犯罪心理学界对学科的思维方法动向、研究内容演变及发展趋势等做出了系统与具体的预测，使跨世纪的学术意识得以传播，促成了学科宏观视野的扩大。

第二节　犯罪心理学的理论基础

一、犯罪心理机制概述

（一）机制的概念

机制（mechanism）一词在现代的许多学科中被广泛地使用。根据《现代汉语词典》的解释，机制有三种含义：①机器的构造和工作原理，如计算机的机制。②有机体的构造、功能和相互关系，如动脉硬化的机制。③泛指一个复杂的工作系统和某些自然现象的物理、化学规律，如优选法中优化对象的机制。由此可以看出，机制是一个复杂的系统，组成系统的各个部分相互协调、相互作用。机制有时也叫机理。在心理学研究中，也经常使用“机制”的概念。但不同时代和地区的心理学家对机制的定义存在不同的理解。美国心理学家伍德沃斯（Robert Sessions Woodworth）将“机制”定义为一种有目的的反应方式，认为人的活动包括驱力和机制，驱力发动机制，机制可以转为驱力。精神分析学派则认为机制代表由压抑而产生的无意识的行为动因。在心理学界，一般是将产生心理或行为的生理—化学过程统称为机制。

（二）犯罪心理机制的概念

犯罪心理学家们一般认为犯罪心理机制是指与犯罪有关的防卫机制。根据日本学者森武夫的研究，虽然犯罪有着复杂的原因，但是最先要解决的问题是行为人的内心矛盾或冲突。“一般来说，在发生冲突或挫折而不能合理解决的情况下，残留于后的紧张会以行为的方式发泄，或者寻求不合理的解决。后者出现的一种情况即防卫机制。”因此，森武夫认为，犯罪心理机制即防卫机制，或者主要是防卫机制。

在我国，学者们把犯罪心理机制定义为犯罪心理形成和发展变化的过程、方式、原理以及犯罪心理各因素的相互作用。它是犯罪心理的形成机制与犯罪行为的发生机制，是犯罪心理特别是犯罪动机引起犯罪行为的工作方式与过程的总称，也就是要从犯罪人的心理方面揭示犯罪行为发生的机理。其内容主要包括两个方面：一是犯罪心理形成的一般过程和规律；二是犯罪心理形成的模式。另外，在犯罪心理作用下实施犯罪行为的过程一般被认为是犯罪心理机制的内容。

二、犯罪心理机制理论

犯罪心理机制理论，是指关于探讨犯罪心理形成、犯罪行为发生以及在犯罪心理支配下发生犯罪行为的综合性研究成果。根据相关的总结，主要有以下几种。

（一）内外化机制理论

内外化机制是犯罪心理形成和犯罪行为发生机制中最重要的机制，分为内化机制和外化机制。内化机制是指主体吸收外界的消极因素形成犯罪心理的过程、方式和规律；外化机制是指主体在犯罪心理支配下实施犯罪行为的过程方式和规律。当然，内外化过程是两个相互衔接、相互渗透和相互作用的阶段，不能截然分开。但在研究的过程中，可以分别以它们中的一个为对象。

1. 犯罪心理的内化机制

内化是指主体将客观现实转化为主观映像并逐渐形成思想意识的过程，内化的过程、方式和规律，共同形成内化机制。研究犯罪心理内化机制，就是要揭示个体犯罪心理形成的主客观因素相互联系、相互作用的规律。内化机制的基本过程是选择外界消极因素、模仿和学习外界的消极因素、将外界消极因素通过违法行为尝试内化为自身犯罪心理、通过违法活动进一步强化犯罪心理。犯罪意向、犯罪动机皆产生于这个过程中。犯罪意向的萌发，是犯罪心理形成的标志。犯罪心理内化机制主要有认知的选择与加工机制、模仿学习机制、角色扮演机制、自我强化机制。

2. 犯罪心理的外化机制

外化，是指由主观的、内部的心理活动向外部行为活动的转化。研究个体犯罪心理的外化机制，主要是揭示行为人将其犯罪心理转化为犯罪行为的过程和规律。该机制存在的前提是主体所具有的犯罪心理在外界刺激和情境的诱发下，产生犯罪动机，确定犯罪目的，进入犯罪决意阶段。当条件和机遇合适的时候，主体就会进行犯罪预备，并进而着手实施犯罪行为。犯罪心理的外化机制主要有预谋发动机制、情境互动机制、挫折攻击机制。

3. 内外化机制的关系

内外化机制既可作阶段性划分加以区别，又不能截然分开，表现为外化中有内化，内化中有外化。在犯罪心理转化为犯罪行为的过程中，必定产生犯罪体验，这种体验反过来强化了犯罪心理，这是外化中有内化；在犯罪心理内化过程中，主体所表现出来的消极言语和不良行为就是一种外化，这是内化中有外化。由此可以看出，内化和外化并没有明显的时间界限，往往是同时存在、彼此渗透并相互影响的。

如果离开了外部刺激和内部需要，内化和外化就失去了动力。内化以不良需要为前提条件，外化以内化的结果为前提条件，当犯罪心理遇到外界的刺激，就会发生犯罪行为（图 1–1）。

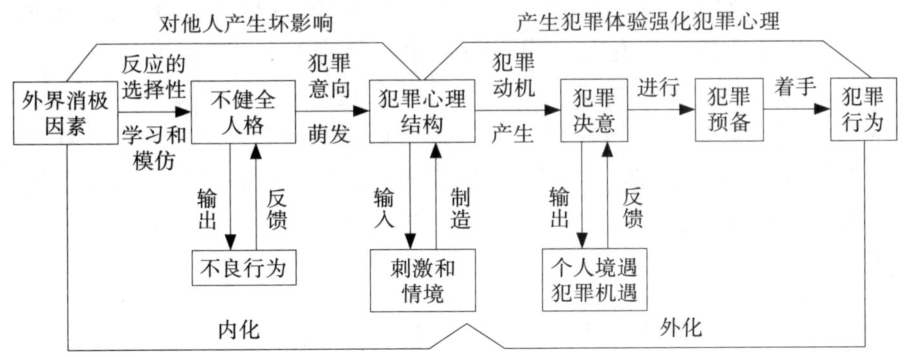

图 1–1　内外化机制关系

（二）刺激反应与反馈机制理论

该理论是我国台湾学者张春兴所提出的。其主要内容是任何犯罪行为，均可视为外界刺激诱因与内在刺激动因“合一”的结果，而他人或自身的犯罪行为亦可构成对犯罪行为的刺激与反馈（见图 1–2）。

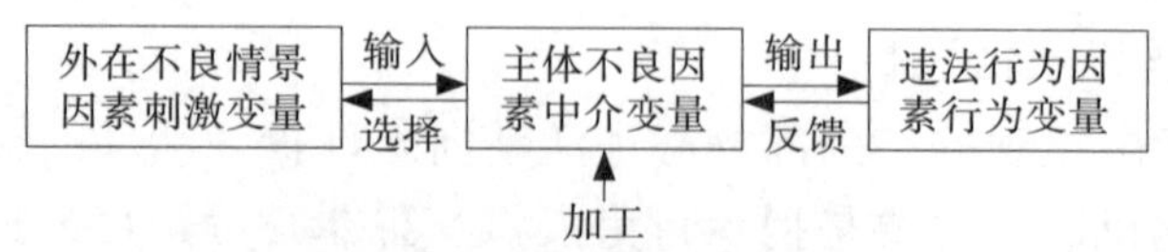

图 1-2　刺激反应与反馈机制

其作用过程大致为外界消极因素刺激主体的感官，主体对刺激因素进行认知并选择接受，消极因素的积累致使主体心理质变，犯罪心理形成，外界因素刺激实施犯罪行为，产生犯罪体验强化犯罪心理。

（三）量变质变机制理论

从人的社会化过程与品德发展心理的角度来看，在犯罪心理机制中，存在量变到质变的机制。在心理发展过程中，由于社会化过程中的缺陷和错误的社会化使个体受到一些外界的消极影响，从而使其思想品德逐渐背离常规的标准，这个背离的过程就是不良思想品德形成的过程，也就是量变的过程。当量的积累达到一定程度时，就会发生质的变化，标志着由量变到质变就是犯罪意向。而犯罪意向的产生，标志着犯罪心理质变的完成。

天生的犯罪人是没有的。任何人犯罪，不管看起来多么合乎情理，绝不是无缘由的，总能从行为人的生命轨迹中寻找到答案。人是自然的，人又是社会的，置身于社会之中的人无时无刻不受到来自社会的影响。一个人之所以犯罪，主要是由于社会影响所致，或者从某种程度上说是社会化过程的缺陷所致，即由于不完全的社会化，一个人由正常人演变为犯罪人有一个量变、质变的基本过程，在此过程行为中，人的社会化程度未达到同年龄正常人的水平，在知识、技能、社会规范的掌握，人际关系的处理，人际交往能力，社会适应及处理心理冲突等方面都存在着明显的不足与缺陷，接受了与社会规范背道而驰的反社会观念，养成恶劣的生活习惯，形成反社会人格，最终走向违法犯罪的道路。

（四）心理防御机制理论

心理防御机制理论最早是作为弗洛伊德精神分析学说的一个概念而出现的，它是指人在潜意识中自动地进行克服“本我”“自我”“超我”冲突时所产生的焦虑，以保护“自我”的方法。目前，心理防御机制被人们普遍认可。

在社会中生活，人们总会或多或少地遇到矛盾和挫折，紧张、焦虑、忧伤等负面情绪也就随之而来。每当此时，人们一般会用两种方法摆脱困境，一种是积极的，另一种是消极的。所谓积极地摆脱矛盾，面对挫折是指采取勇敢面对、主动解决、主动从挫折中走出来的方法；所谓消极的方法是指回避矛盾、逃避现实。这两种方法都可以摆脱烦恼、稳定心理，这种反应形式便是心理防御机制。可见，心理防御机制有两个作用，其一为积极作用，即暂时缓解痛苦和不安；其二为消极作用，即进行自我欺骗，逃避现实。

心理防御机制的种类很多，主要有以下几种，其中有些防御机制会导致犯罪行为的发生。

1. 合理化作用

合理化作用又称“文饰”作用，是以似是而非的理由来掩饰自己的不合理行为，以自己所需要的理由来解释不太满意的现状。这是人们运用最多的防御机制。现实中有很多人在做了错事后总是给自己找一个所谓的理由即为此例。有的犯罪人在犯罪动机形成和实施犯罪的过程中，利用这种机制来为自己的犯罪动机和行为辩解，免除自我谴责，减轻或消除内心的犹豫和顾虑，达到为自己推卸责任的目的。这种防御心理机制主要被行为人用来减轻心理负罪感、逃避责任和减轻罪责。

2. 投射作用

投射作用是指个人将自己具有的不良性格、观念、态度、欲望等转移到别人身上，认为别人也具有这种恶习或恶念的一种防御机制。有的犯罪人利用这种机制为自己的犯罪动机、犯罪行为寻找理由，以坚定犯罪的决心，例如，故意伤害中行为人认为对方有挑衅的故意。投射是一种减轻心理紧张的防御机制，它为行为人决意实施违法犯罪行为提供了强化作用。

3. 自居作用

自居作用又称“认同”作用，指个体在处于困难情境中时，下意识地模仿现实中的成功者或自比为幻想中的偶像、强者，认为自己具有了他们的能力，在心理上就分享了成功者的成就，从而减轻焦虑，摆脱困境。例如，现实中青少年模仿影视作品中犯罪人的行为就是此种情形。

4. 补偿作用

补偿作用是指一个人在生理上或心理上存在某种缺陷时，通过各种方法弥补这种缺陷而减轻其心理不适感的防御机制。这是人们所具有的普遍心理，但也会导致犯罪行为的发生。例如，一个矮个子的青年往往会选择穿内增高鞋，如果有人对矮个子做出否定性的评价，就会导致冲突，暴力犯罪可能就接踵而至。

5. 反向作用

反向作用是指采用一种与原意相反的态度或行为的心理防御机制。它是弗洛伊德心理理论中自我防御机制中的一种。通常情况下，个人行为与行为人的思想是一致的，但有时一个人表现在外的行为却与他的内在动机相反，即对自己极为需要或爱好的东西，反而在行为上极力加以反对。这种情况在恋爱中的表现比较突出，例如，一个男的越是喜欢一个女的，可能越是说这个女的不好。究其原因，很可能是他内心深处的自卑感太重，还有，如过分逢迎献媚，过分炫耀自己的优点等行为，这些行为一旦走向极端或者遇到刺激，往往会导致犯罪行为的发生。

（五）国外关于犯罪心理机制的主要理论

国外关于犯罪心理机制理论一般融合在其他理论之中。较有影响的理论有①犯罪亚文化论：与主流社会文化相对立的亚文化因素是促成犯罪心理形成的原因，或者说在亚文化下所形成的心理与犯罪行为之间的联系较多。②心理冲突论：现实中出现两难取舍的时候，个体就会形成心理冲突，在心理严重不平衡的压力之下，将迫使个体在各种不同的心理冲突中做出目标和行为方式的选择。若最终选择了犯罪的目标和行为方式，便会成为犯罪者。③犯罪倾向论：犯罪人与正常人都存在着侵害他人利益以满足自己欲望的犯罪倾向，只是两种人之间有倾向程度的差异而已。④本质相异论：犯罪人在生理上、心理上同普通人相比较，是本质上完全不同的人。该理论又分为生理上的异质论与心理上的异质论。⑤刺激反应论：一切行为都包含有刺激反应的对应关系，犯罪行为也必定同某种刺激有关。⑥动机作用论：犯罪动机是产生犯罪行为的直接动力源泉，在犯罪行为的发展中，起到决定性的推动作用，等等。

三、犯罪心理机制模式

犯罪心理机制模式是指犯罪心理形成过程中所表现出来的模式及各因素的相互作用。我国理论一般把它分为两种模式，即常见模式和特殊模式。也有人把它分为有意识犯罪动机模式和无意识犯罪动机模式。综合两种分类可以看出，常见模式一般被认为是有意识犯罪动机模式，特殊模式一般被认为是无意识犯罪动机模式。

（一）常见模式

所谓常见模式，是指被犯罪人明确意识到的犯罪心理机制模式，主要有以下几种类型。

1. 渐变式

犯罪心理机制的渐变模式，是指犯罪心理形成和犯罪行为发生是一个渐进的过程，犯罪心理从形成到在犯罪心理支配下实施犯罪行为比较自觉，是一种典型的犯罪模式。它适合大多数案例，其特点是具有渐进性、渗透性、自觉性和预谋性。渐进性是指经历了由量变到质变的过程；渗透性是指经历了由部分质变到整体质变；自觉性是指由朦胧意向形成犯罪心理；预谋性是指犯罪决意来自自身需求（见图 1–3）。

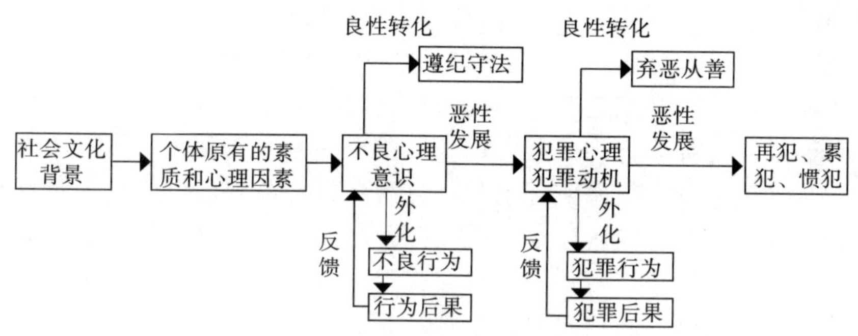

图 1–3　犯罪心理机制渐变模式

该模式又可分为以下两种。

（1）原发式。指从少年阶段起，由于社会化不完全而逐渐形成犯罪心理的类型。这种人在幼年时就形成较为顽固的恶习，我们说的由问题少年逐渐发展成犯罪人即指此类人。由于其恶习较深，矫正难度大。

（2）继发式。这类人早期无劣迹，社会化没有明显缺陷，已经被认为是合格的社会成员，表现出正常人所具有的一般特征，但在其生活的某个阶段，由于经不起各种诱惑或者受到错误思想的腐蚀，逐渐腐化堕落而走上犯罪道路。在其渐变过程中，原有的隐而不见的心理品质缺陷成为渐变的突破口，暴露出其社会化过程的不完全。这类人犯罪年龄较晚，因其思想的成熟而被矫正的可能性较大。

2. 突变式

突变式犯罪心理机制模式是指行为人事先并无劣迹和预谋，因突然发生对个体至关重要的情况或受到环境、气氛的刺激而突发性地形成犯罪心理并进而实施犯罪行为。其特点是由产生犯罪意向到发生犯罪行为时间短，过程迅速，带有突发性；行为人一般无预谋，并对事变的发生缺乏预见性；犯罪多与突然发生的情况有关，具有情境性；行为人不能适应情况变化，认知范围狭窄，意志薄弱，不能自控，具有明显的情绪性特征。

突变式犯罪可由人际冲突、矛盾激化、回避危险引起，或由激烈的群体气氛引起，还可因犯罪机遇引起。但内部心理原因仍然是突变式犯罪发生的根据。

3. 机遇式

机遇式犯罪心理机制模式，是指行为人的犯罪心理机制是因外界条件的刺激而形成的，在接触到有利于实施犯罪的机遇之前并无犯罪意图，接触到此种机遇后，或渐次产生犯罪心理，或突然起意而犯罪。犯罪机遇的出现，对于推动行为人产生犯罪动机起了关键性的作用。此种犯罪模式又可分为以下两种类型。

（1）机会式。机会式犯罪心理机制模式是指犯罪机会对行为人具有强烈的诱惑与刺激性。比如，行为人并无抢劫的意思，但看到有人在偏僻处整理大额的金钱，遂产生抢劫之意并实施抢劫；行为人看到贵重东西放在室外而无人看管，遂产生盗窃之心并实施盗窃；受托保管他人财物，对财物心生爱意，又发现没有契约约束，遂予以侵占等。机会式犯罪行为人事前虽无犯罪意图，但他们大多存在思想品德方面的问题，在遇到犯罪机会时经不起诱惑而起意犯罪。

（2）境遇式。境遇式犯罪心理机制模式是指出现了诱发犯罪行为的环境和气氛，促使行为人形成犯罪心理并实施犯罪行为的模式。此种类型的犯罪中，境遇的作用不可忽视，若无此种境遇，则有可能不会发生犯罪。它又分为三种类型：一是刺激型，行为人受到直接刺激，比如与他人发生口角或争执，对方口出秽语，行为人不堪忍受侮辱而施暴；二是胁迫型，行为人受到威胁利诱或处于从属关系而不得不参与犯罪，比如犯罪集团中的胁从犯；三是从众型，行为人事前并无犯罪意图，偶然机会参与一群人或团伙的活动，在他人裹胁或从众气氛感染下参与犯罪，比如看到别人在哄抢他人财物而实施了哄抢行为。

（二）特殊模式

所谓特殊模式是指犯罪心理机制的形成有别于上述的一般过程和模式，或者在实施犯罪行为时意识状态比较模糊。这种犯罪心理机制模式在犯罪案件中所占比率较小。具体可分为以下几种类型。

1. 变态式

变态式犯罪心理机制模式是指犯罪行为是由变态心理引起的情形。此种犯罪心理机制模式多出现于精神病人中，在此种犯罪心理下的犯罪行为往往无动机可言，人们也因此觉得不可理喻，比如恋物癖、露阴癖。

2. 习惯式

习惯式犯罪心理机制模式是指在特定的情况下，行为人并没有产生明确的犯罪意向而自动实施某些犯罪行为。习惯有时会在潜意识状态下进行，行为人对自身的动作没有清晰的认识。这种特殊形态是行为人多次实施该行为而形成的一种特殊形态，由于反复地被强化，它便成为行为人的自动化行为，有时很可能下意识地去做。例如，在小品《警察与小偷》中，小偷陈小二就是一个典型的例子。当然，习惯式犯罪者的犯罪行为还是受到他的整个意识水平支配的，不等于完全的无意识。

3. 朦胧式

朦胧式犯罪心理机制模式是指在犯罪意向引起犯罪行为时，其意识状态比较模糊的犯罪心理机制模式。现实中并非所有的犯罪行为都经过犯罪意向、犯罪动机、犯罪决意三个清晰的发展阶段，有些犯罪行为往往并无明确的犯罪动机和犯罪决意。例如，违法团伙成员都存在犯罪意向，其中为首者发现了侵害对象，他的犯罪意向便立刻转化为意识到的行为动机，在他的暗示、指挥下，团伙成员虽然迅速投入斗殴、抢劫、侮辱妇女等违法活动中，但是团伙成员的意识状态实际上仍然停留在犯罪意向阶段，没有清晰地意识到他们为什么要这么做，企图达到何种犯罪目的，只不过在团伙意识支配下，因追随为首者犯下了罪行。类似这样的情况，在部分青少年犯罪中时有出现，其犯罪动机比较模糊，未能被主体清晰地意识到。

特殊模式中还有一些比如无意识状态下的犯罪、因药物而引起的异常意识状态下的犯罪等。

四、犯罪心理形成的过程

对绝大多数犯罪人来说，犯罪心理的形成是一个渐进的、自觉的过程，其犯罪行为是有意识的行为。在犯罪心理的形成过程中，除了行为人自身的心理因素之外，还受到时空因素以及社会因素的制约。在故意犯罪中，犯罪意向、犯罪动机和犯罪决意是犯罪心理形成的三个阶段，也是三种重要的心理因素，对犯罪行为的实施和定罪量刑起着重要的作用。

（一）犯罪心理形成的一般过程

1. 个体在社会化过程中具有主观能动性

社会化是指在特定的社会与文化环境中，个体形成适应该社会与文化的人格，掌握该社会与文化所公认的行为方式的过程。它是经过个体与社会环境的相互作用而实现的，是一个逐步内化的过程。不同的社会历史条件下，社会化的内容是不同的，个体的社会化体现了社会的特点与时代的风貌，也体现地域的特征。正是从这个意义上讲，个体的社会化是一般与特殊的统一。在人的社会化过程中，个体一般并非无条件、无选择地全部接受社会对其施加的各种影响，这种现象随着个体年龄的增长而日益明显。个体接受外界影响时，随时随地都对外界信息加以识别，识别的结果有两种表现，一是接受，二是拒绝。由于个体已有的心理差异性，导致了同一种社会环境造就了千差万别的社会人：有人情操高尚，有人道德败坏；有人大公无私，有人自私自利；有人贫贱志不移，有人见利忘义；有人在逆境中成才，有人则沉沦，等等。这种差异还表现在个体通过选择不同的方式满足自己的需求。根据马斯洛的需要层次理论，人的需求是多方面、多层次的，每个人都有多种多样的需求，但这些需求存在层次的差异和同一时间内需求强度的差异，强烈的需求常常使人产生行为动机。在满足需求时不同的人会选择不同的实现方式：有人通过合法途径得到满足，也有人不择手段、不计后果，以侵犯他人和社会利益获得满足，只有在后一种情况下才会启动形成犯罪心理的初始环节。

当一个人的需求与社会需求处于对立地位或者属于畸形的、膨胀的需求时，会产生需求与满足之间无法通过正当途径解决的矛盾，如果行为人头脑里只有个人的需求，不考虑他人、社会和国家的需求，就会不惜采用非法手段达到目的。个体最终做出了何种方式的选择是产生犯罪心理的前提。当然，有些强烈需求是法律所禁止的变态需求，比如吸毒、性犯罪、痴迷于邪教以及政治上的违法欲求，也就谈不上用合法手段予以满足。这些需求的出现或者失去约束，就标志着犯罪心理的萌发（见图 1–4）。

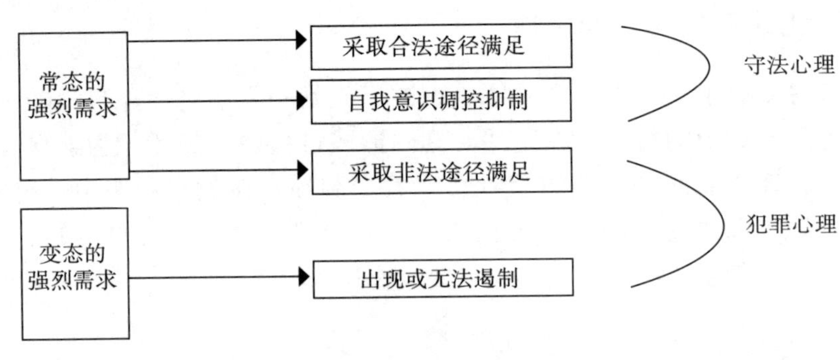

图 1–4　犯罪心理的过程

2. 不健全人格的形成是社会化不完全或社会化缺陷的结果

个体对满足需求方式的选择并不是偶然的。当一个人决定用非法手段去满足强烈欲望和选择犯罪时，必定存在着和正常人格不一致的问题。这就是社会化不完全或社会化缺陷所导致的结果。

不健全人格，又称人格缺陷，是指人格的某些特征相对于正常而言的一种边缘状态或亚健康状态，它是在个体社会化过程中因出现失误而形成的社会化程度不足和偏离社会规范的个性。它是产生违法犯罪行为的社会心理基础。这种人格缺陷与健全人格相比具有以下特征：

① 认知水平低下，缺乏辨别、判断是非的能力。

② 需求强烈，内心经常出现矛盾、冲突、紧张、焦虑和挫折感，难以自控调节。

③ 接受非主流文化和受反社会道德标准的影响，意识状态偏离常规。

④ 法律知识欠缺，对法律持轻蔑态度。

⑤ 以自我利益为核心，并采取一厢情愿、脱离实际的思维方式，认为无论采用何种手段都能使自我利益得到满足。

⑥ 冷酷无情，粗野肆虐，攻击性的性格。

⑦ 正确意志薄弱，不能抑制消极情绪的滋生蔓延，对错误行为的产生采取放任态度。

⑧ 缺少道德感、理智感、美感等社会性情感。

⑨ 价值取向偏于错误和违法，以错误的价值观作为人生导向。

⑩ 具有进行违法活动的智力和特殊能力。

正因为上述特点的存在，从而失去了阻隔正常人走向犯罪的隔离带。这些人虽然为数不多，但是却更容易走上违法犯罪的道路。

3. 形成犯罪动机

动机是指推动个体活动以达到一定目的的内部动力。一般情况下，没有动机就没有人的活动。因此，动机是人行为的动力，是引起人们活动的直接原因，是一种内部刺激。动机对个人的行为能产生推动作用，这种推动作用表现在对人的行为的发动、加强、维持，直至终止。同时，具有某种动机的人，其行为总是指向于某一目的而忽视其他方面，使其行为表现出明显的选择性。

犯罪动机是指刺激、促使行为人实施犯罪行为的内心起因或思想活动。犯罪动机的作用是发动犯罪行为，也说明行为人基于何种心理原因实施犯罪行为。可见，犯罪动机是犯罪心理的重要组成部分和形成阶段。犯罪动机的形成和其他心理现象一样，有着自身发生、发展和终了的过程。一般要经过以下四个阶段。

（1）萌发阶段。犯罪动机总是由一定原因引起的，或者由外部因素刺激所致，或者由内部因素的冲动而萌发。在这个阶段，犯罪动机首先具有初始性，即刚刚开始萌生孕育；其次具有模糊性，即犯罪动机的各种成分正在按一定模式聚集，还没有形成完整的结构，主体对自己的动机还不够明确、清晰；最后，具有内隐性，即犯罪动机的初始性和模糊性，反映了它的意识状态还处在意识与潜意识之间的前意识层。犯罪动机的萌发阶段，又可称为犯罪意向阶段。

（2）过渡阶段。当犯罪动机萌发之后，主体会对产生犯罪动机的基础进行评价，即在知、情、意和个性特征等心理因素的参与下，对犯罪动机进行价值衡量、道德衡量与利弊衡量，以决定取舍，并确定犯罪目的，形成清楚、明晰的犯罪动机。此时，犯罪动机已上升到人的意识层，能被主体所意识。犯罪动机的过渡阶段，又可称为明确动机阶段。

（3）定型阶段。当犯罪动机完全明确后，何时实施及如何实施犯罪行为，尚需通过选择时机、确定方式等动机斗争，最后下决心，对犯罪动机加以确认和巩固定型，进入“箭在弦上，不得不发”的犯罪准备状态。犯罪动机的定型阶段，又可称为犯罪决意阶段。

（4）消失阶段。即犯罪动机的终了阶段。一般情况下，通过犯罪行为实施，达到犯罪目的，使犯罪动机抵达归宿点而消失。有些时候，虽然犯罪行为已经实施，但是处于未遂状态，犯罪目的未实现，即由于主客观原因暂时不可能实现犯罪目的，而放弃犯罪动机；或者原犯罪动机为新犯罪动机所取代，原犯罪动机消失。犯罪动机的消失阶段，又可称为犯罪心理结构的衰落或衰减阶段。

4. 确定犯罪目的

犯罪目的是指行为人主观上通过实施犯罪行为所希望达到的结果。一般来说，犯罪目的是指以观念预先存在于行为人头脑中的，对犯罪行为所企盼达到的结果，而不是结果本身，不是已经实现的目的。马克思主义哲学观认为，目的是一种有特定对象的、需要付出意志努力的、自觉的追求。它虽然是行为人内在的心理活动，但是可以通过人的活动表现和行为的指向性加以确认。刑法学理论认为，犯罪目的是某些类型犯罪的主观构成的条件之一，它只存在于直接故意的犯罪中，表现了直接故意的内容，并通过故意实施犯罪来实现。在过失犯罪和间接故意犯罪中所造成的危害性后果，并非行为人追求的目的。

犯罪目的和犯罪动机是紧密联系的，两者在很多情况下是一致的，而在另一些情况下又有所区别。犯罪动机、犯罪目的与犯罪行为之间，存在着错综复杂的联系。三者之间的关系可以概括为以下几点。

（1）在多数情况下，犯罪动机与犯罪目的是一致的，甚至可以互相转化。如财物犯罪动机产生盗窃、贪污、诈骗等犯罪行为，以非法获取金钱为目的。

（2）犯罪目的相同，而犯罪动机不同，即同一犯罪目的可以来源于不同的犯罪动机。如危害国家安全的犯罪目的，有可能出自金钱动机、报复动机、政治信仰动机，但这些犯罪动机的强度须大体上与这一目的相适应。

（3）犯罪动机相同，而犯罪目的不同。在一些案件中，目的又从动机中分化出来，彼此相区别。如报复动机可以选择由轻到重的不同犯罪目的，究竟选择何种目的，由动机的强度所决定。

（4）犯罪动机来源于需要，犯罪目的既来源于犯罪动机，又受行为人的个性（知识能力、经验、习惯等）、当时的情境、条件所制约，犯罪行为则服从于犯罪目的，它是实现犯罪目的的手段。

（5）在实施犯罪过程中，常因犯罪得逞即犯罪目的的实现而使犯罪动机强化。而犯罪动机的强化，又促使犯罪目的发生递进和不断升级。比如，由小贪发展到大贪，由入室盗窃发展到抢劫银行。同时，有可能因外部条件和情况的变化，给犯罪人新的刺激，引起犯罪动机的恶性发展与犯罪的多样化，如入室盗窃后，因被害人呼救而萌发杀人动机，甚至恶化为毁尸灭迹动机；或者因犯罪目的受阻，而使犯罪动机弱化。因此犯罪动机与目的的变化，决定着犯罪行为方式的变化。

5. 做出实施犯罪行为的决定：犯罪决意

当犯罪动机与犯罪目的均已产生和确定时，也就进入了犯罪决意阶段。犯罪决意是指行为人对实施犯罪行为做出了最后决定。它包含两个环节。

（1）选择行动方式。在目的确定之后，还必须充分考虑达到此目的的具体方式和途径。如果各种手段选择余地很大，行为人就要进行分析、比较，考虑主客观条件及实施的可能性。各种手段的选择同行为人的性格特点、知识结构和智力结构有很大关系。如同样是非法获取财物，有盗窃、抢劫、诈骗、贪污等多种手段，究竟采取哪种方法，除了机遇因素之外，主要由行为人的自身条件来决定。

（2）捕捉行动时机。犯罪手段确定之后，何时实施，需要根据客观情况而定，即捕捉着手实施犯罪行为的时机。侦查人员可从判断作案人是仓促行事、犹豫不决，还是老谋深算、轻车熟路中来判断行为人的性格和意志特征。

犯罪决意一般是指行为的决定阶段，也有把它扩大为行为的执行阶段的意见。即认为行为人在执行犯罪的过程中，有时会产生意志的紧张和动摇，或产生新的动机冲突；是将犯罪决定坚持执行下去还是停止犯罪预备或中止犯罪，仍然是犯罪决意的表现。

（二）影响犯罪心理形成的外在因素

犯罪心理的形成除了行为人自身的因素，其自身以外的因素所造成的影响也是不可小觑的。当然，外在因素对犯罪心理的形成具有正反两方面的作用，它既可以促成犯罪心理的形成，又可以遏制犯罪心理的产生。这里只对促成犯罪心理的外在因素做介绍。

1. 时间因素对犯罪心理形成的影响

时间因素对犯罪心理形成的影响主要表现为犯罪者对作案时间的选择。因此，犯罪行为会在一定时间范围内表现出一定的规律性；相应地，某些犯罪类型在一定的时间范围内具有某种分布规律，如强奸案件的发案率在夏季比冬季要高。

（1）犯罪的钟点特征。犯罪的钟点特征是指在一天 24 小时中犯罪行为的分布特征，即一天中什么时间犯什么罪的人最多，或者一天中什么时间什么类型的案件发案率高。根据美国学者史密斯（B. Smith）的研究，强盗（抢劫）、盗窃案一般在 18 点至 24 点为多发期，尤以 20 点至 24 点为最多发期；谋杀案、重伤害案等针对人身的犯罪，在 22 点至 24 点为多发期。究其原因，主要有以下几点：第一，夜间人们的身心比较疲惫，自制力减退，容易受刺激而引发违法犯罪行为；第二，短时间的假睡或就寝初期，情绪容易兴奋而滋事；第三，夜晚天黑人稀，犯罪不易被发觉，夜间休息时间的人们疏于防备，犯罪行为实施较易。①

犯罪在一天的 24 小时内确实有一定的规律性，虽然其情形会因发生地域与居民习惯的不同而有一些差异，但是大致会表现出相似的特点。

（2）犯罪的日期特征。犯罪行为的发生在日期上也表现出一定的规律性。例如，交通肇事案和因酗酒引起的犯罪往往是周六、周日和周一较多，这种现象在美、日、德等一些西方国家尤为明显，因为这几天是周末，开车去城外度假的人较多，因此交通事故方面的犯罪较多；另外，欧美有的国家采用的是周薪制，周末发工资，人们利用休息时间喝酒或举行各种派对，容易发生纠纷。因此，因纠纷引起的伤害案较多。而日本采用的是月薪制，每月初或月中发薪，因此月初和月中犯罪增多。

（3）犯罪的季节特征。在一年四季中，犯罪也随着气候的变化而呈现出一定的规律性。一般来说，侵财型犯罪多发生在秋季至冬季之间，而针对人身的

① 裴杰．职务犯罪心理分析与侦查对策 [M]. 郑州：河南人民出版社，2006.

犯罪，则多发于春季至夏季。以性犯罪为例，其发案率高峰在 6、7 月份，8 月份之后开始显著下降，11 月至次年的 2 月为低潮期，3 月后又开始激增。主要原因如下：第一，春天至夏季因气温上升，人的性欲随着春天的来临而增强，容易产生性的冲动；第二，春、夏季人们的服饰简化，身体暴露的部分较多，易刺激性欲，也给性犯罪提供了便利条件。

2. 空间因素对犯罪心理形成的影响

犯罪现象所表现出的地域差异，是地域特征对犯罪心理的产生发生影响所致。犯罪现象的区域差异不仅表现在不同国家之间，还表现在同一国家的不同地区之间。

（1）不同区域犯罪现象的特点。西方和我国台湾的一些学者的研究表明，同一国家内的不同区域的犯罪现象，因受各区域的气候、风土人情、社会政治、经济及文化条件等因素的影响，会表现出一定的差异，大致有如下的规律：气温高的地区比寒冷地区的暴力犯罪要多；政治文化中心，尤其是经济活动频繁地区的财产犯罪比暴力犯罪多；流动人口较多的地方，如车站码头等，侵犯人身的犯罪较多；工矿地区针对人的犯罪较多；等等。

（2）犯罪的城乡差异。以我国为例，城乡之间的犯罪差异有如下表现：

①从犯罪数量上看，尽管农村有些犯罪比城市严重（如拐卖人口罪等），但城市的犯罪率普遍比农村高。

②从犯罪类型上看，城市的财产犯罪多，农村的暴力犯罪多；城市的再犯多，农村的初犯多；另外，城市中的青少年犯罪、职业犯罪、性犯罪等都比农村多。

就城市犯罪率比农村高这一现象来看，是由于城市中引发犯罪行为的刺激因素相对较多，比如生存竞争激烈、利益关系复杂、物资相对集中、便于隐匿销赃、社会控制力相对较弱、人们之间互不熟悉，等等。

3. 家庭因素对犯罪心理形成的影响

家庭是人们社会化的第一场所，对个人的影响也最深。人的一生大部分时间是在家庭中度过的，尤其是幼年时期，家庭是个人生活的最主要环境。从人的社会化过程来看，家庭为社会化奠定了基础。因此，家庭的人际关系气氛、组成状况、社会经济地位、父母亲的言行都会对子女的人格发展起着至关重要的作用。家庭因素对犯罪心理的影响主要通过以下几个方面发生作用。

（1）家庭结构的缺陷。主要表现为家庭成员的缺失、家庭经济结构的缺陷、家庭人际关系的不和谐等。

①成员缺失家庭。成员缺失家庭，又称残缺家庭，是指由于婚姻离异或者

家庭成员死亡使孩子无父、无母或者父母双无的家庭。这种家庭严重地损害了孩子人格的健康成长，容易在孩子稚弱的心灵上引起各种不良反应，可能使其逐渐变得性格孤僻、偏狭、自私、冷漠、难与人相处，如果任其发展下去，在一定情况下就容易发生犯罪。根据湖南省心理学会 1991 年的调查，在湖南省少管所等单位的 210 名少年犯中，家庭破裂的有 87 人，其中父母死亡，从小无人照管的有 48 人，父母离婚，丧失母亲造成孩子心理变态的有 39 人。这一切都说明父母缺失的家庭对子女有非常不利的影响。

②贫困家庭。贫困家庭是指家庭平均收入低于该地区家庭平均收入水平的家庭。贫困本身不是犯罪的原因，但是生长在贫困家庭中的孩子，相对地说，从家庭中分享到的物质生活和精神温暖、正常教育等都自然少于其他家庭。这种家庭的父母终日为家庭的基本温饱而疲于奔命，无暇也无力教育自己的子女，甚至无能力在基本生活需要上满足子女的需求。这样，在缺少基本生活保障又缺乏教养的家庭中，孩子容易和有恶习的少年交往，或受品行不良人员的诱惑，长此以往就会走上犯罪道路。

③成员存在不道德、违法或犯罪现象的家庭。未成年人好奇心强，易受暗示和影响，善于模仿，可塑性强，但辨别是非美丑的能力差，控制和约束自己的意志薄弱，父母的言行对子女有耳濡目染、潜移默化的作用。因此，父母的不道德行为、违法行为、犯罪行为最容易引起子女犯罪。

④不和睦家庭。这种家庭有两种：一种是夫妻感情不睦，另一种是父母和子女感情不睦。夫妻不和，经常发生争吵甚至打架，使家庭气氛冷漠、紧张，子女失去温暖，长期在这样的家庭中生活，就会使孩子在人格上出现缺陷，容易养成空虚、烦躁和失望的情绪。长此以往，孩子对家庭感到恐惧，就可能到别处另觅归宿，极有可能混入违法犯罪者之中；在父母和子女不睦的家庭中，子女失去父爱或母爱，缺少正常的关心和爱护，对子女人格的健康发展影响极大，最终导致犯罪心理的形成。

（2）家庭教育的不合理。家庭教育不合理是指父母在对子女的教育中方法不当或者错误。有关研究发现，青少年犯罪的原因主要在家庭因素，尤其以家庭教育不当占绝大多数。家庭教育不当主要有以下几种表现：过于严格；过于宽容；不一视同仁；前后是非标准不一等。这些容易使子女形成不良的心理，进而影响其人格的健康发展。

4. 学校因素对犯罪心理形成的影响

学校对学生的主要职责就是把社会规范、道德观、价值观以及前人所积累下来的知识、技能传授给学生。在学校生活中，学生们主要通过教师获得知识及道德教育，同时在与多数同学相处之中，学习适应共同生活的能力。正确的教育不但可增进人的知识和技能，使人获得谋生的本领，而且可以提高人格的修养，培养高尚的情操、良好的品行；对青少年来说，学校是除家庭之外花费时间最多的地方，也是第二个主要的社会机构，学校教育状况的好坏，直接影响着青少年犯罪的产生与否。司法实践和相应的理论发现，不良的学校教育会诱发少年犯罪的产生，这种诱发作用表现在三个方面。

（1）学生因受到歧视而产生挫折感。如果学生每天在学校中成绩不好，那么他们不仅学不到知识，还会产生挫折感和绝望心理。由于现代班级教学的局限性，学校不能为每个学生提供使他们能获得成功的课程，因而会促使少年犯罪的产生。

（2）因课程无法满足需要而使学生失去学习兴趣和满足感。如果学校所讲授的课程与学生的需要和志向没有联系，学生就会失去学习的兴趣。一些较差的学校通常不注意学生的兴趣，根本没有开设这样的课程，对于许多学生来说，由于他们很难在学校中找到能获得快乐的活动，再加之学校很少关心他们的学习愿望，就使其不能产生满足感。

（3）因不能建立良好的人际关系而容易脱离学校的管束。学校中的许多班级太大，人数太多，学生之间很少有亲切温暖的人际关系。不善于同家人建立起亲密关系的学生，在这种学校环境中更难建立起温暖的同学、师生关系。这些因素就容易使学生的心理上产生创伤，使其对学校产生抗拒心理和失望情绪，不愿意继续上学，不断逃学或在学校中进行不良行为而被逐出校门，流落街头。这些流落街头的学生不但学习成绩越来越差。而且这样对学校生活越来越不适应，从而很容易为反抗上学而进行违法犯罪活动，而且与有劣迹的、不良行为的人甚至犯罪人交往、接触的机会更多，使他们容易受他人的感染、教唆或者由于无人管束而走上犯罪道路。

显然，如果学校教育存在缺陷和问题，它作为一种条件，就与人们（特别是青少年）的犯罪关系密切。我们研究学校教育与犯罪的关系，主要是从学校教育功能发挥情况方面来进行分析，以探讨其与犯罪的关系。一般来说，学校教育工作中存在的缺陷和问题容易诱发学生的不良行为或违法犯罪行为，比如思想品德教育工作的薄弱，教育体制存在的缺陷，教育监督管理的简单化等，当然细化起来有很多问题，这需要研究者们做大量的调研工作。[①]

① 王钦颢．青少年犯罪的心理特征和矫正措施分析 [J]. 决策探索（下），2019（10）: 91.

5. 不良文化对犯罪心理形成的影响

文化因素作为影响犯罪的社会宏观因素，不仅包括社会的精神产品，还包括科学、文学艺术、新闻出版、广播电视等多种组成部分，与犯罪关系密切的是不良文化。所谓不良文化是指与社会主流文化相偏离甚至相对立的一种“亚文化”或“副文化”。它是某一社会文化中的错误、消极的部分，其形成通常是由阶级地位、种族背景、居住地区、宗教渊源等社会环境因素相互作用的结果，并且这些因素一经结合就形成了一定功能的统一体，对有关个人产生一种综合的影响。不良文化不仅对人们的思想和行为带来不良影响，甚至还可能导致违法犯罪行为的产生。不良文化与犯罪的关系常表现为以下几种情形。

（1）外来文化的冲击导致不良文化的出现。在现代社会中，随着国际文化交流的扩大，在现实生活中存在着不同地域性、阶级性和多样性的多元文化局面。国际的、异种文化对我国的传统文化和现代文化造成了强烈的冲击。如平均主义与差别效率主义、自由与守旧、个人主义与集体主义、农耕社会的伦理观（禁欲勤勉）与产业社会的伦理观（成就效率）、勤劳与享乐等之间出现了矛盾和冲突。这种强烈的文化冲击，一方面可能使人们的社会化更加困难，多种不同的社会规范和价值观念向人们的判断能力提出挑战，在种种诱惑面前，他们需要有较强的自我控制能力。另一方面，这种冲击带来了一些消极影响，比如冲击了集体主义观念，使人们过分注重个人目标的追求；权利观念和价值判断的标准混乱，追求极端的民主、自由；生活观念发生变异，追求生活上的享受和超前消费，互相进行盲目的物质攀比，当不切实际的消费需要得不到满足时就产生对社会现实的不满。如果在激烈的文化冲击下，不能对青少年进行正确的引导和教育，就会使他们在思想上和行为上脱离现行的社会规范和行为准则，甚至背离法律的要求，同时这些消极影响可能直接诱发犯罪行为。

（2）大众传播媒介中的不良因素对犯罪行为的发生有诱导作用。大众传媒中的淫秽、暴力等不良内容，对受众会产生很强的负面影响，刺激不良需求的产生和加强，甚至直接成为犯罪的诱因。①大众传媒具有极强的感染性，这一特点很容易导致人们对它所宣传的内容不做分析地全面接受，其中涉及暴力、色情、反动的内容，常常对犯罪心理的产生具有刺激、诱导作用。②传播内容的启示性，使人们产生模仿行为，特别是对社会阴暗面的揭露，对黑社会犯罪或恐怖事件的报道，可能使一些人，尤其是青少年从中学习到犯罪的手段、方法，并很快用于犯罪活动中。③大众传媒的商业化，导致出现了一些不健康内容。一些文化价值不高，内容荒诞离奇，甚至淫秽下流的非法音像、书刊，通过流通领域进入市场，从而造成人们思想混乱，给违法犯罪行为的产生埋下了种子。④一些电影、电视、书刊等在性欲、物欲、占有欲和攻击性宣泄上大做文章，对人们的心理产生了极其混乱的不良影响，有的直接刺激人们实施犯罪行为。

（3）犯罪亚文化。亚文化通常包含两种含义：一是指在一个社会的某些群体中存在的不同于主文化的一套价值观念和行为模式；二是指由奉行这些不同于主文化的价值观念和行为模式组成的社会群体。这种文化可以围绕职业种类、社会经济阶层、年龄、地域等而形成和发展起来。每个复杂的社会都是由许多亚文化组成的，社会中的每个人常常在一个以上的亚文化中发挥作用，而且在他们的一生中也会经历不同的亚文化。由于亚文化是一种对立文化或反文化，很容易在社会经济地位比较低的下层社会的青少年中形成，以至有“犯罪亚文化”“少年犯罪亚文化”的概念。

犯罪亚文化主要存在于犯罪发生率较高的地区，尤其是青少年犯罪帮伙中，更有一套完整的犯罪亚文化，其内容包括对犯罪的赞赏态度；将犯罪活动合理化的技术；进行违法犯罪活动所必需的知识和技能；处理赃物的方法；物色犯罪目标的能力；逃避司法机关侦查与惩罚的手段；寻找犯罪同伙的方法，等等。它们是导致违法犯罪行为的重要因素，特别是青少年走上违法犯罪道路的一个重要诱因。

犯罪亚文化对青少年行为的影响主要表现在以下几个方面：①强化犯罪亚群体的反社会性。一方面，与犯罪的反社会性相一致，犯罪亚文化属于社会中的支流文化现象，是适应、满足犯罪及其主体的需要而产生、传承并得以被信奉和遵循的；另一方面，犯罪和犯罪亚文化群体也正是托庇于犯罪亚文化才得以实现和维系的。因此，就其基本的价值倾向而言，犯罪亚文化始终偏离并根本对立于社会主文化。这一特点造就其鼓动、教唆犯罪亚群体悖逆、对抗和否定社会主文化所确定的社会共同价值和规则。②维系犯罪亚群体和同化群体成员的作用。从心理学角度来看，犯罪亚文化是罪犯的欲求、心态和本性的自然真实流露。作为犯罪亚群体的“群体意识”或“同类意识”，它反映了罪犯所共有的“人生与人心”的叹息，在给罪犯以集体认同感和心理归属感的满足，并提供具有精神和物质后盾意义的支持力量的过程中，成为犯罪亚群体得以维系并团结一致对外的心理纽带和精神支柱。正是犯罪亚文化所提醒的这种“自己人”的感觉，使犯罪亚群体有可能形成并对其他成员具有强烈的吸收和同化能力。倘若社会发生大规模的震荡，出现失控状态，则犯罪亚群体可以因此如滚雪球一样迅速扩散与膨胀，甚而形成黑社会。经研究表明，诸如“强奸集团”“走私集团”“盗窃集团”或“恐怖主义集团”“瘾君子团伙”（吸毒集团）等犯罪亚群体之所以得以形成和维系，正是因为具有这种共同亚文化的暗示和感召。从群体的名称到其中的暗喻、行为方式、奋斗目标，都是沟通和召唤凝聚全体成员的标志。③提供心理支持的作用。犯罪亚文化常常反映了其成员的畸变、歪曲的心理要求，一方面，由于与主文化对立，其成员就会在心理上产生不安与罪恶感。犯罪亚文化可以帮助他们避免因惩罚或舆论所可能造成的价值与信念的冲突和人格分裂，而从心理上赋予其“勇气”，从而也就赋予其一种心理上的“安全感”。另一方面，诸如暗语等非语言符号、亚群体的结构与规则、犯罪技术、禁忌以及仪式等亚文化因素，其实是罪犯适应环境、应对挑战、便利犯罪、逃避惩罚而有意建立或自然形成的自我约束手段，保证了犯罪亚群体的“安全感”。

五、犯罪心理形成规律

虽然每个犯罪人的自身条件和所处的客观环境不同，犯罪经历也不一样，犯罪心理特点千差万别，但是他们犯罪心理的形成还是有规律可循的。

（一）犯罪心理的形成是一个主客观因素互动的过程

犯罪心理是客观因素与主体主观因素在社会实践活动中相互作用、相互转化的结果。这一过程既是外界不良因素的“内化”过程，又是主体主观因素“外化”的过程。

犯罪心理的形成，最先表现为内化的过程，也就是将客观现实中的消极因素转化为犯罪主体不良心理意识的过程。当然，这一转化过程不是消极被动地实现的，而是伴随着个体的积极的主观能动作用，它与个体的兴趣、认知等原有的心理发展水平有关。内化的方式，可能是模仿学习，也可能是对群体亚文化的认同，或者是因为他人的教唆。

犯罪心理的形成，也表现为外化的过程，即犯罪主体的主观意识不断转化为不良行为的过程。犯罪人在客观消极因素的作用下，产生了不良心理意识或犯罪动机，总是要通过行为人的不良行为，甚至犯罪行为表现出来，这就是犯罪心理的外化过程。外化的方式，既可能是个体有意识的意志活动，又可能是无意识的活动。

在外化过程中，不良行为与犯罪行为及其结果又会作为刺激信息，反作用于行为人，对其原有的犯罪心理起增强或削弱的作用，这实际上是一个新的内化过程。如此循环往复的互动，对犯罪心理产生持续影响。

（二）犯罪心理的形成是从量变到质变的过程

犯罪心理的形成是行为人心理发展过程中出现的一种特殊心理现象。在心理发展过程中，因行为人不断接受外界的消极影响，逐渐形成了不良的意识、观念和行为习惯。行为人心理发生这样的变化，实际上就是一个消极的量变过程，当然这个过程中存在着局部质变和阶段质变现象。调查表明，大多数青少年在犯罪之前，就表现出法制观念淡薄、意志品质不良以及性格缺陷，甚至还有许多不道德的、违纪违法的行为。当量变积累到一定程度时，就会发生心理品质的飞跃，引起质变，质变的标志就是犯罪动机的产生。因此，“小错不断，大错不犯”是极端错误的认识，小错的发生是犯罪心理在形成的过程中出现部分质变和阶段质变的结果，因此轻微的违法和一般犯罪之间并不存在不可逾越的鸿沟。

（三）犯罪心理的形成是行为人对外界消极因素积极能动反映的结果

意识是人脑对客观物质世界的反映。意识即心理，因此心理也是人们对外界因素的反映。心理学的研究理论表明，人在同一时间只对符合其需要的和与当前活动相一致的事物进行感知，同时排斥与需求无关的刺激以及与当前活动不一致的现象。这体现了人在反映客观事物时具有选择性，或叫心理倾向性。在有倾向性的能动反映过程中，个体形成并巩固着各自的个性品质。而形成何种性质的心理则主要取决于行为人原有的心理品质，也就是说在犯罪心理形成的过程中，不但主客观因素都起作用，而且主观因素起主要作用。

个体具备什么样的心理品质就会对该类性质的外界客观因素产生选择性和倾向性。不良心理品质的人，容易对不符合社会规范要求的事物和信息进行选择性反映，而排斥积极的事物和信息，于是导致不良心理品质进一步恶性发展，如此循环往复，最终形成犯罪心理，并逐步趋于稳固。

（四）不良心理意识的强化是犯罪心理形成的一般模式

当一个人产生了不良的心理意识之后，往往会通过不良的言论和行为表现出来，如果这些不良言行没有得到及时、有力的批评和纠正，这种情况作为信息反馈回行为人，对原有的不良心理意识会起到强化作用，形成犯罪动机、犯罪心理。同样，当行为人在犯罪动机驱使下实施犯罪行为，犯罪人未受到有力的打击，反而体会到了作案成功带来的愉快和刺激时，这种结局对其犯罪心理也会起到强化作用。犯罪行为的得逞、个人欲望的满足，通过犯罪所带来的一切成功及其内心体验，使其犯罪心理恶性发展，由初犯向再犯、累犯、惯犯发展。这又是犯罪心理得到强化的结果。

第三节　犯罪心理矫正的目标和意义

一、犯罪心理矫正的目标

犯罪心理矫正的目标是让个体通过增加其个人效能而避免犯罪，预防特定个体重新犯罪。这是犯罪心理矫正的道德目标。有的学者认为犯罪心理矫正的目标是为了实现正义和威慑，其最终目标是保护社会。因此，犯罪心理矫正既包含人道主义的成分，又包含功利主义的成分。犯罪心理矫正的实践则试图在满足犯罪人需要和社会需要两者之间进行协调。

（一）适应监狱环境

对一些第一次入狱的罪犯来说，从合法公民变成接受刑罚的罪犯，这在心理上是常人无法承受的，并且在服刑期间他们的人身自由受到了限制，在刚刚进入监狱的几天，罪犯身上会出现不适应监狱生活的现象，经常会出现一些比较严重的心理问题和情绪问题。此时，就需要心理矫正人员来帮助这些罪犯及时解决这些心理上的问题，进而防止出现一些比较过激的行为。

（二）消除个人缺陷

俗话说："人非圣贤，孰能无过。"对于正常公民是如此，而对于罪犯这一特殊群体更是如此。罪犯在犯罪前或者犯罪中都存在着不同的个人缺陷，在监狱这种封闭的环境中如果不克服这些缺陷，就会在一定程度上影响到其个人的发展，甚至导致再犯罪行为的发生。因此，消除个人缺陷对于罪犯心理矫正工作及罪犯的改造前途尤为重要。其主要内容包括以下方面。

1. 增强自我了解

借助心理矫正行为，罪犯能认识到自己的心理状况，并且针对自己的行为比较清楚地解析其本质以及相应的产生原因，最终用正确的态度来认识自己过去所犯下的罪行。

2. 改变错误认识

帮助罪犯认知他们的行为是否合理，并相应地提升其本身的认知能力。这样一来，不仅能使罪犯非常清楚地认识到自己对整个社会以及他人观念的理解是否正确，还能使罪犯在刑满后更好地融入社会，能树立一个正确的人生观、世界观和价值观，不会因为认知上的错误而再次犯罪。

3. 疏解消极情绪

针对罪犯的行为要进行严格的疏导工作，使他们能进一步消除紧张或绝望的情绪，渐渐恢复良好的情绪，并且应在整个过程当中帮助罪犯建立一个相对良好的情绪反应，使这些罪犯能较好地掌控自己的情绪。

4. 矫正不良习惯

对于很多犯罪的人来说，大多数都会存在一些不良的行为习惯，而正是这些不良行为习惯使他们犯下罪行，这些不良的习惯也会因为罪犯在监狱服刑而自行改变，如果没有相应的矫正措施，在刑满释放后，还会成为其生活当中的不利因素。因此，在整个心理矫正的行为当中，应针对罪犯可能存在的不良习惯进行矫正，使他们养成良好的行为习惯，并且相应地培养属于其自己的行为方式，进一步增强罪犯在每一种不利情况下的适应能力。

5. 培养自控能力

一部分罪犯的犯罪行为主要是出于冲动所带来的激情犯罪，社会上很多暴力犯罪就是犯罪行为人在强大的冲动情绪的带动下，完全脱离理性的控制所产生的。因此，当对罪犯进行心理矫正时，需着重提高罪犯的自控能力，使他们能在面临一些强大的精神刺激时，保持应有的理性，避免再次做出情绪冲动的行为。

6. 改善人际关系

有一些罪犯之所以会犯罪，是因为人际关系处理得不好，这也是诱发很多暴力犯罪的重要因素。这些人往往因为一些小的事情就激化矛盾，造成人际关系恶化，进一步酿成大祸。因此，在对罪犯进行心理矫正时要积极指导罪犯提高自己的人际交往能力，使他们能维持较好的人际关系，尽可能不再出现因为人际关系处理不当所导致的犯罪行为。作为一个社会人，最主要也是最基本的能力就是与人交往，因此改善人际关系也是罪犯心理矫正工作中最为重要的内容之一。

7. 增强竞争意识

在罪犯的改造过程中，奖罚与激励是极为常见的。罪犯在完成改造任务的同时，会接受考核，如罪犯改造性质、罪犯改造积分等，这些考核的结果可以决定罪犯的减刑情况，因此罪犯对于考核是比较重视的。在对罪犯的管理过程中，运用了思想政治教育中的内化与外化规律，通过定性、定量、加分、扣分等方法，使罪犯形成竞争意识，让他们懂得只有努力改造，得高分才能尽快减刑，从而体现在改造行为上。

8. 建立守法心理

守法心理是一个人能支配自己时刻遵守法律规定的重要因素，也是运用法律规范不断约束自己行为的一系列心理因素的有机结合。对罪犯而言，只有形成一个良好的守法心理以及健康心理，才能提高其自制力并且养成良好的行为习惯，进而对法律产生敬畏的心理，进一步避免触碰法律的底线，采用一种合法的手段和思维来保护自己的合理行为和合法权利。

（三）健全干预机制

危机干预，其实就是对出现心理危机的一些罪犯进行的具有针对性的预防和疏导工作。这里所说的"危机"，其实就是指一些罪犯意识到自己所拥有的资源以及自己所掌握的应对机制可能已经没有办法解决面前的困难的时候所产生的一种心理现象。换言之，危机其实只是罪犯个人的一种认识行为，并且这种认识的正确与否难以确认，却会使罪犯产生一种不安的情绪。对罪犯的危机干预其实就是有针对性地进行疏导，这其中最主要的内容就是帮助罪犯解决一些他们面临的心理危机，再采用一些措施来使罪犯能安然度过这一次心理危机。对于危机干预而言，也可以算是一种比较直接的咨询方式，因此当工作人员开始干预的时候，一般都会针对一些比较具体的危机，而不是一些比较抽象的态度或观念的转变。假如是后者的话，那么就是罪犯的心理障碍。对于正处于危机状态下的罪犯，其心理状态在危机出现前后往往都是健康的。因此，心理危机出现的时间比较短，一旦危机消失以后，罪犯比较混乱的状态也会随之消失不见。①

二、犯罪心理矫正对服刑人员的重要意义

心理矫正是监狱机关运用心理学原理，采用心理咨询以及心理治疗的方法和技术，帮助服刑人员克服心理障碍和服刑期间出现的心理问题，促进罪犯心理素质的良性转化，以稳定狱内改造秩序，使罪犯健康回归社会。②

---

① 潘浪．浅谈误判心理学应用于社区矫正工作 [J]. 法制与社会，2020（10）：171.

② 姚峰．监狱改造模式及效果澄清——兼《犯罪心理分析》述评 [J]. 犯罪与改造研究，2018（10）：45.

（一）对服刑人员的心理矫正工作是保障服刑人员人权的需要

保障服刑人员的人权是法治文明社会的要求，作为人权中最基本的一项健康权也是应该受到保障的，心理健康与生理健康一样要受到保护。

（二）对服刑人员的心理矫正工作是提高教育改造质量的需要

心理矫正工作的根本目的是使服刑人员适应监狱环境，消除导致个人犯罪或者再次犯罪的人格缺陷，使其心理健康，认知正常，行为符合社会评判标准。

（三）对服刑人员的心理矫正工作是国际行刑趋势的需要

目前，国际行刑趋势已由“报应性司法”向“恢复性司法”转移。恢复性司法的核心问题之一即“恢复原状”。恢复原状的意思主要指服刑人员在接受惩罚后，身心状态要恢复到健康的状态。通过各种研究表明，服刑人员有心理问题或者有严重心理创伤与其重新犯罪间存在着较高的相关性。

因此，开展罪犯心理矫正工作，对于服刑人员心理健康的关注，既有助于降低重新犯罪的比率，又有助于我国与国际行刑趋势相接轨。

第二章　犯罪心理分析

第一节　犯罪心理成因分析

一、失衡论

犯罪心理形成的原因不同于犯罪原因，具有特殊性，这种特殊性就在于“心理”这两个字上。心理指的是人的心理。因此，犯罪心理成因理论必须把人置于中心地位，以人为参照体系来考察一切内外因素是如何作用于人，影响人的心理的，通过它们对人的作用来分析考察犯罪心理形成的原因，这才是真正的犯罪心理层面和意义上的研究。

有的人力争先进，有的人要博爱，有的人想恋爱，有的人要出家。在这多变的行为后面，必然隐藏着人类所特有的某种共同的心理规律，即心理平衡法则。

心理平衡指的是人类的内心世界有一种自发寻求安宁、平衡、和谐、舒适、稳定、满足的心理倾向，或心理惯常状态。心理失衡是指人由于某种欲求尚未满足而暂时经历的一种内心紧张、不安、混乱、不稳定的状态。失衡的心理总是千方百计地力求恢复平衡状态。由失衡向平衡的必然转化，就是所谓的平衡法则。平衡是相对的，失衡是绝对的，在已取得的平衡基础上，又会产生新的不平衡，如此反复，循环不已。人的心理和行为则在这循环中不断发展，变得复杂。个体心理由失衡自发地向平衡转化，并不是轻而易举、自动完成的，而需要主观能动性。这主要体现在主体为恢复心理平衡所采取的复杂多变的行为变式，如合理追求、违法犯罪、压抑、移置、升华、逃避、自杀等，违法犯罪只是主体为恢复心理平衡所采取的诸多行为变式中的一种。

心理失衡是人类行为的内在起因和内驱力，并导致人的复杂多变的行为变式。心理失衡与犯罪有什么内在的联系呢？从个体角度看，犯罪只不过是在心理失衡状态下力求恢复平衡的一种行为方式，是一种必然而普遍的心理现象。从整个社会的角度看，如果整个社会发生了心理失衡现象，就会产生严重的社会问题，并导致社会的不稳定和犯罪率的上升。特别是当造成失衡的原因是超个人的，而社会又缺乏有效的疏导、排解措施与方法时，整个社会的犯罪率激增就不可避免了。[①]

（一）消费欲望的高期望值与实际生活水平的低实现值的巨大反差

“安贫乐道”的消费观念和“抱残守缺”的心态是不符合社会主义的发展方向和根本任务的，它实际上是一种在落后的生产力下产生的价值观念。那种“穷过渡”“越穷越光荣”的陈旧观念阻碍了生产力的发展。改革开放以后，人民的生活水平有了较大提高，并开始追求更高层次的消费需求，但盲目追求超过实际消费水平与能力的消费观念——高消费、超前消费应运而生。应该说，消费意识作为一种意识，本身与犯罪并无必然联系。但是，任何事物都有其“度”的界限，超过一定的度便可能走向事物的反面。根据专家、学者的研究发现，处于贫困状态的国家，人们的物质需求低，社会反而比较稳定；处于从贫困向小康转化的“温饱型”发展中国家，由于人们的物质需求膨胀过热，而社会可供满足欲望的能力相对过低，这种矛盾容易激发社会动荡。其原因正是在这种歪曲的消费心理所营造的社会氛围之中，一部分人的“超前消费”意识得以急剧膨胀，对财、物的占有欲、挥霍欲、享受欲被“放大”，当这种欲望在合法渠道得不到满足时，迅速变态劣化为犯罪动机，进而实施反社会行为，成为引发经济犯罪、盗窃犯罪、抢劫犯罪等财产型犯罪的重要成因之一。

（二）利益分配的再调整及巨大反差导致多数人的心理震荡与失落

个体经济的出现和个体经营者的崛起，对整个社会产生了一次强烈的刺激与震荡。出现这一现象是我国进行市场经济改革的必然结果，总的发展进程是好的。但有极少数人根据自己的利益需要，在追逐实现个人利益时，把个人利益置于他人、集体和社会利益之上，这就不可避免地导致危害社会、危害他人利益的犯罪行为的产生，而这些犯罪行为中，又以侵犯财产为主要目的，其结果必然引发各种侵犯财产型犯罪事件的上升。而极少数人以不法手段牟取暴利的行为，又给人们强烈的刺激和负面反馈，这就进一步促使社会心理动荡不

① 申权威．大学生犯罪心理分析及预防策略探究 [J]．校园心理，2019, 17（02）: 143.

安，从而诱发犯罪心理滋生和犯罪率增长。

由此看来，这种失衡的心理状态不仅导致人际冲突，还是诱发犯罪心理和导致犯罪行为增长的深层原因。

二、失范论

变革中的社会也必然表现出一定程度的不稳定性，这种不稳定性的直接反映是使社会的思想价值观念方面产生冲突与混乱，从而造成社会价值观念的“失范”状态。这种“失范”状态也必然对人们当时的社会行为产生重要影响和调节作用。

“失范”，即失去规范。它是一个社会学的术语。最早由法国社会学家埃米尔·迪尔凯姆（E. Durkheim）提出。其含义是由于社会规范的衰微、冲突、含糊或不存在状态，人们不知道该做什么、该怎么做，甚至不能控制他们的欲望，更不能分享他们的目标。由心理失衡与行为变式可知，失衡提供了人们行为的诸多可能性，但它决定不了主体选择哪一种行为，那么是什么原因使主体选择了这种行为方式而没有选择那种行为方式来消除心理失衡呢？是社会规范。

社会总是对人提出各种各样的规范和要求，而这些社会规范一旦内化成主体的价值观，就会使主体产生强大的自我约束力。社会规范包括：法律规范、道德规范、规章、纪律、社会风俗习惯等。它通过内化了的价值规范系统，通过主体自我约束的方式对行为起规定、示范、调控作用。由此看来，社会规范是决定人的行为性质的重要变量，对人的心理和行为具有规定和示范作用。如果社会结构没有提供明确的社会规范来指导人们的行为，而使人们无所适从，形成无规范状态，就会产生包括犯罪行为在内的各种偏离行为。例如，如果社会对什么是“发财致富”没有做出明确的规范，就会使人在无示范的状态下很容易以非法手段“致富”，从而产生犯罪行为。

因此，从遏制犯罪的角度来讲，必须简化、统一社会价值和社会目标，理顺、重建失去的规范；但从社会发展的角度来看，变革的社会，必然使价值观念多元化，社会目标多元化，社会规范复杂化。这种矛盾的斗争与冲突加剧了现阶段社会成员的思想意识形态领域的失范状态。

唯物辩证法认为，世界是由各种各样的事物相互联系构成的统一体。统一体内各种事物的相互作用必然使事物原有的状态和性质发生或大或小的改变，从而引起运动、变化和发展。伴随着动态过程，人们的价值观念系统也在不停地发生变化和更新。

进化与变化，是价值观念变革和发展的两种方式。变革基于进化，又高于进化。进化一般不造成某一社会价值观念根本性质的转换，而变革往往涉及价值观念旧质向新质的飞跃。因此，变革的彻底性及其对价值观念的推动作用要远远高于进化。但变革所引起的社会震荡比进化强烈得多，其间也不免伴随某些副作用。既然道德与价值进化的动因植根于一定社会经济条件的本质与需要，那么传统的社会价值系统与市场经济的运行规律发生某种不协调并面临失范便具有不可避免的历史必然性。如果不能正确引导和重建更合理、更完善的社会价值系统，社会犯罪就将增加。社会价值系统的失范容易引起普遍的观念混乱，衍生出部分不顾全社会长远利益和道德法纪的个人价值观，一遇到合适的外界条件，很容易使主体产生犯罪心理，进而外化为犯罪行为。而思想意识的混沌，价值系统的模糊，使社会难以通过各种渠道对社会成员施以思想教育，达到控制犯罪的目的。

（一）重利轻义的价值观及人际关系的物化与尖锐化

改革从经济意义上讲是生产力发展的要求，从本质上讲是意识形态的变革。改革正在改变人们的行为取向，引起观念的变革，这是围绕着经济关系的变革而发生的。社会主义市场经济的实现，打破了人们传统的“重义轻利”的观念，促使人们用新型的道德观念去注重企业的经济效益，从而改掉了生活惰性，如“安贫乐道”“君子喻以义，小人喻以利”，形成了“重利轻义”的新的价值观。从根本上讲，这一价值观的变革是进步的，它强调利益关系，重视经济效益和经济规律，对于推动社会主义市场经济的发展和促进生产力具有积极意义。但事物都具有两面性，认识事物时应一分为二。

笔者认为，传统的偏重“仁义”而轻视“利益”的价值观念当然有失偏颇，但如果我们走上另一个极端，片面强调“利益”而抛弃道德仁义，同样是错误的，它必然导致在人际交往中一切以商品等价交换为尺度，唯利是图，见利忘义，从而导致人际关系的物化、商品化，并由此诱发大量的社会矛盾，使人际关系紧张化和尖锐化。由此看来，重视“利益”与重视“道义”都是同等重要的。正如精神文明与物质文明一样，两者都不可偏废。决不能见利而忘四项基本原则，去做有损国格、人格的坏事、丑事；决不能见利忘德、利欲熏心、不守信用、不讲礼让，去做失德的事。在市场经济社会，人们把市场经济等价交换的经济规律也迁移到了人际交往上，即人际关系“物化”；人与人之间被“物质利益”关系所隔开，有利则图，无利则走，造成价值观念和思想意识形态领域的失范状态。传统地为人民服务、大公无私、艰苦奋斗的观念有被唯利是图、损人利己、见利忘义、拜金主义等观念取代的危险倾向。

一事当前，先考虑自己能否受益，一切从有利于自我利益出发，这在客观上也就刺激了消极攀比、唯利是图、见利忘义、一切向钱看等病态社会心理的产生，使一些人在极端的个人主义思想支配下，使用非法取利方式，追逐个人利益，侵害社会、他人利益，导致经济犯罪盗窃、抢劫及杀人等犯罪行为大量滋生。因此，在旧的传统道德价值观念出现失调与异化新的能被社会公认的价值体系又未能及时确立、人的行为难以由“现有”向“应有”转化的情况下，社会缺陷行为必然会大量增加。同时在很大程度上就造成了主体思想意识形态领域的失范，造成了整个社会的混乱与动荡，造成了人际关系的淡化、物化，从而增加了犯罪行为发生的可能性。

（二）集体主义、集体利益的退化与个人主义、个人利益的泛滥

市场经济的实现，打破了人们的传统心理——“重义轻利”，使人们通过新型的道德观念更注重经济效益，强调时间观念和效率观念，改掉了一系列生活惰性:“安贫乐道”“知足常乐”“君子喻以义，小人喻以利”等。

改革的结果不仅使人民的生活水平得到了大幅度提高，劳动者的积极性更充分地发挥，还使人们开始从物质利益出发来处理和评价个人与个人、个人与社会之间的联系，用包含丰富内容的道德观去评价“义”和“利”的关系。

人们义利观的变化，也使人们的集体利益、群体意识、利他主义向个人利益和利己主义转化。这种变化打破了人们原有的心理平衡，使人们的价值观念和思想意识形态领域产生“失范”。

毫不利己、专门利人、大公无私、先公后私的集体主义和专门利己、毫不利人、损公肥私的个人主义产生冲突。在这场冲突中，个人利益战胜了集体利益、国家利益，从而导致了拜金主义和各种损公肥私的腐败现象的出现，以及与之相联系的各种犯罪行为的激增。片面强调个人利益在很大程度上会造成人际关系的淡化，并强化个人的私利心理，增加了犯罪机会和犯罪发生的可能性。

三、失调论

心理失衡是产生犯罪的前提和基础，但是心理失衡只是犯罪行为发生的必要条件，而不是充分条件。因此，人一旦心理失衡，并不是必然去犯罪，有可能采取多种行为方式来消除心理失衡。心理失衡只是犯罪行为发生的第一道防

线。当主体心理失衡时，如果有强有力的主体约束力（犯罪心理的第二道防线），主体一般不会犯罪；而一旦主体丧失了内在的行为规范，即由于“失范”而导致主体约束力减弱，主体犯罪发生的可能性便会增加。但此时，主体还有第三道防线，即社会对主体的外部控制力。如果此时社会结构本身失调，由此导致社会结构控制功能弱化，主体突破了行为的“第三道防线”，犯罪就会不可避免地发生。因此，社会结构失调及功能弱化，是犯罪心理产生、犯罪行为增长的又一重要原因。

虽然社会结构分为许多个层次，而且每个社会结构单位的功能各不相同，但是有一点是相同的，即它们都必须行使使社会稳定化、秩序化的职能，或者说社会控制力是社会结构的共同功能。

（一）家庭结构及其功能的弱化与犯罪

家庭是一个具有保护、休养生息功能的社会结构。家庭正常功能的发挥，必须有一个基本条件——家庭稳定性。稳定的家庭能使人产生一种安全感、舒畅感；相反，不稳定的家庭不但不能使人感到愉快，而且会使家庭成员烦躁、怨恨、猜忌、不安和恐惧，从而降低家庭成员抗挫折阈限，造成家庭成员缺乏家庭约束力，缺乏道德约束力，增加犯罪机会和犯罪发生的可能性。因此，家庭稳定与否是影响社会安定与否的重要因素之一。

1. 变革中的社会冲击了家庭结构的稳定性

首先，随着市场经济的发展和社会生活水平的提高，家庭结构出现了新格局，即小型家庭增多。小型家庭，使构成家庭、维系家庭的主要成员只取决于夫妻双方，家庭的责任感和约束力自然减弱，造成家庭成员之间缺乏家庭约束力和牵制力。一旦发生矛盾不能及时调解，又没有家族的约束，家庭的稳定性常常受到影响。

其次，影响家庭稳定性的另一个因素，就是家庭成员独立意识、平等意识增强，享乐意识与要求觉醒。独立意识、平等意识的增强，使长期以来形成的大男子主义和夫权思想受到了彻底的挑战，并由此产生矛盾与冲突。另外，人们不再忍受“凑合家庭、没有爱情的家庭”，从而导致离婚率的增加。高离婚率，必然给社会带来一系列问题和不安定因素，影响我国现阶段的家庭结构稳定性。

2. 变革中的社会导致家庭教育的失调

家庭教育在一个人的一生中具有举足轻重的意义。家庭教育的好坏对儿童有很大的影响。家庭教育还有一个特点，就是家庭成员间的先天血缘关系和抚育关系。先天血缘关系使成员彼此心里接近、相通；而法定抚育关系，又使孩子对父母长辈有依赖感和服从感，容易树立家长的威信。因此，家庭教育对未成年人来说具有得天独厚的作用，常常是家庭教育好，子女就成长得好，家教有问题，子女也会产生这样或那样的问题。

首先，是独生子女的教育问题。由于我国的基本国情，决定了我国在人口政策上必须实行计划生育政策，因此独生子女家庭越来越多。独生子女的教育过程中出现的突出问题是溺爱，即孩子在家庭中娇生惯养，予取予求。孩子在这种教育方式下很容易形成唯我独尊、无视他人、以自我为中心的性格特征，错误地认为无论何种情况下周围的人都应当满足自己的一切需要，否则就是社会或他人对自己的不公正、不公平，缺乏社会责任感和义务感，骄横任性、心胸狭隘。在这种教育环境中成长起来的个体，常常不能适应激烈的社会竞争，容易产生挫折感而不能自拔，很可能为满足自己的私欲而产生犯罪。

其次，是不考虑儿童身心特点与能力水平的超前教育。家长对子女的期望太高，超过了子女的能力范围，从而给子女带来压抑、苦闷、绝望、紧张、孤僻等不适应心理，很容易使子女产生厌学情绪。

最后，市场经济对家庭教育的冲击。市场经济下“金钱至上”“一切向钱看”的思潮无疑是对我国现今家庭教育的一个冲击，并带来负面影响。如不少家长以“将来赚大钱”作为奋斗目标教育孩子；以金钱作为诱饵，鼓励孩子考高分、考名校；以金钱赏赐，让孩子劳动。有些家长忙于赚钱，置子女教育于不顾而致使他们走向犯罪，不少儿童脑袋被灌满了“发财才光荣”“能捞有本事”“大款是英雄”等错误观念，导致正确的教育观念被淡化，影响未成年人的健康成长。

（二）学校教育的弊端与犯罪

从古至今，教育总少不了两大功能：思想道德规范教育和知识传授。

古时的统治者都极为重视道德教育和知识传授。特别是道德教育被作为控制、统治人民思想的重要工具。在奴隶社会和封建社会，由于生产力水平低，劳动不需要劳动者有较高的文化知识就可以完成。因此，统治者为了更好地维护其统治，采取了愚民政策，剥夺了劳动人民学习文化知识的机会，并极为强调对劳动人民的思想控制和感化，用儒家孔孟之道的“君君臣臣、父父子子”“三纲五常、三从四德”“重义轻利”“节欲”，道家的“寡欲”，墨家的“苦行”等道德教化来统治人民。

如果说那时的教育是重德育轻智育的话，那么现实中的教育就走向了另一个极端——重智育轻德育，教育功能出现片面化的倾向。片面追求升学率，不注重学生世界观、人生观、价值观的教育，成绩成为对学生的唯一评价标准。这样使身心尚未成熟而辨别是非能力又差的青少年，难以抵御社会上各种消极因素的影响。

经验教训表明，我们必须始终坚持社会主义的教育方针，必须在把德育、智育结合起来抓的基础上，着重于思想品德教育。可以预言，随着我国教育功能的调整和全面化、正常化，学校教育中出现的上述问题将会逐步得到克服和解决。

（三）防范力量弱化与城市犯罪

城市犯罪问题是一个极其复杂的社会问题，它受多种因素的制约，其中随着改革开放的进行，城市犯罪防范力量弱化不能不说是导致我国现阶段城市犯罪增多的一个重要因素。这里主要讲一下城市企事业单位职能的专业化及教育功能退化对犯罪的影响。

在社会主义社会，任何一个单位都不只是一个劳动单位、工作单位，也不仅仅行使行政职能或生产职能，它还担负着对其所属成员的社会主义教育功能，这对于维护社会治安的稳定曾起到重要的作用。为什么我国犯罪率大大低于许多西方国家？这与我国层层设防，严密控制，重视教育有直接关系。但是，改革开放以来，我国的社会结构发生了很大变化，以前那种卓有成效的预防、控制结构遭到了冲击和破坏，教育职能出现退化。

仅就工厂企业来讲，由于市场经济的影响，重利润重经济效益以及强烈的竞争意识已经深入到了各个工厂、企业单位，这对于我国经济发展与生产当然具有积极意义。但与此同时，产生了一种偏向，即片面追求利益，只讲企业效益，忽视社会效益；只重生产，忽视政治思想教育的倾向，造成工厂、企业职能的专业化和教育管理功能弱化。

（四）人口流动与犯罪

社会流动人口激增，增加了社会结构的不稳定性，使社会对犯罪的控制力进一步被削弱。人口的大流动是伴随改革开放和社会主义市场经济体制建立而出现的一种必然趋势，也是社会化大生产条件下社会生产力配置的一种必然需要。人口的流动对经济发展和社会进步起着积极的促进作用，但也带来了一系列的社会问题，使社会治安出现了许多新情况、新问题。同时，由于流动人口本身所特有的复杂性和经济状况、居住处所等物质条件的不稳定性，在社会各种思想文化的冲击下，极易诱发各种犯罪现象。流动人口犯罪问题已成为困扰当前社会治安的一个普遍而突出的问题。从某种意义上说，控制和掌握流动人口犯罪就等于掌握了整个社会治安的主动权。

中国国家卫计委发布了《中国流动人口发展报告 2018》(简称《报告》)。报告显示，中国流动人口数量已经连续三年下降，2017 年达 2.44 亿人。《报告》指出，从 2015 年开始，流动人口规模发展出现新的变化。全国流动人口规模从此前的持续上升转为缓慢下降。2015 年国家统计局公布全国流动人口总量为 2.47 亿人，比 2014 年下降了约 600 万人；2016 年全国流动人口规模比 2015 年减少了 171 万人，2017 年继续减少了 82 万人。

《报告》指出，在 2017 年的流动人口中，新生代流动人口（1980 年以后出生）所占比重为 65.1%。新生代流动人口中近一半为跨省流动，超过半数“10 后”出生在流入地。97.3% 的新生代流动人口喜欢现在居住的城市，95.3% 的新生代流动人口关注现在居住城市的变化，93.3% 的新生代流动人口愿意融入本地人之中。《报告》建议，增强对新生代流动人口的职业与技能培训，提高其就业能力与就业质量。

《报告》显示，老年流动人口规模从 2000 年的 503 万人增加至 2015 年的 1 304 万人，年均增长 6.6%。老年流动人口主要由四类人群构成，即劳动迁移者、失能迁移者、健康退休迁移者和家庭供养迁移者。《报告》建议，兼顾务工人员、随迁家属和老人等各类群体的需求，继续推动社保、医保等的统筹管理。

《报告》分析，祖父母辈是留守儿童的主要看护人，小学及以下学历者占 70% 以上，往往更多关注孩子的生理需求，忽视其情感需求。与农村非留守儿童相比，留守儿童在情绪控制、注意力、社会适应能力、自伤行为风险等方面表现出更多问题。建议建立健全留守儿童健康关爱服务体系和社会支持网络。加强针对农村留守儿童的心理健康、伤害预防的教育和服务，建立符合当地实际的心理健康服务体系。强化父母的监护和养育责任，如指导外出务工的父母增加亲子沟通的频次，提高沟通质量，提升监护人的健康意识，促进形成正确的养育观念等。

（五）社会惩罚效应的弱化与犯罪

犯罪经济学理论认为，每个人都试图以最小的代价获取最大的满足，权衡利弊，合理选择。人之所以选择犯罪，就是因为犯罪人既想通过犯罪获得满足，又想逃避打击和惩罚。如果他得到的好处要他以沉重的代价来交换，从经济的角度看，就是亏本买卖，他自然就不干。因此，一个人要抢劫银行，必然抱着侥幸心理，企望获得好处而又不受惩罚，如果他事先知道作案肯定被抓获，犯罪带来的利益是负数，犯罪无利可图，甚至还要赔本，那他肯定不会去干。

由此看来，要想减少犯罪就一定要保证犯罪分子在以非法手段获取利益时，要用沉重的代价来补偿，要受到严厉的惩罚。因此，社会惩罚效应也是打击犯罪的重要因素。为什么在20世纪80年代，我国刑事发案率大幅度下降，曾出现一个社会治安的黄金时期？就是由于我们加强了对犯罪的社会惩罚效应。

因此，从理论上讲，对每个犯罪人都绳之以法，是打击犯罪、减少犯罪的有力武器。但实际上我们不可能把所有犯了罪的人都抓获处罚。如果我们能对绝大多数犯罪分子做到严厉打击，就起到了强化社会惩罚效果、震慑犯罪分子的作用。

一位犯罪学家指出，罪案的总数被揭露到四成时，犯罪者就会袖手观望，不敢随便下手作案；罪案被揭露到一半以上时，胆小的犯罪者就得另谋出路；罪案如被揭露到八成以上，罪犯只有投案自首或潜伏他乡。

由此看来，社会对犯罪惩罚效应的高低与犯罪率密切相关。那么，用这一观点再来看我国目前犯罪率上升、社会治安不稳定的情况，就不难看出目前我国社会惩罚效应弱化是现阶段犯罪率上升的重要因素之一。

当然，当前社会惩罚效应弱化是由多种因素造成的，如破案率低、有法不依、法制不健全等。

第二节　犯罪心理形成与发展分析

一、犯罪心理的形成

社会生活为我们展示了丰富多变的社会现实。同样面对复杂的客观存在，人们却形成风格迥异的个性，选择不同的人生之路，扮演着不同的社会角色。大部分人都能成长为符合社会要求的合格成员，而极少数人却走上了违法犯罪的不归之路。原因何在？我们试图从社会生活的不同侧面对个体犯罪心理的形成做出科学的、系统的、概括的解析。对于个体而言，犯罪心理的形成绝非由某一个方面、某一种原因所铸就，犯罪心理乃是个体心理素质的综合体现，是不同于其他心理的一种蜕变，一种新质状态。

（一）犯罪心理形成的内化过程

1. 内化和社会化

内化在皮亚杰的发生论中有所运用，它是指感觉运动性动作向内部思维运算的过渡。社会心理学中的内化，就是指个体将一定的精神文化经过社会学习而转化为稳定的心理因素的过程，即将人类的知识、经验、社会规范与价值体系转化为个体的知识、经验、价值与信念。内化就是个体以社会学习为中介，将社会存在转化为自身心理因素的社会化过程。从这个意义上讲，内化实质上就是个体的社会化。

个体成长之初，生活于社会之中，互相学习生存环境中许许多多事物所代表的意义，理解和掌握社会所明文规定的法律规范和约定俗成的道德规范等社会常识。在这个学习过程中，通过对社会规范不断认同，逐渐形成对各种社会存在进行鉴别的自我标准，并以此作为指导自己行为的准则而形成一定的行为模式。这种自我标准的建立必须借助于生活空间、时间以及个体的主观感受。这一过程就是个体成为合格社会成员所必不可少的社会化过程。

社会化就是在特定的社会与文化环境中，个体形成适应于该社会与文化的人格，掌握该社会所公认的行为方式。社会化是一个过程，伴随着人的一生，它通过个体与社会现实的相互作用而实现，是逐步内化的过程。个体所承担的社会角色，取决于周围环境对他的影响以及他对周围环境反作用的行为模式，社会化的内容是极其广泛的，包括对政治、民族、法律、性别、角色、道德等不同社会存在的认同。个体正是通过社会化过程才能不断完备自己的社会属性。

社会化的作用在于促使个体对社会规范的积极认同。它能将社会规范纳入其主体意识之中，成为指导个体行为的内在标准，从而与社会要求保持协调一致。社会化的作用在于将每一个社会成员培养成为适合社会需要的人。社会化了的个人是精神健康的个体，不仅获得了能适应外界情境的各种行为方式，有统一的人格，还必须能积极地支配环境。简言之，社会化旨在将个体内心想要实现的与来自社会方面的价值观进行有机的融合。

2. 犯罪心理的形成

第一，社会化的缺陷是犯罪心理的发轫。并非所有个体的社会化都能沿着正确健康的方向顺利发展。对于社会规范的认同，由于个体心理因素的不同而存在着巨大的差异，由此导致不同的社会化结果。如前所述，健康的社会化会使个体成长为合格的社会成员，而有缺陷的社会化会使个体的发展沿着偏离或相反的方向进行。社会化的缺陷包括两种不同情形，即不完全的社会化和错误的社会化。表现为个体对社会规范的不完全、不充分，甚至完全相反的认同，其所确立的自我标准与社会规范不相符合或者完全相悖。这种自我标准的确立，决定了个体的认识和行为的基本趋向。因此，不完全的社会化和错误的社会化极可能导致个体违法犯罪心理的产生，亦可认为是犯罪心理的滥觞。

有缺陷的社会化可能产生的问题如下：一是个体认知水平的低下。一方面对新社会规范难以进行正常的内化，对积极的社会存在的无视使个体难以建立抵制腐蚀、防止违法犯罪行为发生的免疫系统，削弱了自我控制能力；另一方面，对消极的社会存在却进行着积极、自觉、能动的吸收，发展和巩固不良的个性心理品质。二是不良习惯和定势逐渐养成。基于错误的心理选择，导致其行为基本方向的失常。对消极的社会存在的内化最先表现在对个体具有总体指导意义的个性倾向性中，个性倾向性对个体的行为方向起着至关重要的作用。有缺陷的社会化的个体在个性倾向性上表现为其价值观念体系与社会需求相违背，具有反社会倾向，低层次的物质需要与精神满足决定了其兴趣、动机等水平。而习惯正是一种与需要和倾向相联系的自动化动作，不良习惯的养成，正是犯罪心理形成过程中的一个重要环节。当考察违法犯罪青少年的生活经历后，不难发现大部分违法犯罪青少年都是由点滴劣迹发端而走上违法犯罪之路的。正是对不良习惯的放任态度，导致违法心理的进一步恶化。

第二，违法行为的尝试是犯罪心理形成的巩固阶段。个体的心理活动绝不仅仅停留在抽象思维阶段，不局限于内心世界的孤立运动。作为社会中的人，他需要向外界释放自己的影响，以自己的行为，以自己的心声昭示其社会价值。违法行为的实施，正是在个体已经形成的心理品质指导下而实施的，它是不良习惯的恶性发展。违法行为的实施会使个体得到不同的情绪体验，愉快、兴奋、满足、沮丧、痛苦等。肯定的情绪体验会给个体带来欲望满足后的欢愉，这种情形会强化原有的违法心理，形成个体再一次尝试的企图。有助于犯罪心理形成的恰恰是这种类型。

第三，犯罪意向的萌发是犯罪心理形成的标志。犯罪意向是没有分化的、没有明确意识的违法犯罪人的需要。个体社会化的缺陷，不良习惯的养成，违法行为的初次尝试，经过这一系列的心理体验后，便有可能产生模糊的、没有特定指向的进行违法犯罪活动的内心冲动。由此进入了萌发犯罪意向的阶段。此时个体已确立了以反社会为主导的心理趋向，各个心理因素亦围绕这个主题进行着相应的变化，以达到新的暂时稳定的状态，等待选择时机，实施进一步的行动。犯罪意向的萌发，标志着个体的心理经历了一系列的过程后，犯罪心理新质状态的最终形成。

犯罪心理形成以后，并非必然导致犯罪行为的发生。对于存留在意识状态中的犯罪心理而言，它需要借助于一定的客观条件才能表现为现实的行为状态。在犯罪心理向犯罪行为转化的关键时刻往往伴随着个体激烈的心理活动。

（二）犯罪心理形成的外化过程

1. 关于外化以及行为的发生机制

与内化相对应，外化是指主观的、内部的心理活动向外部活动形式的转化。这种外部活动形式既可表现为语言，又可以是某种行为。也就是说个体的言行是外化的具体表现形式。心理活动只有借助外化过程才能得以表现。外化是人类进行交流的必然过程，个体的言行是我们探索其心理奥秘的桥梁。

犯罪行为究竟是怎样发生的？如前所述，犯罪心理的形成并非必然导致犯罪行为的发生。那么，在犯罪心理和犯罪行为之间必然有某种因素起着非常关键的作用，正是由于这种因素的存在才使犯罪心理和犯罪行为之间达到一定的契合。

新行为主义心理学的主要代表人物之一托尔曼（Edward C. Tolman）在对行为的发生机制的研究过程中主张对行为进行心理分析。他在华生（John，B. Watson）的“刺激 — 反应”（S—R）模式的基础上，首创了“中介变量”的概念。用“S—O—R”取代“S—R”，“O”代表“中介变量”。内部心理活动过程是在有机体内进行的，虽然难以观察，但是却是决定个体行为的实际因素，托尔曼称之为“中介变量”。它是联系实际变量与行为变量的中介。至少有两类中介变量对解释行为的发生有所帮助。一类是需要变量，一类是认识变量。需要变量相当于动机，认识变量包括对象知觉、再认、运动、技巧等。

2. 犯罪心理外化的主观要件——犯罪动机的形成

行为是意识活动的必然结果。当犯罪意向这种朦胧意识出现以后，如果说此时个体的犯罪意向尚处于一种模糊的、盲目的冲动阶段，那么犯罪行为的发生就要求犯罪意向的进一步明确。这种明确对于犯罪个体更具有实际意义。在犯罪行为实施过程中的侥幸心理，有赖于个体对与犯罪行为有关的主、客观条件的充分认识，这种准备可使其在犯罪行为过程中所承担的风险大大降低，相对地，任何盲目的行为都可能招致意想不到的危险。

犯罪动机就是推动行为人实施某种犯罪行为的内心动力。同一切合法动机一样，犯罪动机亦来源于个体的某种需要，所不同的是犯罪动机与个体的非法欲望和需要相联结。犯罪动机将个体原有的内心犯罪冲动与个体的具体需要结合起来，确立其行为的基本指向和一定的目标。犯罪动机是犯罪意向的进一步发展，它消除了原有的盲目性，表现为个体正常的心理活动，足以引起和发动个体的犯罪行为。犯罪动机形成以后，即可维持和增强个体的犯罪心理活动。

3. 犯罪心理外化的客观要件——引发犯罪行为的刺激和情境因素

犯罪动机形成以后，个体具备了足以发动犯罪行为的内心冲动，犯罪行为的引发亦依赖于个体对客观条件的认识，即对达到犯罪目的的可行性分析，包括犯罪技能和足以引发犯罪行为的刺激和情境。刺激和情境的出现为犯罪动机的实现提供了现实性。

（1）宏观控制系统存在着利于犯罪的条件。社会政治、经济形势的动荡和困难，社会观念意识和社会风气中的不良因素，对于个别犯罪分子的打击不力，社会治安状况的混乱，社会管理过程中的疏漏，均可以被个体所反映，而被认为有利于犯罪行为的实施。

（2）微观环境中的刺激与情境因素。这种刺激与情境往往为个体提供了一定的犯罪机遇，就是有利于行为人实施犯罪而又不易被人发觉的机会和条件。在犯罪心理形成以后，随着犯罪动机的进一步明确，一方面个体等待犯罪机遇的出现，另一方面由于某种具体的刺激和情境的作用亦会导致犯罪行为的实施。具体来说，刺激和情境在何种条件下可引发个体犯罪行为的发生呢？一是被侵害对象与其犯罪欲求的吻合，包括被侵害者的性别、年龄、面貌和具体的物品等，由于这种现实的出现，与犯罪个体的犯罪心理发生撞击，产生共鸣，从而驱使个体实施犯罪行为。二是作案现场的时空条件。犯罪行为所具有的反社会性及应受刑罚惩罚性，决定了犯罪个体行为的隐蔽性而区别于正常的社会行为，犯罪个体在实施犯罪行为时对时间、地点等往往经过精心的选择和确定。如漆黑的夜晚、幽静无人的小路、拥挤的闹市等，都是被犯罪个体用以掩护自己犯罪行为的客观条件。三是现场的气氛。在犯罪行为实施现场的其他人的情绪、语言、行为等对个体犯罪行为的产生起着诱发和纵容的作用。

（三）犯罪心理内外化过程的行为模式

内化和外化是互相联系、互相依赖、互相渗透、互相制约的过程。在内化过程中包含若干消极行为和活动，这是不良心理的外化。外化过程中的犯罪行为是对犯罪心理的反馈，又是再一次内化。由此循环往复，周而复始形成犯罪心理内化、外化的整体过程。

1. 犯罪心理内外化过程的渐进性

经考察，大多数犯罪个体的犯罪心理基本上都经历了不良心理 — 违法心理 — 犯罪心理的质变过程。由于其社会化的缺陷，导致内在标准的反社会性，从而与消极的社会存在结下不解之缘，一步步坠入犯罪境地。这是比较普遍的犯罪心理演化过程，我们称为显性演化过程。除此之外还有另外一种表现形式，即个体的心理同样经历了从不良心理、违法心理到犯罪心理的渐进的演化过程，但其外部表现形式却给人以不显著的运动状态的印象。这一类人平素极少有不良行为或违法行为的发生，而直接过渡到犯罪心理的最终发生，我们称之为隐性演化过程。这一类个体的犯罪往往出乎其他人的预料，因为他们平素表现良好，甚至给人思想端正、积极上进的印象，但是这种正常的表现仅仅是假象而已，在其内心世界依然存在着某种社会化的缺陷，当这种缺陷与犯罪机遇相吻合时，个体的犯罪行为势必发生。

2. 犯罪心理内外化过程的突发性

这种内外化过程表现为个体由于受到偶然刺激，生活中出现具有重大意义的事件，使个体原有的相对稳定的心理结构在短暂的时间内发生严重倾斜，对其经过社会化而建立的自我标准产生怀疑甚至否定，在外界的直接刺激和情境作用下引发犯罪行为。与渐进性的行为模式相比，突发性的行为模式具有以下特征。

（1）冲动性。即犯罪心理内化、外化过程受情绪的支配，尤其在犯罪心理的外化阶段，这种情绪化的表现更为明显和突出。由于个体本身具有某种社会化的缺陷，在外界刺激和情境的作用下，没有像渐进性行为模式那样对犯罪动机、犯罪目的进行充分考虑，亦无犯罪的预备，而是在丧失了自我控制能力，受冲动性情绪支配下，使犯罪心理的外化在极短的时间内完成了飞跃过程。

（2）即时性。突发性行为模式是由于受到某种刺激和情境的直接引诱而发生的，因此它带有即时的特点。即当某种刺激和情境与个体社会化所缺失的某种心理因素相吻合时，便可导致其犯罪心理的外化。倘若没有这种刺激和情境的直接作用，也许他依然表现为正常的个体。

（3）偶然性。即犯罪个体往往没有精心选定的侵害对象，只是由于偶然事件的强烈刺激，使其神经活动达到高度的兴奋状态，犯罪冲动难以抑制。

虽然渐进与突发的犯罪行为模式不尽相同，但是它们均是以个体社会化的缺陷为其行为发动的心理基础。由于其心理品质的局限性使其不能建立良好的内在标准和自我控制能力，因此在外界的刺激和情境的作用下，个体走上了犯罪的不归之路。

二、犯罪心理的发展变化

犯罪心理形成之后，不是固定不变的，随着客观环境和犯罪人实践活动的变化，犯罪心理也在发生变化。这种变化的一种形式是犯罪心理的强化，另一种形式是犯罪心理的消退。

（一）犯罪心理的强化

犯罪心理的强化是指犯罪心理在内外因素的作用下得以巩固、加强并向恶性转化的过程。

1. 影响犯罪心理强化的因素

（1）对犯罪人惩罚不及时。犯罪人实施犯罪行为后，司法机关及时给予应有的惩罚，不仅是对周围的人具有警示作用，更重要的是打消了犯罪人在预谋犯罪及犯罪实施过程中的侥幸心理，使犯罪人从中认识到每一个人都要对自己的行为负责。如果犯罪人实施犯罪行为后，司法机关未能及时给予其应有的惩罚，不仅会使犯罪人的侥幸心理得以满足，还使犯罪人的犯罪目的得以实现，犯罪人从犯罪过程中得到了好处，尝到了甜头，犯罪心理得以强化。

（2）不良交往的感染。相似吸引使那些具有不良行为和犯罪行为的人很容易聚在一起。这种交往使犯罪人在犯罪后不能获得对正确行为的社会评价，相反会获得赞赏等肯定性的评价。这种评价不能阻止不良心理向犯罪心理的转化，也不能阻止犯罪动机向犯罪行为的转化。犯罪人在这种不良的交往过程中，交流着犯罪的经验、手段、方式方法甚至是价值观等，犯罪心理不断强化。

（3）犯罪人自身的实际需要不能满足。从智力水平看，犯罪人可以分为两种类型，一种为低智力犯罪人，一种为高智力犯罪人。低智力犯罪人，大多文化水平低，分析问题、解决问题的能力差，社会竞争能力低下，出狱之后更难被家庭和社会接纳而游走在社会边缘，基本生活保障及其他一些实际问题也可能难以解决，冷漠、孤独，备受歧视，这容易使他们产生破罐破摔的心理，再度走上犯罪道路。高智力犯罪人，大多文化水平较高，他们犯罪以后，社会信誉丧失，很难在社会上寻找到和自己的水平相适应的工作平台，从而使其自尊等需要难以满足，也容易使其原已消退的犯罪心理重新萌发，再度走上犯罪道路。

（4）犯罪得逞的体验。犯罪人在犯罪行为得逞之后，由于未能及时得到惩治和矫正，犯罪人会对自己的作案手段、作案技能和技巧进行自我欣赏和肯定，自认为技术娴熟、手段高明，永远不会受到法律的制裁，因此犯罪心理得以巩固和加强。

（5）不断增长的非法欲求。犯罪人的犯罪动机是在不正当的需要的基础上产生的，犯罪人实施犯罪后，不正当需要得到满足。而不正当的需要又是犯罪心理不断发展的动力和源泉，犯罪人不正当需要的满足，会促使犯罪人产生更高一级的不正当需要。如此反复，犯罪人的非法欲求更加强烈，犯罪人的价值观和世界观不断恶变，犯罪心理不断强化。

（6）反社会情绪加深。犯罪行为是一种反社会的行为，犯罪行为发生后必然会受到社会的制裁和惩罚。如果犯罪人不能正确认识自己的罪行，检讨自己的错误，反省自己的所作所为，就会产生和加深其反社会的情绪。这种反社会情绪会推动犯罪人实施更为严重的反社会行为。这样循环往复，犯罪的主动性和自觉性明显增强，犯罪心理进一步恶化。

2. 犯罪行为强化的表现

（1）犯罪的主动性和自觉性增强。经过多次的犯罪尝试，犯罪人不再像初次犯罪那样信心不足，预谋不细致，而是侥幸心理得到不断强化，作案的信心得以提高，对作案的环境已经基本适应，犯罪的恐惧感减弱。因此，犯罪的目的性更强，计划更加周密，自觉性、主动性不断提高。

（2）犯罪经验更加丰富。犯罪活动的反复进行，促使犯罪人为了增强犯罪成功的概率，不断地从犯罪手段、犯罪时间地点的选定以及犯罪的技巧等方面进行总结，从而使犯罪的经验更加丰富。

（3）犯罪行为更加恶化。犯罪心理的不断强化，使犯罪人形成一种犯罪的心理定式和动力定型。这种心理定式和动力定型使犯罪人的心理状态始终处于一种犯罪的准备状态，在一定的情境因素影响下，实施犯罪行为就会达到一种自动化状态。

（4）犯罪心理更加稳固。随着犯罪人犯罪行为的不断实施，犯罪人的认识、情感、意志、人生观、世界观等发生明显的变化，逐渐形成稳定的个性心理，这种心理使犯罪人感到“犯罪有理”，这种犯罪有理理论促使犯罪人实施更多更为严重的犯罪行为。如此循环往复，使犯罪人丧失最基本的道德感和法制感，形成稳定的反社会型个性特征。

（二）犯罪心理的消退

犯罪心理的消退是指犯罪心理在内外因素的作用下减弱、消失的过程。

1. 影响犯罪心理消退的因素

（1）社会环境的净化。不良的社会环境是犯罪心理形成并向恶性发展的根源。社会环境的不断净化，使犯罪心理逐渐失去了赖以产生和发展的基础，减少了犯罪的诱因，同时使犯罪人在强大的社会舆论和良好的社会风气的影响下，使犯罪心理逐步消退。

（2）司法机关打击和惩处犯罪的能力增强。随着社会的发展，科技的进步，司法机关的人员素质逐渐提高，打击和惩处犯罪的能力也在增强；新的、前沿的科学知识被广泛地运用到打击犯罪的实践中，打击犯罪的科技手段也不断更新和发展，技术侦查和技术防范的水平有了极大的提高。这两方面的变化使犯罪人的犯罪成本加大，恐惧心理增强，侥幸心理减弱，犯罪活动收敛，阻碍犯罪动机的心理加强。

（3）犯罪人未完全泯灭的良知。犯罪人未完全泯灭的良知，是犯罪心理消退的主要因素。尤其在与犯罪动机做斗争时，犯罪人良知的发现、积极的情绪情感会使犯罪人放弃犯罪动机，中止犯罪行为。

（4）犯罪人社会化程度的提高。犯罪人尤其是青少年犯罪者，随着其社会化程度的提高，心理逐渐走向成熟，认识水平提高，情绪情感成熟，意志品质已经养成，人际关系成熟稳定，社会适应性增强，会逐渐理解和掌握道德、法律规范，社会性情感加深，自觉性、自制力、独立性增强，抗挫折能力提高，这些都有利于抑制不良的心理，不良行为受到阻抗，良好的心理得以萌生和发展，犯罪心理消退。

2. 犯罪心理消退的过程

犯罪心理的消退过程实际上是犯罪人放弃已有的反社会心理、不良个性，进行再社会化的过程，即犯罪人重新学习社会道德规范、法律规范，树立正确的人生观、价值观，培养健康的个性品质的过程。这个过程是一个心理和行为习惯转变的过程，它不是一帆风顺的，其间会有反复。不过，从整体上看这一过程可以分为三个阶段：从抗拒到初步改变阶段、反复动摇阶段、稳定巩固阶段。

（1）从抗拒到初步改变阶段。犯罪心理定式的作用使犯罪人对管教人员及其他教育者的教育不同程度地产生敌对和消极态度，他们在态度上不认罪、不服从管教，有的甚至装疯卖傻，借以逃脱、对抗管教。经过一段时间后，犯罪人逐渐认识到自己的行为给社会、他人带来的危害或伤害，认识到只有认罪伏法，接受教育才是自己的唯一出路，从而产生悔恨心理和接受改造的愿望。这种心理的转变使他们开始试着接受教育，并通过其行为习惯的转变表现出来。

（2）反复动摇阶段。犯罪人不断尝试着接受教育，接受正确的价值观、人生观等，并逐渐以此来规范自己的行为。然而，“冰冻三尺，非一日之寒”，犯罪人接受教育，改变行为习惯，需要极大的意志力，它是一个艰难的过程，尤其是犯罪人面临外界的不良刺激时，很有可能情不自禁地或习惯成自然地产生犯罪行为。

（3）稳定巩固阶段。经过反复动摇，犯罪心理全面瓦解，犯罪人放弃原有的价值观等，形成新的符合社会发展的价值观、道德观等，并以此作为自己的行为标准，逐渐形成健康的心理品质和行为习惯。

第三节　犯罪心理动机分析

一、犯罪动机与需要

动机与需要具有紧密的联系，几乎所有的动机都是在需要的基础上产生的。如果说动机是人的心理发展的内部动力体系，那么需要则是构成人的动机体系的重要组成部分和核心。

（一）需要的含义

需要是生命所特有的，生命本质上是一个开放系统。一个生命无论多么简单，都在一刻不停地与外界进行着物质、能量和信息的交换。生命总是维持或趋向于在一种平衡状态——保持高度有序并可向更高级有序状态发展的开放系统的平衡态。

需要是同生命系统的稳态相联系的。稳态的维持和发展产生了需要。所谓需要，就是生命体为了维持或趋向于某种稳态而产生的进行某种活动的必要性。从定义中可以看出，需要是一种机能，其作用就是维持或趋向于生命体的某种稳态。需要又是活动的必要条件，没有需要，生命体就不会采取某种活动。

（二）犯罪人的需要

依照人的需要是否获得满足及满足的程度，可以将人的需要满足状态划分为三种。

一是需要的平衡态。个体的需要基本上得到满足，在心理活动中表现为满足、自得、平静等积极心理状态。

二是需要的失衡状态。个体的某种需要尚未得到满足，从而引发了个体心理上的焦虑、紧张、不安、烦躁等心理特征。

三是需要的匮乏状态。个体这时感到某种需要被剥夺而导致恐惧、悲伤、压抑、痛苦、愤怒、怨恨等强烈的心理体验。

从需要的概念中可知，维持和倾向于稳定状态，是一切生命体的活动特征。正是为了维持和倾向于稳态，才为生命提供了能量，并使活动得以产生。同样，对于人类个体来说，提供个体活动的内在动力也存在三种形式：一是为维持机体身心稳态而产生的心理动力；二是当个体需要开始偏离平衡时，为谋求向平衡态的转化所引发的心理能量；三是当个体需要远离平衡态时，个体身心所产生的强大能量。一般来说，这三种能量形式随主体需要满足状态的不同而呈渐增趋势。

我们认为，为犯罪动机提供内在动力的犯罪人的需要，通常处于需要满足的失衡态和匮乏态之中。犯罪主体从需要的平衡态向失衡态和匮乏态的偏离及向平衡态的复归和转化过程中，主体所释放的能量（心理的和生理的）就是犯罪心理形成的内在动力。

首先，犯罪主体要发动犯罪行为，通常要比一般行为需要更多的能量。因为犯罪主体在实施犯罪行为前，大都能认识到其行为的严重后果和受惩罚性，而犯罪主体最终选择了犯罪行为这一行为的内在动力，一般只有在需要处于失衡态，特别是处于匮乏态时才能具有。

其次，处于失衡态的个体必然力图向平衡态回归，但由于犯罪主体自身素质和条件所限，其需要的失衡态不仅不能向平衡态回归，还会使需要满足状态不断恶化，即向需要的匮乏态转化。

再次，当个体的需要由平衡态向失衡态发生偏离时，需要越远离平衡态，个体向失衡态转化的力量也就越强。犯罪心理的动力就是在需要的平衡态与需要的失衡态、匮乏态之间的相互转化过程中所产生的张力。

最后，并不存在一个犯罪心理所特有的动力结构，也就是说需要的失衡与匮乏并不必然导致犯罪行为。心理动力本身并不能决定行为的性质和方式，犯罪行为的发生是犯罪人的人格系统与心理动力系统相互作用、相互结合的结果。

（三）犯罪人的需要特征

正确认识犯罪人的需要特征，必须同犯罪人的人格特征联系起来，必须把满足需要的方法和手段联系起来。犯罪人的需要特征表现为需要发展水平的滞后性；满足需要的可能性与现实性的不可协调性；满足需要的手段、方式的非法性；个人需要与他人需要、社会需要的尖锐对立性。

如果说犯罪人的需要满足状态决定了犯罪动机的动力性，那么犯罪的需要特征则规定了犯罪动机的目的指向性。由于犯罪人需要未得到满足，犯罪主体在谋求向需要的稳态转化的同时迸发了强大的心理动力，而犯罪人的需要特征的上述缺陷，则为这一心理动力规定了运动方向。它使犯罪主体只有采取违法犯罪的手段和行为方式，才能最终达到需要的稳态，才能获得需要的满足。犯罪人特有的需要特征决定了犯罪的必然，也只有采取违法犯罪行为，才是达到犯罪目的，满足犯罪人愿望的最切合实际的行为。因此，我们认为犯罪人的需要特征决定了犯罪动机的目的指向性。

二、犯罪动机的形成过程

马克思主义哲学告诉人们，世界上任何事物的形成和发展过程都是有规律可循的，都遵循由量变到质变的发展规律。那么，犯罪动机作为推动犯罪人实施犯罪行为的直接心理起因，它是如何形成和发展的呢？要经历哪些发展阶段呢？

我们认为，需要作为个体心理活动的原动力，也是犯罪动机形成的基础。苏联犯罪学家库德里亚夫采夫（Kudryavtsev）的一段话较具启发性。他说："违法者认为，现实条件没有充分保证满足他的实际需要或者臆想中的需要。这就是违法者实施违法犯罪行为的动机的基础。"

库德里亚夫采夫的这段话对于我们理解犯罪动机的形成具有两点启发：一是犯罪人的需要（实际的或臆想中的）是犯罪动机的基础，犯罪动机是在犯罪人需要的基础上发生和发展的；二是犯罪动机就是犯罪人对其需要的意识，或者说动机就是需要的意识化。

我们认为，犯罪人的需要为犯罪动机的发展提供了心理发展的动力。犯罪人对其需要的意识化，则为犯罪动机的发展规定了方向。犯罪动机的形成与发展过程，就是犯罪主体对其需要的意识化发展过程。因此，根据犯罪主体对其需要的意识化发展进程，犯罪动机可分为三个发展阶段。

（一）犯罪人需要的无意识化

这是犯罪动机形成的初级阶段，是犯罪人对其需要的低级意识（认识）水平。所谓犯罪人需要的无意识化，是指犯罪主体尚不能自觉地、明确地意识到自己的需要，而只是在头脑中模糊地意识到，或者说潜意识地感受到了某种需要的存在。

从需要动力机制示意图上看，这一阶段犯罪主体的需要满足状态已处于失衡态，但由于这时犯罪人的需要刚发生偏离或偏离强度很微弱，所表达的信息很不清晰、明确，因而主体仅是对这一状态的潜意识感知，常伴随着无意识的焦虑、紧张、不安和烦躁等心理活动特征。处于这种状态的、没有分化的、不很明确的需要，又称为犯罪意向，是犯罪动机的萌芽状态。

（二）犯罪人需要的意识化

所谓犯罪人需要的意识化，是指犯罪主体明确地意识到了某种需要并希望实现这种梦寐以求的需要而产生的动机。在这一阶段，犯罪主体已具有了更多的自觉性和主动性，已经产生了明确的想法和愿望，并强烈地希望得到实现。但这时犯罪人还不明确用什么途径和方法去实现所追求的目标。心理学上有人将这一阶段称为无意识动机向意识动机的转化，也有人将这一阶段称为犯罪人的愿望，它是犯罪动机的演化阶段。

（三）犯罪人需要的对象化

犯罪人需要的对象化，是指犯罪主体不仅明确意识到了自己的某种需要而形成了愿望，还将这种愿望与具体的客体相结合并明确地意识到运用什么犯罪手段和条件去实现犯罪预定目标。犯罪人需要的对象化是犯罪动机的成熟阶段，又被称为犯罪人的意图，这一阶段的犯罪动机最充分地体现了犯罪行为的复杂性、多样性及犯罪主体的自觉能动性。如一个犯罪人想要非法得到钱财，可用偷、摸、扒、窃、盗、夺、抢、骗等手段去获得，并对所侵害的对象、目标都要做出充分的估计：在什么地方，什么时间内，哪种场合下手，使用什么方式，哪种作案工具最有利于作案成功等。犯罪动机激励他去冒险，实施犯罪行为，达到犯罪目的。

三、犯罪动机的分类

犯罪动机不仅是最重要的犯罪心理之一，还是最为复杂的犯罪心理之一。为了更好地了解犯罪动机，可以按不同的标准对犯罪动机加以分类。

（一）根据犯罪人对犯罪动机内容的意识水平进行分类

1. 有意识的犯罪动机

这是犯罪人明确地意识到其内容的犯罪动机。大多数犯罪动机都属于有意识的犯罪动机。

2. 无意识的犯罪动机

这是犯罪人还没有认识到它的存在及其内容的犯罪动机。无意识犯罪动机也是客观存在的。例如，激烈冲突下的犯罪行为的动机，睡眠状态、催眠状态下的犯罪行为动机，过失犯罪（没有明显原因而实施的严重犯罪）的动机，犯罪人不能解释其原因的犯罪行为的动机等。但须强调的是，无意识犯罪动机是仅就犯罪人本人没有或难以察觉到行为动机而言的，并不是说犯罪人是在无动机的情况下去犯罪的，无动机的犯罪是不存在的，只不过是无意识犯罪更复杂、更隐蔽、更曲折而已。

（二）根据犯罪动机对犯罪行为的作用力进行分类

1. 主导动机

主导动机是在犯罪人的动机体系中比较强烈和稳定的犯罪动机。

2. 从属动机

从属动机又称次要动机，它是在犯罪人的动机体系中比较微弱和易变的犯罪动机。主导动机在犯罪行为的实施中起主要作用，从属动机在犯罪行为的实施中起次要作用。但是，在犯罪人的动机体系中，这两类动机是可以相互转化的，这种转化是通过动机斗争来实现的。随着动机的转化，犯罪行为也会产生相应的改变。

（三）根据犯罪动机形成的特点进行分类

1. 情境性动机

情境性动机是在犯罪行为发生的情境作用下，在较短的时间内迅速形成的犯罪动机。在这种情况下，引起犯罪动机的情境一般具有应激性、极限性的特点，它促使犯罪人立即产生犯罪动机。同时，犯罪人当时的心理状态也有利于犯罪动机的产生。如处于情绪亢奋状态、极度愤怒等，使犯罪人的理智判断力、自制力下降，易导致犯罪动机和犯罪行为的产生。情境性动机很不稳定，易在其他情境因素作用下发生改变。

2. 预谋性动机

预谋性动机是在较长时间内通过多次的思考形成的犯罪动机。这类动机的显著特征是它的酝酿形成和付诸实现有较长的时间，这类犯罪动机都是通过深思熟虑后形成的，是犯罪人充分意识到的，同时在动机形成过程中充满了动机冲突。由于预谋性动机是通过冷静的判断、谋划、考虑形成的，因此这类犯罪动机比较稳定，而较少受行为情境的影响。

（四）根据犯罪动机的社会性质进行分类

1. 反社会动机

反社会动机是指从道德、法律和社会方面来看对社会有危害性的犯罪动机。如危害国家利益的动机，极端个人主义的卑鄙动机等。这类犯罪动机的社会性质与犯罪行为的性质是一致的。大多数犯罪人的犯罪动机都是反社会的或消极的。就像犯罪学家塔拉鲁欣（Тарарухин，С.А.）所指出的：“绝大多数诱发犯罪的动机都是反社会的或非公益的。”

2. 中性动机

中性动机是指其本身对社会无所谓好或坏的犯罪动机。从道德、法律和社会方面来看，人们很难对这些动机本身做出好或坏的价值判断，这些动机与一般行为的动机没什么区别。例如，由于被害人的不当行为而引起的犯罪人心理上的羞辱感、羞耻感、怜悯、同情等。在通常情况下，这类动机的社会性质与犯罪行为的社会性质是不一致的。

3. 亲社会动机

亲社会动机又称积极动机，指其本身通常对社会有益的犯罪动机。从道德、法律和社会方面来看，人们可以对它们做出肯定的、赞扬性的评价。如保护集体利益的动机、维护集体荣誉的动机、大义灭亲的动机等。这类犯罪动机的社会性质与犯罪行为的性质是完全相反的。之所以产生犯罪行为，主要是由于实现动机的手段不当造成的。

四、犯罪动机的发展变化

在司法实践中，犯罪动机的发展变化普遍存在，但发展变化的情况有很大的差异性。根据动机发展变化的方向和性质，可将其分为两类：良性转化与恶性转化。

犯罪动机的良性转化是指犯罪人在实施犯罪的过程中，受主客观因素的影响，个性中积极因素恢复或占据优势，犯罪动机减弱直至消退，犯罪行为停止。

犯罪动机的恶性转化是指犯罪人在实施犯罪的过程中，由于主客观条件的相互作用，强化了原来的犯罪动机或产生了新的犯罪动机，致使犯罪活动反复出现或犯罪恶性程度加大，产生严重危害。这种情况往往会使犯罪的性质加重。

根据其表现，犯罪动机的发展变化有以下几种状况。

1. 犯罪动机实现

这是犯罪行为实施过程中一种常见的类型。犯罪人按计划实施了犯罪行为，顺利实施犯罪过程，完成犯罪目标，实现了犯罪动机。犯罪动机的实现，会使犯罪人的需要、欲望得到满足，成功的犯罪经验会刺激犯罪人产生新的犯罪需要，并形成新的犯罪动机，使犯罪心理进一步恶化。

2. 犯罪动机受阻

犯罪人在实施犯罪行为时，会遇到来自社会、他人、家庭以及自身的能力等各方面的层层阻力与困难。犯罪人暂时无法摆脱、冲破这些阻力与困难来达到犯罪目的，此时犯罪人不得不主动放弃原来的犯罪动机，停止犯罪活动。这种状况下，犯罪动机的放弃虽是主动的，但是也是被迫的、暂时的，一旦条件许可，犯罪动机还会死灰复燃。

3. 犯罪动机中断

在实施犯罪过程中，犯罪人中途突然被抓获，犯罪行为被制止，致使犯罪动机未能实现，犯罪目的无法实现。这种情况完全是外力作用的结果，并非表明犯罪人有终止犯罪的意愿。

4. 犯罪动机派生

这是犯罪动机恶性转化的典型表现。犯罪人在实施犯罪的过程中，由于新的环境刺激的出现和主体心理因素的变化，在原有犯罪动机的基础上，激发了新的、更大的犯罪欲望，而产生新的犯罪动机，导致更为严重的犯罪行为。

5. 犯罪动机消退

这是犯罪动机良性转化的典型表现。犯罪人在实施犯罪行为时，由于受到外界环境的影响，道德、法律观念的恢复以及个性中尚存的良好心理因素的影响，犯罪动机消退，主动停止了犯罪行为。

第四节　犯罪心理量化分析

一、犯罪心理量化分析概述

（一）犯罪心理量化分析的概念

量化分析，亦称定量分析，旨在以某种规则赋予被研究事物一定的量，通过数理统计与分析，使其能精细地反映事物量的特性，它有利于开展与相关事物的比较研究，从而达到准确地反映研究对象的性质、水平及其功能的目的。

犯罪心理量化分析，即运用某种量化技术对犯罪人或潜在犯罪人的心理状态、特点等进行测量，将其数据化之后进行数理统计与分析，通过对数据的分析结果判断受测人或群体是否具有某些心理特征和状态从而导致犯罪行为的发生，或是否具有典型的犯罪心理特点和特征，以及这些心理特征和状态的水平。

（二）犯罪心理量化技术

犯罪心理量化技术主要包括心理量表与犯罪心理测试技术。自犯罪心理学在我国创立至今，已经由经验总结、案例分析渐渐地趋向于量化研究这一主流范式。20 世纪 80 年代，犯罪心理的量化分析主要使用心理量表对罪犯进行测量，例如，1987 年，罗大华等人运用人格量表对罪犯进行心理测量，发现犯罪人同一般的社会人群在人格特征上存在着许多显著差异，从而提出了“犯罪心理结构”这一概念。从 20 世纪 90 年代开始，心理测试技术逐渐登上犯罪心理量化分析的舞台，目前已有大约 90% 的监狱广泛开展了犯罪人心理诊断和矫正活动。同时，许多心理测试技术也应用于测谎、测查证人证言等。进入 21 世纪后，犯罪心理学量化技术有了长足的发展。

1. 心理量表

在犯罪心理量化分析中，心理量表是较早使用的方法，并且直到目前，心理量表仍然被广泛使用。人格障碍、精神异常、智能异常等心理问题导致的犯罪行为是许多研究者的重点研究对象，古往今来许多研究者试图寻找和总结罪犯的心理特质以分析、预测和控制犯罪行为，因此在犯罪心理的研究中，研究者们纷纷开始使用心理量表对犯罪人进行心理测量。最初绝大多数的心理量表是用来对罪犯进行心理测量，以研究罪犯的犯罪心理特征的。

在犯罪心理研究中，最常见的心理量表是测量人格的量表。人格是指个体在一定的社会生活实践中所形成的带有倾向性的较为稳定的心理特征的总和。犯罪心理学对人格的研究侧重于认识能力、情绪反应、性格特征、行为动机、人际关系协调程度、道德价值等方面。自从在犯罪心理研究中对使用心理量表形成依赖，人格量表就开始被广泛使用，至今仍然有许多研究是以受测者的人格为基础或对象来开展的。基于大量的人格研究，国内外许多研究发现，犯罪的诸多主客观因素中，人格障碍所致的犯罪占了相当大的比例，主要有偏执型人格障碍、反社会型人格障碍、边缘型人格障碍和冲动控制障碍型人格障碍这四类。

目前，常用的人格量表主要有《明尼苏达多项人格测验》（*Minnesota Multiphasic Personality Inventory, MMPI*）、《卡特尔16种人格因素问卷》（16PF）、《大五人格量表》（即NEO人格量表）、《艾森克人格问卷》（*Eysenck Personality Questionnaire, EPQ*）、《人格障碍诊断量表》《中国罪犯心理测试个性分测验》（COPA-PI）等。

随着犯罪心理量化技术的发展，心理量表也被使用于测量非罪犯的心理特点，以达到分析、排查、寻找导致犯罪的因素等目的。例如，2010年，谭滨等人在未成年人犯罪的证据量化研究中，对未成年人进行《艾森克人格问卷》的测量，取代了之前使用的《明尼苏达多项人格测验》，根据艾森克认为的绝大多数犯罪和人格的研究都集中在外向性和神经质的理论上，研究者旨在测查未成年人内外向与神经质这两个维度上的特质得分。当然，除了人格量表的广泛使用之外，还有许多心理量表在犯罪心理的研究中也被使用。例如，在“大学生暴力心理倾向的诊断与教育干预研究”中，研究者以《攻击行为问卷》为主要量表，以《艾森克人格问卷》、《人际关系综合诊断量表》、《抑郁量表》（SDS）和《孤独倾向量表》为辅助量表，研究提出了大学生暴力心理倾向的诊断办法和干预办法。许多使用心理量表进行的研究表明了心理量表在犯罪心理量化研究中的重要作用。

使用心理量表来研究犯罪心理时，不但能量化要测查的行为，而且操作简单。但绝大多数的心理量表都难以突破一些局限，例如自陈式量表在测量时容易受到社会赞许性和主观目的性的影响，尤其在对罪犯使用心理量表时，很难保证所得结果的真实性。此外，心理量表是通过间接的测量行为而得出数据的，因此得出的数据不仅被怀疑其真实可靠性，还缺乏直观性。因此，在犯罪心理量化的研究中，随着测量技术的发展，另一种量化技术渐渐地被众多研究和实践所采用，那就是犯罪心理测试技术。

2. 犯罪心理测试技术

犯罪心理测试技术，即人们俗称的“测谎技术”，测谎专家武伯欣对此概念做出了系统的定义：即依据普通心理学、实验心理学、犯罪心理学三大学科基础和神经心理学、生物电子学、计算机应用侦查学、物证技术学等学科知识，通过专用心理测试仪硬件和计算机软件操作系统，实时同步记录被测人对测试言语问题的多项心理生物反应变化，进而评判心理痕迹对应相关度的犯罪心理鉴定技术。

犯罪心理测试技术的发展经历了三个主要的阶段。第一个阶段是古代时使用的心理生理方法，也就是通过察言观色和情理推断方法的产生来判定谎言；

第二个阶段是 1895 年意大利犯罪心理学家龙勃罗梭开创的多道仪（Polygraph）测谎，即用仪器进行犯罪心理测试，主要是通过记录心跳、血压、呼吸运动和皮肤电等生理变化指标来判别谎言；第三个阶段是随着神经电生理技术的发展，事件相关电位技术（Event-Related Potentials，ERP）开始被用于犯罪心理测试。

古代社会的犯罪心理测试技术都比较简单，采用原始的手段来判定犯罪嫌疑人是否有说谎的行为。具体的技术主要包括：①借助神灵或迷信来识别谎言。这类早期原始方法的产生是由于原始社会的生产力水平低下，人类对自然的认识十分有限，因此出现了一些基于对神灵无限膜拜而创设的识别谎言的方法，例如“火刑”“沸水刑”“油刑”“烙刑”“水审”“凝血法”等。②运用简单的生理心理学原理识破谎言。随着生产力的提高，人们逐渐开始掌握一些朴素的心理学和生理学知识，并运用它们之间的某些关联来进行谎言识别。最典型的做法有嚼米审判法、“吞咽蛋糕”法、圣猴法、“察言观色”法、“号脉”法和“体重判定”法。

近代犯罪心理测试技术经历了两个标志性的发展。一是将生理参数融入测谎的研究。例如，1791 年伽伐尼发明了皮电计，于 1897 年用于犯罪嫌疑人的情绪测试；1870 年莫索利用复杂的设备设计出了第一个血压记录器；1875 年莫曼（Maumin）发明了血管容积记录器；1888 年，费利（Feely）等人发明的皮电计被陆续应用于犯罪嫌疑人的情绪测试。这些仪器的发明都是为了记录人们的生理指标，以探测情绪是否紧张或存在其他情绪，说明了人们已经意识到谎言对生理参数的影响，以及利用生理参数的重要性。二是运用生理参数记录器测谎。这个发展标志着现代犯罪心理测谎技术的确立。1895 年意大利犯罪学家龙勃罗梭（Cesare Lombroso）率先使用当时最先进的脉搏记录设备，即使用水力脉搏记录仪进行犯罪心理测试。由于他是第一个利用科学仪器成功识破谎言的人，因此他被认为开创了测谎的新时代。公认的第一台实用测谎仪是 1921 年由约翰·拉森（John Larson）发明的。多项记录仪是组合了心动计和呼吸计而发明的，能连续记录心动变化和呼吸变化。1945 年，基勒的助手约翰·里德（John Reid）总结了前人的工作，设计了自己的“里德多谱描记仪”，即第二代测谎仪。

现代犯罪心理测试技术已经逐渐成熟，当前国际上使用最广泛的心理测试仪是多道仪，它是一种生理参数综合测试设备，可以测量血压、血流、心输出量、心率、心音、血管容积、脉搏、呼吸流速、呼吸曲线等。在测量参数上主要选择那些不易受大脑皮层支配的生理反应指标，其中皮肤电反应、呼吸波、脉搏波（血压）是公认的，也是使用最广泛的心理测试的基本指标。在具体的测试方式上，主要有犯罪情节测试法（GKT）、紧张峰测试法（POT）和准绳问题测试法（CQT）。

随着心理学、生理学、侦查学、犯罪学、电子技术和计算机科学等学科的迅猛发展，犯罪心理测试的研究和实践开始运用最新科学仪器和综合多学科理论。特别是20世纪90年代以来随着认知神经科学的发展，尤其是事件相关电位和功能性磁共振成像（Functional Magnetie Resonance Imagiing，FMRI）技术的引入，给犯罪心理测试技术开辟了更加广阔的前景。

1. 事件相关电位技术

事件相关电位的测谎原理是受测者对不同的刺激认知加工存在着差异，体现在脑电位的不同变化上。对不同种类的刺激诱发的ERP进行比较，若存在显著的差异，那么可以推断受测者对犯罪知识有了解。在研究中设置不同的任务和刺激，可以对应地选择不同的ERP成分进行测谎研究。当前，在犯罪心理测试技术中常用的是P300波、N400波和CNV波。

（1）P300波被称为“后发性正相成分”或“联系皮层电位”，通常使用“怪球”（Oddball）范式得出。研究通常将犯罪知识测试（GKT）应用于Oddball范式中，被称为基于P300的GKT（P300 - basedGTK）测谎技术。将特定的刺激诱发的波形进行对比和统计分析，可以判定受测者是否对研究中使用的犯罪知识有所了解。许多研究表明，ERP中的P300成分可以作为测谎技术中的一个较稳定有效的生理指标。

（2）N400波在测谎中应用的关键点在于它与受测者所阅读句子的真实性有关，它是由一个错误陈述句所诱发的。换言之，向具有某项犯罪知识的受测者呈现错误的句子或词语（包含犯罪知识）时诱发的N400波与真实句诱发的N400波存在显著差异，而对于无辜受测者来说，两个条件引发的N400波无差异，因此可以通过N400波的差异来进行测谎研究。

（3）CNV波是在两个信号间隔（约为1～2秒）之间出现的脑电波的负向偏转，第一个信号是预备信号，第二个信号是命令信号，受测者在命令信号出现时要尽可能快地按键反应。心理状态不同时产生的CNV波不同，若受测者害怕案情暴露，那么将无法抑制地处于高度唤醒状态，此时产生的CNV波将和无辜受测者存在明显差异。

2. 功能性磁共振成像技术

功能磁共振成像技术是利用核磁共振（NMR）原理，依据所释放的能量在物质内部不同结构环境中不同的衰减，通过外加梯度磁场检测所发射出的电磁波，即可得知构成这一物体原子核的位置和种类，据此可以绘制成物体内部的结构图像。说真话和说假话时，脑区的活动不同。例如，说真话者的大脑额叶、颞叶的一部分和扣带回在活动；而说谎则导致说谎者大脑前部活动，主要是内侧下部和前中央区以及海马回、颞中部区和颞部边缘区。关键的一点是，说假话会激活更多的脑区。所以根据脑区图像即可判断人们是否说谎。

3. 其他测谎技术

除上述以外，当前投入研究的还有语音分析仪和瞳孔测谎仪等。语音分析仪的原理是记录受测者声音中由于声带肌肉微颤产生的次声波，对次声波的分析来判断受测者是否说谎。由于目前还缺乏相应的理论依据，因此有待于进一步地研究以投入实践。瞳孔测谎仪采用的瞳孔测谎技术，确定了瞳孔图像的处理办法，解决了图像采集装置的设计方案，初步证明了瞳孔测谎技术的可行性。

二、犯罪心理量化分析的应用

在实际应用中，犯罪心理量化分析的作用越发受到关注，大量事实证明越发成熟的犯罪心理量化分析技术在实践中发挥着越来越重要的作用。犯罪心理量化分析主要用于揭示不同类型犯罪人的心理特征，识别高危人群，侦查犯罪案例等方面。

（一）揭示不同类型犯罪人的心理特征

根据不同的维度可以将犯罪人分为不同的类型，例如根据犯罪经历可以分为初犯、累犯、惯犯和偶犯；根据年龄可以分为成年人罪犯、老年人罪犯和青少年罪犯或未成年罪犯；根据突出特点还可分为吸毒罪犯、大学生罪犯等。多年的研究已经总结出了大量的不同类型犯罪人的心理特征，而其中很大一部分是运用了犯罪心理量化分析而得出的结果。目前，在心理特征的获得与分析上，最常用的方法是通过不同的心理量表来测查犯罪人的不同心理特征，通过数据统计与分析，得出不同特征上的数据信息，总结出犯罪人的心理特征，最后将这类信息应用于描述、预防和控制犯罪行为。

因此，犯罪心理量化分析应用于揭示不同类型的犯罪人的心理特征，为预防犯罪、控制犯罪行为等提供了数据支持。

（二）识别高危人群

所谓高危人群，是指那些具有一定人身危险性，更有可能从事违法犯罪活动的个体。高危人群是相对于正常人群而言的，与正常人群相比他们具有更高的犯罪风险，也具有更高的被侵害风险。一般来说，人身危险性高的人更有可能成为犯罪高危人群，因此对高危人群的识别可以通过评估其人身危险性来进行。所谓人身危险性评估，是指运用行为科学的方法，根据评估对象的个人情况，对其初犯或者再犯的可能性以及大小作推测。

人身危险性的评估有两个标准：行为标准与人格标准。行为标准考察两部分内容：一是具有客观的违法行为，二是违法行为的程度，二者都是在行为发生后进行的评估，是滞后的评估。然而，人格是构成一个人的思想情感及行为的特有模式，因此作为犯罪人来说一定有其异于常人的独特的人格特征，其人格结构中存在着诸多危险因素。因此，通过量化分析对其人格进行测量，可以推测人身危险性的有无以及大小。所以相对于行为标准来说，人格标准更具有前瞻性，可以在犯罪事实发生之前预测其犯罪的可能性。如《威斯康星危险性评估工具》(*Wisconsin Risk Assessment*)就是评定犯罪人危险性的一个有效工具。

在人身危险性的三种评估方法——直觉法、临床法和统计法中，统计法是存在最少主观性的方法。统计法是利用犯罪预测表作为主要参考的一种评估方法。其基本假设是凡具备较多的犯罪特征的人，将来犯罪的可能性大。预测表的制作通常是比较犯罪人与非犯罪人、再犯与非再犯的不同，找出易于犯罪的若干特征，并赋予这些特征同一分数或者不同分数。如果评估对象符合预测表上的特征越多，那么他初犯或者再犯的可能性就越高；若评估对象与未犯罪者或没有再犯者的相似点越多，则被认为危险性小。这种方法以客观资料为基础，且可操作性强，在实践中的应用较为广泛。

（三）犯罪案件侦查

在犯罪案件侦查中，使用的犯罪心理量化分析是心理测试技术。我国自 20 世纪 80 年代引进犯罪心理测试技术以来，犯罪心理测试技术在我国司法实践中有了一定范围内的应用和发展。公、检、法、司机关在侦破刑事案件、解决民事纠纷等方面广泛地应用犯罪心理测试技术，使这项技术在应用实践中发挥了重要的作用。

1. 心理测试技术的应用范围

心理测试技术广泛运用于刑事案件立案、现场勘验、现场调查、现场分析、侦查措施、侦查讯向等侦查过程中，立案是案件侦查的前提和基础，是侦查活动的开端。当事件的发生时间较久、材料掌握不足、当事人说谎等情况发生时，将对准确及时地立案产生不良影响。此时对被害人、报案人、知情人和嫌疑人进行心理测试来鉴别事件的真实性，有助于正确及时地立案，为之后能顺利地开展案件侦破工作争取了时间和有利条件。

在现场勘验和现场调查工作中，由于犯罪人使用某些反侦查手法或犯罪嫌疑人和知情人对于案件实情的有意或无意隐瞒，都需要运用心理测试技术对犯罪嫌疑人和知情人进行测试，以寻找侦查线索。知情人提供的线索固然重要，但由于某些目的和原因，知情人会故意隐瞒实情，这给侦查工作带来了很大阻碍。例如，在一些强奸案件中，知情人或被害人很可能隐瞒实情，甚至编造谎言以瞒骗侦查人员，这时就需要运用心理测试技术对他们进行心理测验以获取真实线索。

现场分析是指现场勘查基本结束后，组织全体勘查人员根据现场访问和现场勘验所获得的材料，对现场和案件的情况以及初步侦查方案等问题进行研究，并做出判断的一项侦查活动。此时，心理测试技术的应用对象是参与勘查的侦查人员。对侦查人员进行心理测试，不仅能推进现场分析工作，能检测分析结果正确与否，还可以减少失误。

侦查措施是指侦查机关在侦查破案和预防犯罪的过程中，依据法律和法规所采取的各种侦查活动和方法，当中面临的问题很可能是犯罪嫌疑人数较多，一排查会浪费时间，延误侦破时机，甚至会冤枉无辜者，此时运用犯罪心理测试技术可以准确迅速地判断嫌疑人、知情人和无辜者。

犯罪心理测试技术在侦查讯问中的作用已得到学术界和实战部门的广泛认同。在讯问中使用测试技术，可以给犯罪嫌疑人造成一定的心理压力，同时结合政策教育和使用一些方法及策略，促使犯罪嫌疑人动摇瓦解，交代问题或说明事件真相。使用测试技术可以给侦查讯问提供方向和线索，确定讯问的方向和重点，提高讯问工作的效率。

2. 心理测试技术的应用步骤

犯罪心理测试技术，就其技术的科学原理来讲，是测定被测人有无对违法犯罪事实的特殊事件的记忆痕迹。犯罪心理测试技术作为刑事侦查讯问的一项辅助手段，不能无视或违背法律的有关规定任意使用。在测试前一般要有正式的报批、委托手续和相关法律手续，在具体测试中应遵循一定的程序。

（1）熟悉案情，运用犯罪心理痕迹动态分析描绘技术。犯罪心理行为痕迹描绘，是根据作案人在犯罪行为过程中表现出的稳定的、典型的心理特点和现场遗留的犯罪行为痕迹来刻画作案人曾经进行犯罪活动时亲身体验过和操作过的事物在头脑中的痕迹，即记忆痕迹。通过对记忆痕迹的综合分析，将犯罪过程相对完整地再现。

（2）编题阶段，即再现作案人实施犯罪时的心理和行为活动。真正的作案人会在某个目标上反应强烈，而无辜者往往在各题目上的反应没有显著差异。当前，已经发展出了四种编题的方法，主要有准绳问题测试法（CQT）、紧张峰测试法（POT）、犯罪情景测试法（GKT）和怀疑 — 知情 — 参与测试法（SKY）。一套完整的测试题应该包括：①导入问题，使被测人情绪稳定；②向被测人提出 SKY 问题，即询问被测试人是否干过、参与过、看到过或知道这起案件，或是否怀疑此案为谁所为；③用紧张峰测试法提问作案时间和动机；④用犯罪情节测试法设问作案过程。当测试题目向被测人提出时，如果被测人是作案人或知情人，他头脑中对案件的记忆就会被唤起，其情绪会随之产生波动，生理上的皮肤电、脉搏、呼吸三个参数在计算机显示屏上的图谱都有特异的变化。这种编题模式中的每组问题有一个目标问题和四五个陪衬问题。目标问题是案件中的某一细节，陪衬问题是与目标问题类似但其内容和案件无关的问题。无辜者在目标问题和陪衬问题上的反应无明显差异，作案人或知情人在目标问题上的反应将显著强烈于陪衬问题。

（3）测前访谈，查明被测人是否有精神疾病、患病等不具备测试条件的情况，同时还要与被测人沟通，使被测人达到适合的受测状态。测前访谈还可以对被测人施以心理影响，减弱或消除作案人的抗拒意志。

（4）实施测验，该过程的操作者要按照预定的计划小心谨慎地操作，因为大多数测验结果的失误都是由于操作者的操作不当或失误造成的。

（5）进行同步及测后评图，做出测试结论。

（6）依据测试结果，进行测后讯问或排除嫌疑。

3. 犯罪心理测试技术在案件侦查中的作用

犯罪心理测试技术作为侦查的辅助手段，适时正确地使用能大大地促进案件的侦破工作，其发挥出来的积极作用包括：有助于深挖犯罪嫌疑人的共犯和余罪，瓦解其抵抗心理；有助于发现未知的新线索；有助于揭露犯罪因素、心理指向，揭露犯罪前、犯罪中、犯罪后心理事实的真相；有助于排除无辜。

（1）有助于深挖犯罪嫌疑人的共犯和余罪，瓦解其抵抗心理。在侦查共同犯罪案件中，犯罪心理测试可以了解、挖掘是否有其他的共谋人、参与人、知情人，而犯罪心理测试则有利于深挖余罪，及时发现犯罪嫌疑人隐瞒的犯罪事实。

（2）有助于发现未知的新线索。犯罪嫌疑人一般都能清楚地了解自己犯罪行为的违法性、危害性，其对作案时间、地点的记忆以及作案当时的情景记忆犹新，因此在犯罪心理测试的过程中，当被测试人详细询问这些情景时，作案人在生理指标上是有所反映的。因此，通过测试，可以扩大线索，将作案时间、地点以及赃物的去向、处理等犯罪的具体细节了解清楚。

（3）有助于揭露犯罪因素、心理指向，揭露犯罪前、犯罪中、犯罪后心理事实的真相。犯罪嫌疑人进行犯罪有其动因，也有其犯罪因素。通过犯罪心理测试可以揭露犯罪嫌疑人的犯罪动因及犯罪因素，并及时揭露犯罪嫌疑人犯罪前、犯罪中、犯罪后的各种心理表现，准确把握其心理弱点，并根据其犯罪动因及因素，有针对性地开展政策攻心，揭露犯罪嫌疑人内心的作案动机，但要避免政策攻心出现单纯言语说教的乏力现象。

（4）有助于排除无辜。犯罪心理测试技术的一个重要功能就是排除无辜。根据武伯欣教授应用这项技术的统计，在其所参与侦办的 900 多起案件中，11 000 多人参加测试，犯罪心理测试技术在区分涉案人员与无辜人员方面的成功率在 98% 以上。在初查阶段，由于初查阶段侦查手段的限制，对案情认识的限制，有时会将一些无辜的人纳入侦查视线，通过使用犯罪心理测试技术，可以排除这些无辜人员，确保无罪的人不受刑事追究。

第三章　特殊主体犯罪心理特征分析

第一节　未成年犯罪心理特征分析

一、需要与现实的矛盾

需要是人的心理现象之一，它是有机体对延续和发展其生命所必需的客观条件的需求反映，是激发和推动其意志活动的原动力。人到青少年时期，随着年龄的增长，交往范围扩大、活动内容增加，需要结构也必然发生变化。他们已不像儿童时期那样只要吃饱、穿暖、玩好就满足了，需要的内容变得多种多样、丰富多彩，水平也在不断提高。青少年需要结构的变化，突出表现为他们更迫切地需要更多的物质，精神需要也有显著增长，并产生了追求异性的欲望。这些需要，有的是积极的，符合社会要求；有的是消极的、反社会的。在我国，大部分青少年都能按社会的要求自觉地调整个人的需要结构，使个人的需要符合社会道德、法律规范的要求；但也有一部分青少年无视客观条件和社会规范，毫无节制地放纵个人的需要，使个人需要超越社会道德、法律规范的要求，并与之相冲突。这种消极的、反社会的需要，当然会因受到来自各方面的限制和阻止而得不到满足。如果这种需要恶性膨胀，则势必导致与客观现实的冲突。为满足个人的需要，他们在极端个人主义的世界观和人生观的支配下，不惜采取种种反社会的手段，这必然会导致违法犯罪。因此，消极的、反社会的需要结构，是导致青少年心理畸形发展，乃至违法犯罪的内部原动力。青少年犯罪者的个人需要与客观现实的矛盾性，具有以下几个特征。

（一）个人需要恶性膨胀，导致非法欲望的产生和增强

在个人的需要结构中，物质需要和精神需要是不可或缺的重要组成部分。但是，人的需要具有社会制约性，既不能超越社会发展的可能性，又不能脱离自己的客观条件。然而，青少年犯罪者的需要却违背了社会现实的制约性，脱离了个人的客观实际条件，而与社会处于对立状态，具有明显的反社会性。从我国近年来青少年犯罪的情况来看，这种反社会需要的突出表现如下。

（1）极其强烈的物质享受的需要。大多数青少年犯罪者在物质方面的需要异常强烈。他们一味贪图享受，讲究吃喝玩乐，不满足于我国当前一般人的生活水平。在他们的需要结构中，物质享受的需要往往占据主要地位，成为他们整个生活的中心。这种远远超过本人和家庭正当收入所能承担的奢侈享乐的需要，违背了客观现实条件的可能性。为了满足这种物质享受的需要，盗窃、诈骗、抢劫、卖淫等就成了他们必然选择的途径和手段。这是近年来青少年犯罪中最为常见的一个重要原因。①

（2）强烈的性欲和对异性的占有欲。性的本能需要是人和动物都具有的一种生理需要，但人类不能脱离社会道德和法律规范而任意去寻求性的满足。青少年由于性的逐渐发育成熟，异性间开始相互吸引，他们也开始产生性的冲动。然而，人的性需要和动物的性需要有本质的区别，任何一个有着起码道德修养的人，决不会毫无节制地放纵自己的性需要而无视社会规范的要求。青少年犯罪者则不然，他们在极端享乐主义思想和低级乐趣观的支配下，对性表现出特殊的兴趣和强烈的欲望，并且不加克制，任其发展，把性需要降低到动物水平——单纯的性本能，这就容易导致性犯罪。一些青少年犯罪者在低级、异常强烈的性欲和对异性的占有欲的驱使下，猥亵、强奸妇女，玩弄异性，群奸群宿，具有极大的动物性、残忍性和疯狂性。有的甚至因性欲得不到满足而残忍地摧残、杀害对方。

（3）畸形而强烈的自我实现的需要。独立、自尊、自我表现等自我实现的需要是人的心理需要之一。由于青少年犯罪者自我意识的迅速发展，使自我实现的需要日益强烈、迫切，但青少年犯罪者的这种自我实现的需要，却是在错误认知的基础上畸形发展的。他们的自尊需要往往带有片面性，表现为一种虚荣心。他们企望“唯我独尊”“称王称霸”“逞强拔份”，甚至梦想当领袖，以支配和奴役别人。当这种畸形而强烈的自我实现的需要遇到挫折而不能满足

---

① 赵静．高校大学生犯罪心理分析及教育对策研究 [J]．中小企业管理与科技（中旬刊），2018（10）：107.

时，就很容易演变成犯罪动机。不少青少年犯罪者就因自以为挫伤了“自尊心”而大打出手，甚至残酷地杀害别人。

（4）错误而强烈的情感需要。对情感的强烈需要是青少年共同具有的特征，青少年在交往中所产生的友情对他们有特别重要的意义。然而，由于认知水平的局限性，青少年对友情的理解往往具有一定的片面性，尤其是在青少年犯罪者之间，友情常常被歪曲，误解成“哥们儿义气”。哥们儿兄弟的“友情”对他们具有强烈的吸引力，并表现出对其狂热的需求。因此，青少年犯罪者极易感情用事，他们为重哥们儿感情，讲朋友义气，可以两肋插刀，铤而走险，实施抢劫、盗窃、斗殴甚至杀人等犯罪行为。这种错误而强烈的消极情感需要，是导致青少年犯罪的比较常见的重要因素。

（5）归属的需要。青少年有团体精神的需要，因此他们积极地参与同龄人的团体活动，积极扮演群体角色。这是青少年为达到感情上的相互依恋而产生的一种归属的需要。然而，青少年犯罪者的归属需要却表现出一种狭隘、错误而强烈的结伙需要。他们为满足这种需要在违法犯罪活动中臭味相投，相互吸引，相互依靠，结成团伙。这种反社会的结伙需要，是青少年犯罪者在反社会意识和错误的情感需要的基础上，在违法犯罪活动中逐步形成的。青少年犯罪团伙既是他们独立意向和依附心理相矛盾的畸形发展的表现，又是他们犯罪活动的产物。可见，反社会性的归属需要是形成和巩固青少年犯罪团伙，并使其气焰嚣张的重要因素之一。

（6）寻求消极刺激的需要。好奇心强，寻求刺激，是青少年精神需要的显著特点之一。由于青少年犯罪者道德水平低下、精神空虚、穷极无聊，缺乏正当的精神需要，他们的好奇心和寻求刺激的需要容易畸形地发展。为满足这种消极的需要，填补精神上的空虚，他们可以置道德和法律于脑后，不顾一切，做出各种富于冒险、不计后果的鲁莽行为来。他们或是搞点无聊的恶作剧，或是以损害他人为乐，以此来取得心理上的平衡和安宁。在青少年犯罪中，有一种游戏型犯罪，犯罪人好像做游戏一样，嬉笑吵闹，寻衅滋事，结果酿成犯罪，造成严重危害。这是出于寻求消极刺激需要而导致犯罪的典型表现。

（二）需要结构缺乏良好的调节能力

青少年的需要结构是错综复杂、多种多样的。既有积极的需要，又有消极的、不符合社会要求的需要。无论是青少年犯罪者还是非青少年犯罪者，都可能有某种消极的需要，有“非分之想”。但是，由于大多数青少年能根据社会的道德、法律规范，积极控制和调节自己的需要，使消极的需要在其整个需要结构中始终不占主导的地位，不起支配作用，因此不会形成犯罪的意念和动机。而青少年犯罪者的需要结构则往往缺乏良好的调节功能，当异常需要强烈时且青少年犯罪者不能进行积极的调节与控制，以致异常需要恶性膨胀，逐渐在其需要结构中占主导、优势地位，并对其他需要起支配作用时，必将产生犯罪动机。这在青少年犯罪中是屡见不鲜的。

（三）需要的满足方式具有反社会性

心理学研究表明，个人的需要不论是积极的还是消极的，也不论是合理的还是不合理的，如果得不到满足，就会产生挫折感，这时个体就可能为满足自己的需要而不择手段。在通常情况下，我国绝大多数青少年都能正确处理个人需要与社会需要的关系，通过合法的手段来满足自己的需要。即使当某些需要因种种原因而不能得到满足时，他们也能节制个人不切实际的需要，也就不会产生犯罪动机。但青少年犯罪者则不然，他们在吃喝玩乐的人生观、低级下流的享乐观、亡命称霸的英雄观、无政府主义的自由观、哥们儿义气的友谊观的支配下，将个人的需要放在首位，不能节制自己不切实际的需求。因此，一旦个人的需要得不到满足，他们在强烈的缺乏感和挫折感的驱使下，往往会为满足自己的需要而不择手段，甚至不惜采用种种反社会的手段对社会进行报复。这样，势必导致违法犯罪的发生。

以上三个方面的特征，是相互影响、相互作用的。在青少年犯罪者的需要与现实的矛盾运动中，需要的内容、需要结构的调节能力和需要的满足方式是彼此联系，彼此制约的。

二、适应中的冲突

在心理学中，适应可分为自然适应和社会适应。前者用于人与自然的关系，后者则用于人与社会的关系。犯罪心理学主要是研究社会适应问题。所谓社会适应，是指主体与社会环境和周围其他人通过调节来保持协调的关系。在社会适应的过程中，充分体现出人的主观能动性：一方面，主体通过调节自身来适应社会；另一方面，主体通过改变外界来适应社会。人的生活和活动要求同社会环境和周围其他人保持和谐一致，但是由于主客观方面的多种复杂原因，一些人往往不能很好地适应社会环境，从而导致正常的生活受到阻碍，表现出对社会的不适应，或者由于个人生理、心理出现异常，影响了个人与个人之间、个人与社会之间的正常关系，出现对社会的不适应，与社会发生矛盾和冲突。

青少年正处于从不成熟向成熟过渡的阶段，他们要与社会相适应，并使日益丰富的需要得到合理的满足，就必须要有与社会条件、社会要求相适应的思想认识水平和调节、支配、控制自己的能力，以及为满足这些需要而必须具备的能力。然而，由于客观条件、自身能力和心理水平的限制，青少年还不可能像成年人那样担负社会工作、履行社会义务、获取社会报酬，社会也不可能给予他们成年人的某些地位和权利，因此他们的某些需要还难以得到满足。为获取心理上的平衡，他们不得不改变策略和行为方式，以需要的间接满足来减轻或解除心理压力，去重新适应社会。一般来说，适应机制有自我逃避机制、自我防御机制和攻击机制三种。青少年由于易受挫折且缺乏克服挫折的能力，特别是青少年犯罪者的心理水平有限，挫折耐受性较弱，当他们遇到挫折时，往往采用消极性的逃避机制和侵犯性的攻击机制来减轻或解除心理压力，从而达到心理上的平衡，结果导致他们不能适应社会或者不能很好地适应社会，造成与社会的矛盾和冲突，从而走上违法犯罪的道路。

青少年犯罪者在社会适应中的矛盾和冲突，突出表现在以下几个方面。

（一）与家庭的矛盾和冲突

家庭是社会的细胞，是社会构成的基本单位，也是青少年最早接触的群体。一个人从出生到成人，在家庭的时间最长，可以说人是在家庭生活中逐渐学会怎样适应社会的。因此，家庭对于青少年适应社会具有十分重要的意义。由于青少年身体的迅速成长，发育和智力水平的不断发展，特别是思维的独立性、批判性的发展，使他们的独立意向得到迅速发展，他们开始不愿接受家庭对他们的过多要求和束缚，强烈地希望在生活中得到独立，以实现自我和体现自我，摆脱对父母的依赖。但是，青少年的心理并未成熟，他们仍具有很大程度的模仿性和依赖性，尤其是在经济上、政治上还不可能完全独立，这就使他们的心理充满着矛盾：一方面，他们精神上向往独立和自由；另一方面，他们在物质、生活来源上又不得不依赖家长。与此同时，一些家长常常囿于过去对待儿童那样的习惯和方式，并以此去要求和教育子女，就会自觉或不自觉地妨碍青少年独立意向的发展，使两代人之间产生代沟，造成青少年与家庭在情感上的对立，从而使他们在适应家庭关系中遇到障碍和冲突。这是导致青少年进行违法犯罪活动的一个不可忽视的因素。

（二）与学校的矛盾和冲突

学校是培养青少年成为有理想、有道德、有纪律、有文化的社会主义事业接班人的主要场所，青少年实现社会化的进程主要是在学校完成的，因此学校教育对青少年的健康成长影响极大。我国现有中小学生两亿多人，他们正处于长身体、长知识的时期，在校学生能否适应学校生活，对他们来说是至关重要的。但是，由于多种因素的影响，我国的中小学教育还存在不少问题。如部分地区和学校存在片面追求升学率的现象，在办学中“四重四轻”，即重视办好重点学校，轻视办好一般学校；重视高中教育，轻视初中教育；重视知识质量，轻视思想教育；重视少数尖子学生的培养，轻视大多数学生。有些学校管理不善，缺乏良好的校风和学风；有些教师教育方式、方法陈旧，对双差生不是放任不管，就是讽刺挖苦，甚至打骂体罚。再加上社会上流行的“新读书无用论”和“知识贬值论”的影响，使一部分青少年不能适应学校生活，尤其是一些学习成绩差的学生，在学校生活中更是经常遇到矛盾和冲突，有些人觉得升学无望，低人一等，抬不起头来，自尊心、自信心、上进心受到严重伤害，往往产生自暴自弃、破罐破摔的消极心理，甚至走上违法犯罪的道路。据调查，某市 130 名违法犯罪的青少年和几百名同案犯，除一人外，其余都在学校和班级里被轻视过。

（三）与异性朋友的矛盾和冲突

随着性机能的发育和“成人感”的出现，青少年的性意识也有了相应的发展。他们对性有着特殊的内心体验，开始出现了性的冲动及异性间的相互吸引，表现出对异性的思慕和向往。但他们在与异性交往的过程中内心充满了矛盾性：一方面，对异性有特殊的好感和强烈的好奇心，明显感受到了异性的可爱和吸引力，对异性有了爱慕心理；另一方面，对性知识往往是一知半解，尤其是对性的社会意义还不能全面理解，对异性有了羞耻感，表现为朦胧的性意识，对异性的害羞，甚至故意疏远等。社会上陈腐的观念和习俗，束缚着青少年男女的正常交往，影响了他们与异性朋友交往的能力。因此，在与异性朋友交往方面，青少年往往会产生困惑、迷茫的心理并引起情感上的不安、恐惧和焦虑等，导致心理上和行为上的冲突印发犯罪。

（四）与社会的矛盾和冲突

在我国社会发展的过程中，不可避免地还面临着一些困难和问题。如某些不好的社会风气还没有彻底消除，各种丑恶、腐败现象还相当严重，经济生活特别是流通领域中还存在各种混乱现象，物价上涨幅度过大，通货膨胀、分配不公，等等。社会现象的复杂性、变化性，各种消极社会因素的存在，无疑给涉世不深、缺乏社会经验的青少年增加适应社会的困难，容易使他们陷入困境，产生迷惘和误解，甚至滋长消极的心理，导致社会适应不良，从而引发犯罪。

三、个性的偏倾

个性是在一定遗传素质的基础上，通过后天的社会生活和教育形成的，具有一定倾向性的个体心理特征的总和。个性是内外诸因素在主体身上的综合反映，并受社会生活条件的制约。由于青少年身心发展矛盾的复杂性及突出性，其身心矛盾的正常解除较为困难，社会化过程较为艰巨，必须具有良好的社会条件才能完成。

一般来说，有效的教育、良好的社会环境的作用和影响是解决这些矛盾、推动个体不断发展并与社会相适应的积极有效的条件和途径。它可以使青少年不断扩大知识范围，提高思想认识水平，形成正确的人生观和与社会要求相适应的积极的个性倾向；可以使青少年学会按照社会规范的要求和现实条件，不断调整自己的需要结构以满足正当的需要，并在自身修养的过程中，学会控制自己的情绪，形成良好的个性品质，从而逐步达到新的社会化水平，成为合格的社会成员。

而教育的不力、不良社会环境的作用和影响，会使青少年认知水平低下，自我控制能力减弱，使其身心矛盾得不到正确的解决，并形成错误的思想意识和消极的个性品质，造成心理的畸形发展，导致社会化障碍，使他们旺盛的精力发泄在各种不正当的活动中。这样一来，自我意识及小团体活动发展成为社会的对抗体，小团体演变为违法犯罪的团伙。强烈的情绪、情感冲动，成为个性的严重缺陷和障碍，某些人需要恶性膨胀并非法满足：他们会因自尊的需要为博得同伙的赞赏而大打出手，亡命好斗，或“标新立异”“寡廉鲜耻”；为了满足性的需要而强奸、猥亵妇女等；为了满足物质享受的需要而盗窃、诈骗、抢劫等；为了情感的需要而不顾社会道德和法律规范的要求，无原则地“重感情、讲义气”，受到一定刺激便全然不顾，难以自制，激情杀人、伤人等。因此，犯罪青少年个性的偏倾是他们走上犯罪道路的一个重要原因。

青少年犯罪者个性的偏倾，主要表现在其个性倾向性心理成分所反映的反社会心理的内容方面。一般来说，个性倾向性是由较低层次的需要、动机、兴趣和较高层次的理想、信念、世界观等多种心理成分组成的。个体之间的不同社会本质，主要体现在这些心理成分所包含的心理内容的差异上。

（一）错误的世界观、人生观

世界观是对自然、人类社会及人类思维的总的看法，是个体的个性倾向性和对社会态度的核心，它不但决定个性的一般倾向性，而且对人的整个面貌、行为举止、习惯和意向等也起着支配和调节的作用。青少年的世界观是在一定思想体系的影响下形成的，在形成过程中，由于残余的封建意识形态和资产阶级腐朽文化的影响，加之缺乏良好的家庭教育和正确的思想教育，一些青少年逐渐形成了不正确的世界观，并以此来指导自己的行为活动，从而使行为活动与社会相背离。而与社会主义思想体系相背离的，错误、腐朽的世界观一旦形成，就会使青少年的个性带有极大的偏倾性，就好像戴上了一副灰色眼镜，看待任何事物都容易从消极方面去认识和理解，并成为青少年犯罪者实施反社会行为的精神支柱。

信念是主体对某种思想、理论或事业深信不疑的看法。同时，信念也反映人的世界观、人生观和道德观。因此，有着错误的世界观的人，也往往有一套错误的信念。在青少年犯罪心理的形成过程中，错误信念起着促进和加固犯罪动机的作用。虽然青少年犯罪者走上犯罪道路的过程不同，经历各异，但是有一点是共同的，即错误的世界观、人生观，这是他们形成和巩固犯罪心理的重要基础之一，而这些都具体地反映在他们奉行的与社会规范相对立的种种信念上。

（二）强烈、畸变的需要

青少年犯罪者个性的偏倾，突出地表现在其对需要强烈程度的失控和需要的满足方式与社会的对立上。需要是形成动机的内在动力，青少年犯罪者的犯罪动机源于其强烈、畸变的需要，因此，青少年犯罪者的需要是其犯罪行为的内在驱动力。例如，极其强烈的物质享受的需要，是形成一切以非法占有为目的的物欲型犯罪动机的基础，是实施侵犯财产、破坏社会主义经济秩序等犯罪的内部原动力；强烈的性欲和对异性的占有欲，则是形成性欲型犯罪动机的基础，是导致猥亵强奸、奸淫等性犯罪行为的动力。在犯罪心理结构中，需要是一个积极活跃的核心因素，它决定着个性的倾向性，对犯罪心理的形成起着重要作用，而青少年犯罪主要就是在强烈、畸变的需要驱使下实施的。

（三）犯罪动机

动机产生于需要，犯罪动机是在外界环境诱因的刺激下和主体内部不能以社会规范调节超越现实的需要而产生的。就主观原因而言，犯罪动机主要是由需要对象的不合理和满足需要的手段不合法导致的。如非分的物质需要引起的贪财图利犯罪动机，偏倾的性欲需要引起的性犯罪动机等。犯罪行为是犯罪动机驱使的，而犯罪动机是由犯罪者的个人需要引起的。一个人的需要是多方面的，因此在犯罪行为发生之前，往往有一个确定目的、制订计划和选择动机的过程，而在这个过程中，就会产生动机斗争，尤其是青少年初犯和偶犯。通过动机斗争形成主导动机是一个需要经历的过程，动机斗争的实质是突破良心的制约，权衡利害，估价主客观力量对比与机遇选择。动机斗争的结果主要取决于主体两种相矛盾的需要的强弱程度，如果个人的非法欲望十分强烈，犯罪动机则会战胜反对动机而成为犯罪行为的主导动机。这样，犯罪行为的发生就在所难免了。

（四）犯罪人的兴趣

兴趣是人的认识需要的情绪表现，也是力求参与并探究某种事物的心理指向。因此，兴趣具有鲜明的倾向性：人总是趋向他所喜欢的事物而避开他不喜欢的事物。兴趣对人的行为动机有发动和制止、加强和削弱的作用。一般来说，当一个人有了某种需要，就会对该事物或活动表现出肯定的情绪态度。青少年犯罪者的兴趣，是在一定的需要的基础上逐渐形成和发展的。其主要特点是对与低层次需要联系在一起的生活兴趣十分强烈；追求新奇与富有刺激性生活的兴趣；兴趣的理智水平低，而且具有不稳定的特征等。

上述心理成分的内容，集中体现了青少年犯罪者个性倾向性的特点，对他们的犯罪行为起着定向的作用，是导致他们走上犯罪道路的动力。

四、社会化的缺陷

社会化是指个体在一定的社会环境里，在人与人、人与群体的交往和相互作用下，学习和掌握一定的知识、技能和规范，获得适合现实社会的行为方式的过程。社会化是一个积极的、规范化的概念，意味着个体人格的成熟，达到与社会和谐与协调发展的程度。青少年时期是个体发展和社会化过程的关键时期，由于社会化是一个复杂的过程，加上青少年正处于从不成熟向成熟过渡的时期，认识能力尚在发展，情绪情感还不稳定，社会经验少、适应能力差等，他们在社会化过程中难免会存在这样或那样的缺陷和不足，有的甚至还会发生不完全的社会化或错误的社会化，形成不健全人格，导致适应社会困难，从而走上违法犯罪的道路，这是犯罪心理形成的基础。

青少年犯罪者社会化过程中的缺陷主要表现在以下几个方面。

（一）不完全的社会化和错误的社会化

不完全的社会化，是指在一定的年龄阶段和一定的社会生活条件下，个体社会化过程未达到常人的水平。就青少年而言，就是没有完成青少年这一特定年龄阶段的种种发展课题，从而使个体不能很好地接受社会规范的约束，更好地适应社会。青少年不完全的社会化，大体分为以下几种情况：一是知识经验与技能方面的不完全社会化；二是社会规范方面的不完全社会化；三是家庭与人际关系方面的不完全社会化；四是文化冲突方面造成的不完全社会化。那么，影响青少年不完全社会化的因素是什么呢？一般来说，除了青少年本身的身心发展因素外，作为社会因素来说主要有以下几个方面。

1. 不良文化的影响

不良文化包括不良的风俗和习惯等。它们对青少年人格的不完全社会化具有重要的影响。如资产阶级的腐朽文化、因循守旧的封建文化和特定社会集团的亚文化等，不可避免地会在一些青少年心里打下烙印，使他们具有与社会要求不协调的倾向，易产生心理冲突而导致违法犯罪。

2. 家庭中人际关系障碍的影响

家庭中的人际关系，主要是指与父母、兄弟姐妹的关系。家庭人际关系对青少年人格的形成和社会化具有重要的影响，尤其是亲子关系。父母的养育态度和教育方式最先对孩子的成长发展产生重要的媒介作用，并为其以后的人格发展打下基础。如果家庭气氛不和谐，家庭成员之间具有某种障碍，就容易造成青少年对家庭的不适应，从而形成不健全人格。这是导致青少年进行违法犯罪活动的一个极其重要的原因。

3. 对学校生活的不适应

青少年对学校生活的不适应，包括因学业困难产生的不适应和因师生关系、同学关系的障碍产生的不适应。它们常常是互为因果、彼此联系、不可分割的。研究表明，学校对于青少年的人格形成和社会化，是仅次于家庭且具有很大影响力的。如果青少年与教师这种纵向的人际关系或与同学这种横向的人际关系发生障碍，就会导致他们对学校生活的不适应，就有可能成为违法犯罪的契机。

4. 青春期性发育引起的不安状态的影响

到了青春期，随着性器官和性机能的发育，青少年会产生与此相适应的心理体验。尤其是到了青春期的中期和后期，当性激素分泌达到一定程度时，易打乱青少年原有的生理、心理平衡，使他们产生焦虑不安、烦恼等体验。性发育在多种复杂因素影响下会给青少年的成长带来一定困扰。如果能在这方面进行及时、有效的教育，就可以使青少年迅速摆脱不安状态，健康成长；反之，在不良因素的影响下，有些青少年则可能误入歧途[①]。

① 王钦颢．青少年犯罪的心理特征和矫正措施分析 [J]. 决策探索（下），2019（10）：91.

青少年在社会化过程中，还常常会产生严重冲突，形成错误的社会化。所谓错误的社会化，是指少数青少年不仅没有按照社会要求去发展自己，成为合格的社会成员，还由于在不良思想、文化的影响下，完全接受了与社会规范背道而驰的反社会观念，养成恶劣的生活习惯，形成反社会人格，以致同正常的社会生活格格不入。错误的社会化是对社会化干扰和破坏的结果，是对社会化的否定，它同社会化发展不完全或存在某些缺陷是不同的。社会化是一个复杂的过程，由于青少年的社会化不成熟和不完善，以及社会物质生活和精神生活中有危险性的消极因素存在，错误的社会化必然干扰着正常的社会化。但是，在我国社会主义条件下，社会化因素总是占主导地位，起着主要作用。因此，青少年中的绝大多数是朝着社会化方向发展的，只有少数青少年在社会化过程中失败了，走向了错误的社会化，结果形成了以反社会人格为核心内容的反社会心理。

（二）不健全人格

青少年人格的不完全社会化和错误的社会化，容易导致不健全人格，其极端表现就是反社会人格。不健全人格是产生违法犯罪行为的心理基础，它与健全人格在认知过程、情感过程、意志过程和个性特征方面均存在着差异，主要表现为强烈的自我中心观念。反社会人格表现为以下几点：往往以自我利益为核心，漠视他人利益，蔑视行为规范，个人主义严重，自私、缺乏同情心、行为不端；反社会的需要和动机，需求欲望强烈，缺乏自我控制和调节能力，又不善于通过正确的途径予以满足；不良的道德情感，在面临道德选择时，择恶而行，而且不以恶为恶；认知范围狭窄，认知水平低，认知因素之间缺乏联系、互不协调，缺乏批判力和适应力，对复杂事态的处理有困难；不具有建设能力，甚至具有不利于社会的消极能力、破坏能力等。反社会人格的形成，为青少年犯罪心理的孕育打下了基础，多数青少年犯罪的情形，正是在这个基础上产生的。

第二节 女性犯罪心理特征分析

女性犯罪是指由女性进行的违法犯罪行为，是犯罪学领域中的一个较为特殊的类别。总体来看，女性犯罪在整个犯罪中，特别是在被国家司法机关处理的犯罪中，所占比例很低，为 10% ～ 20%。在世界范围内，犯罪率特别高的女性犯罪有杀婴、堕胎、遗弃等；犯罪率较高的女性犯罪有投毒、受贿、纵火、伪证等，而且它们大多与性犯罪有某种程度的联系。在年龄分布上，中高年龄层女性居多；在犯罪经历上，女性初犯年龄较晚，多集中于 30 ～ 40 岁，且在较短时间内反复实施犯罪。自 20 世纪 70 年代以来，女性犯罪率呈现较快的上升趋势，而且有明显的低年龄化倾向。在当今社会中，未成年女性、青年女性及职业女性的犯罪显得较为突出，女性犯罪人在犯罪中所体现出的犯罪类型、心理特点也是具有特殊性的。

一、女性犯罪的心理特点

（一）急功近利心理

女性的这个心理特点与当前的社会环境有着密切的关联。在我国，改革开放带来了男女的进一步平等，这是一种进步。但是，男女对社会事务的普遍参与，也为女性犯罪带来了比先前更多的机会。比如说，“打工妹”大量流入城市也增大了女性犯罪的概率。此外，商品经济意识中的功利色彩对人们的观念意识的塑造作用已经显现出来，人们都希望以最小的投入，甚至是不投入来获得最大的回报。在现实中一些个别的成功事例，无疑极大地刺激了人们的这种欲望。女性的性别优势也为女性犯罪者在这方面的成功提供了基础。市场经济的转型使人的思维方式发生了深刻的变化，其中的负面影响是使不能成为商品的东西也可以交易。而色情行业的出现与泛滥会使女性犯罪者淡化自己的犯罪心理，也便于她们为自身找到辩解的理由。

（二）贪婪心理

女性犯罪者常有“追求财物”“追求虚荣”“好奇”“自我炫耀”等动机。她们贪图享受、虚荣心强或因家庭关系不和，为获取一定的物质利益，攀比吃穿，不惜采取犯罪手段，有的盗窃公私财物，有的诈骗，有的贪污，有的结伙抢劫，有的包庇、销赃、窝赃、贩毒等，有的女性犯罪者一次得逞，便一发不可收拾，连续作案，越陷越深。

（三）仇恨报复心理

从女性犯罪的形成来看，大多数女性都经历了一个从受害者到加害者的过程。一些女性在其受害过程中，或受害之后，逐渐产生了怨恨不满的情绪，这种怨恨达到一定程度，就会转化为一种强烈的报复泄愤心理。在这种强烈的报复泄愤心理的支配下，一些女性实施了暴力犯罪；一些女性则走上了流氓、卖淫的违法犯罪道路。①

特别要提到的是家庭暴力问题。家庭暴力是女性犯罪最主要的原因之一，发生暴力的家庭，农村略高于城市，个人职业多为农民、工人和个体户，其文化程度普遍偏低。究其根源主要有四点：第一，丈夫受“三从四德”思想的影响，认为自己凌驾于妻子之上，对其可以随便打骂。第二，女性对家庭的期望远远高于男性，认为小事忍忍便可以化解与丈夫的矛盾，丈夫却因此而变本加厉。第三，有些女性没有经济来源，在家庭中没有地位，为了自身的生存，不得不屈服于丈夫的打骂。第四，据司法机关的调查发现，相当一部分的家庭暴力缘于婚外情，由第三者插足直接导致的凶杀、投毒、毁容等恶性刑事案件也相继出现。女性在遇到家庭暴力时，最初的容忍都是缘于“家丑不可外扬”的心理，怕丈夫报复，怕亲友、领导知道。可当这种侵害积累到一定程度，当事人忍无可忍时，便采取伤害或杀人的方式进行“反抗”。据有关部门调查，23.6% 的女性曾向娘家及亲朋好友或有关机构求助过，但在被求助者中有 15.6% 采取不管或者劝其不要声张的态度。这种不被扼制的家庭暴力，终因施暴者有恃无恐而变本加厉，使受虐女性在积愤难消的情况下，走向疯狂报复的极端。例如，某案中的赵某因生活琐事长期受到丈夫的暴力殴打和虐待，日积月累，致使赵某终于再也无法忍受，在给丈夫做的饭里放了老鼠药。

（四）自暴自弃心理

由于女性犯罪者在家庭或社会生活中遭受创伤或挫折时，应对的方式不像男性那样采取表面化的方式或违反社会规范的手段，而更有可能采用消极和退缩的方式，如自我攻击（撕衣服、抓头发、超量进食等）、退化性反应（像小孩一样大吵大闹、哭喊等）、冷漠、否认等。所以当这些积累到一定程度时会产生消极厌世情绪，并促发犯罪。而挫折情绪犯罪者大多数都是那些原来就是有不良情绪倾向，敏感脆弱和控制力差的人。行为人受的挫折感越强烈，心胸越狭隘，其实施暴力犯罪的可能性与强度就越大。

（五）错误的人生观

女性犯罪者的人生观是建立在对人生的片面认识的基础上的。她们把美丑

---

① 常谦，张三都．犯罪原因分析——以精神分析为视角 [J]. 湖北警官学院学报，2013, 26（05）：177.

颠倒，热衷于庸俗丑陋的生活方式，从中获得低级趣味的愉悦体验。女性犯罪的重要原因之一就是法制观念淡薄。当她们自身利益受到侵害时，最先想到的是以暴力手段来解决问题。犯罪是道德观念差的极端表现。有些学者认为，女性的道德观念似乎比男性要强，因此她们的犯罪行为可能少一些；但在女性惯犯、累犯身上，其道德观念的败坏与男性习惯性犯罪人没有什么本质上的差异。①

二、常见女性犯罪的犯罪类型

在法律心理学领域中，根据女性犯罪者的社会成熟水平与心理特征，将女性犯罪者分为三类。

（一）冲突型女性犯罪者

这类犯罪者又称为神经过敏的女性犯罪者。其特点是已经达到社会内化的价值体系，用这种价值体系评价自己和别人，模仿她们所尊敬的人，理解社会生活中的因果关系，认识其他方面的需要与动机，接受说明自己行为的原因概念等。这类女性犯罪者的许多内在消极心理，包括焦虑、有罪感、“堕落的自我”的自我意向、“消极的生活稿本”、被歪曲的知觉、机能失调的行为等。她们的违法犯罪行为不仅代表着物质利益或对文化压力的反应，还可能是由于某种家庭问题认同危机或长期持续的内在冲突而产生的。冲突型女性犯罪者又可分为两小类：

1. 焦虑型

这类女性犯罪者占应治疗及矫正女性的44%。她们显示出许多情感失调的症状，例如，慢性的或强烈的抑郁症或焦虑心身疾病。这些女性的紧张和痛苦，通常是由失败、无能潜在的有罪感产生的冲突导致的。

2. 行为紊乱型

这类女性犯罪者约占应治疗及矫正女性的29%。她们对意识到的焦虑几乎没有忍耐力，并且经常试图（向别人和自己）拒绝承认现状、抛弃或自我谴责的感觉。她们可能通过言语攻击别人，通过狂暴的举动或各种“游戏”来表达这种感觉。在一些案件中，冲突型的女性犯罪者公开敌视她们的母亲，有时候把自己的违法行为解释为是试图给她们的母亲造成难堪和麻烦；她们往往来自

① 加草曼．女性犯罪特点及相关因素分析 [J]. 现代商贸工业，2018, 39（27）: 105.

神经过敏的家庭，在这样的家庭中，至少父母一方犯有严重罪行，具有“堕落的”自我意向；她们常常有家庭负担或者试图解除负担。她们的违法犯罪活动通常违背了自己的信念，是内心的冲突导致的。

（二）权力型女性犯罪者

这类犯罪者又称为病态人格者或社会病态者，她们占女性犯罪者总数的14%。这类女性犯罪者已经达到了社会成熟水平，但她们很难判断人们之间的差别以及自己和他人的差别，很难正确估计别人的复杂性。她们不按内在的价值体系行动，而是追求行为规则的外在形式，从追求权力中了解生活和自己的角色。她们不可能与别人建立亲密的或深信不疑的关系；通常总想创造出一种感情淡漠、沉着冷静和不受伤害的形象；经常公开发怒和进行威胁活动；想成为注意的中心，在言语或体力方面经常表现出爆发性，在思维方面经常表现出多疑或自以为是。这类女性犯罪者为自己能成功地摆布或战胜别人的能力而感到自豪；所表现出的战无不胜的粗鲁外表，实际上是一种对她们刻薄的父母长期存在的强烈恐怖感和自然依属的掩盖手段；她们中大多数人有一个冷漠、蛮横、排斥他人的父亲和一个软弱、无助、浅薄的母亲；她们轻视母亲而憎恨和害怕父亲。她们的违法犯罪行为很可能是对家庭的反抗和对感情的补偿。

（三）消极遵从型女性犯罪者

这类女性犯罪者占所有女性犯罪者的7%。这类女性犯罪者已经达到了与权力型女性犯罪者同样的社会成熟水平，但是她们对权力的态度是不同的。这类女性犯罪者渴望得到社会的承认，几乎自动地屈从她们当时认为的有权力的人；她们过高地估计别人的权力和能力，把自己看成无助的、孩子般天真的人；认为自己缺乏社会知识，常认为自己的讨好行为会被别人拒绝；她们虽然想获得别人的认可，但是在同辈群体中仅仅属于次要的成员。这类女性犯罪者的犯罪行为在很多情况下是为了赢得其同辈朋友的承认和赞许而实施的；她们的家庭是不稳定和不协调的，她们感觉不到父母的爱和力量，因而对父母的依恋是不确定的；她们缺乏控制能力，没有可以防止越轨行为的内在信念体系。[①]

（四）报复型女性犯罪者

报复型女性犯罪者一般具有以下特点：一是报复对象往往是与犯罪人关系

① 瞿业．女性犯罪心理分析和防范措施[J]. 法制与社会，2013（35）：240.

较为密切的亲人、好友、邻居等，如据对浙江省某劳改农场180名女杀人犯的调查表明，其受害人的身份分别是丈夫、姘夫、姘夫之妻、公婆、祖父母、父亲、子女、亲戚、邻居等。二是女性报复性犯罪大多具有恶逆变性质。即先是受害人，后转为加害人。三是女性报复性犯罪感情因素较多。一些女性往往把“贞操”视为女性最神圣的东西，保护处女的“大堤”比保护生命更重要。而这些年轻女性大多是爱情理想主义者，一旦恋爱就非常投入，往往被别人利用，容易失身。女性一旦失身后被抛弃，便可能会报复对方或自暴自弃，自甘堕落，结果陷入犯罪的泥淖。

三、女性犯罪者的行为特征

与女性犯罪者的心理特征相联系，女性犯罪者的行为特征主要有四个方面。

（一）冲动性

由于犯罪女性具有情感波动性大、认识范围狭窄等特征，当一些犯罪情境出现（如双方发生口角、婴儿或仇人熟睡、财物由自己保管或他人钱财显露在外等），女性犯罪者往往缺乏自制力，在强烈欲望的驱使下选择犯罪行为，事后则极为后悔。

（二）从属性

女性的社会经验不够丰富，体力上也不如男性，以及女性固有的依附心理，使她们在团伙犯罪或共同犯罪中，一般只充当次要角色。

（三）欺骗性

女性天生柔弱，是受社会保护的对象。一些女性凭借其温柔的一面，通常在犯罪当中不容易引起他人的注意和警觉，并且其本身对于作案对象来说也具有一定的隐蔽性和诱惑性，这就使女性犯罪者的一些犯罪行为具有极大的欺骗性，也较容易取得成功。

（四）性色彩浓厚

女性犯罪者在多数场合与性有密切关系，如有以出卖肉体为手段获取他人钱财或其他利益的案件，或因放纵自己的性欲而陷入感情纠纷中，造成奸情杀人案件。

第三节　精神病犯罪心理特征分析

精神障碍又称精神异常或精神疾病，是指在人体内、外各种致病因素的影响下，精神活动不同程度地出现了异常，伴随着认知、自制能力减弱的疾病。广义的精神障碍主要包括精神病、人格障碍（变态人格）、性变态、智力障碍、中毒性精神障碍等。

一、人格障碍

人格障碍又称变态人格、病态人格、精神病态或人格异常，是最常见的一种变态心理，与犯罪有着很大的关系。人格障碍者一般既非疯癫又无智力缺陷，但都欠缺道德观念和正常发展的理智、情感、性格等。

（一）人格障碍犯罪

1. 人格障碍者犯罪的特点

一般带有偶然性，个体在作案前较少有预谋或没有预谋，没有明确的目标，随机冲动性较强。作案手法一般不太隐蔽，作案情节离奇怪诞，有的胆大妄为，手段残忍。自我保护性较差，既害人又害己，甚至对自身的损害更大。被抓获后不逃避罪责，对罪行能供认不讳。犯罪活动一般是单独进行的。[①]

2. 犯罪性质

多为攻击型、爆发型犯罪。在变态心理和病理性激情的支配下，人格障碍者多发生伤害、凶杀等恶性犯罪。由于多疑、记仇，他们积极进行报复性毁物、纵火等恶性犯罪。由于性格顽固且异常，他们的不良行为习惯极难改正，常进行持续性的恶性犯罪。

3. 犯罪类型

伤害、凶杀、毁物、强奸、轮奸等。

4. 测定人格障碍常用的方法

克莱克利标准、人格障碍者清单、明尼苏达多相人格调查表、社会化量表。

（二）人格障碍中与犯罪相关的类型

人格障碍中偏执型人格障碍、情绪不稳定型人格障碍以及意志薄弱型人格

① 陈德露．精神病人犯罪后三方问题研究 [J]. 武警学院学报，2019, 35（07）: 54.

障碍、轻佻型人格障碍、反社会型人格障碍、爆发型人格障碍、癫痫型人格障碍多与犯罪相关联。

1. 偏执型人格障碍

又称妄想型人格障碍，包括狂信型和诡辩型两种。该类型人格障碍者主要表现为敏感多疑，报复心强，总以为别人要对他进行迫害和攻击，时刻处于防守地位，易把别人的友好看作敌视或蔑视的行为，往往寻机泄愤；主观固执，刚愎自用，听不进别人的意见和劝解，喜爱争论，善于诡辩；无自知之明，对自己评价过高而又狂妄自大，爱空想和幻想，认为自己怀才不遇，常无理取闹。偏执型人格障碍患者易产生关于被害的、关系的、妒忌的妄想，可能产生报复性或攻击行为与自伤行为，多见于男性。

2. 情绪不稳定型人格障碍

该类人格障碍的特点是情绪极不稳定；具有攻击性或者胆小怕事；好猜忌，有自卑倾向；易被激怒，微不足道的琐事就可能引起强烈的感情冲动，在暴怒之下表现出极强的破坏性，毁物伤人。这类人易发生暴力性犯罪。

3. 意志薄弱型人格障碍

该类型人格障碍的特点是缺乏信心和主动精神；对任何事缺乏主见；对人对己都持怀疑态度；有自伤、自杀倾向；受暗示性强。这类人虽不相信别人，但周围人对他的暗示或教唆可能会引起狂热行为，在冲动支配下违法犯罪，而且一旦犯罪极易反复再犯，教育和改造的作用较小。

4. 轻佻型人格障碍

该类型人格障碍的特点是举止轻浮、爱好嬉笑；缺乏羞耻感、怜悯感、同情感；爱编造谎言；虚荣心强。这类人多实施性犯罪和财产犯罪，且难以矫正。

5. 反社会型人格障碍

该类型人格障碍的特点是缺乏道德观念和法制观念，自我反馈机制未形成；情感不成熟，自我控制机制有缺陷；情感冷漠，刻薄残忍；生活无目的，缺乏社会责任感。这类人多进行残酷行为的犯罪。

6. 爆发型人格障碍

该类型人格障碍的特点是个性极强，过分主观，易激惹；在间歇期间恢复正常，并为自己的爆发性行为结果而感到后悔或内疚。这类人极易发生偶发性的、应激性的、暴力性的犯罪，难以制止。

7. 癫痫型人格障碍

该类型人格障碍的特点是激惹性高，情绪不稳，易暴怒冲动；思维缓慢，注意的广度狭小；固执己见，心胸狭窄，报复心强，预谋周密，对作案对象的选择比较严格。这类人易发生暴力犯罪。

二、智能障碍

智能（也称智力）障碍者的辨认能力缺损严重，不能认识或者不能正确认识自己行为的性质，不能预计或不能准确预计自己行为的后果。在此情况下，他们可能放纵自己的行为。例如，他们可能因与他人发生很小的矛盾而暴怒冲动，伤害他人。

智能障碍者多不能适应社会，社会性需要淡漠，缺乏道德观念，而生理性需要如食欲、性欲相对突出。对于这些生理性需要，他们不加抑制，并且往往不能通过正常途径获得解决，因而可能出现偷盗强奸、猥亵、性混乱等犯罪行为。[①]

智能障碍者还可能为他人所利用，不加分辨地接受他人的教唆而犯罪。

三、精神疾病

（一）精神分裂症

这是最常见的精神病，表现为认知、情感、语言、行为混乱不统一，没有规律，不合逻辑，生活不能自理，需要接受病理治疗。这类人的侵害行为多由妄想产生，妄想中尤以迫害妄想最常见，幻听、幻视自己正在被迫害，往往采取先发制人的攻击方式进行防御。常见的犯罪行为有杀人、伤害、破坏、纵火、强奸、侵财等。

（二）躁狂抑郁性精神异常

这是一种以认知和情感障碍为主的精神病，表现为躁狂或抑郁状态，具有周期性发作的特点，间歇期心理反应正常，周围人一般不把其评价为精神病人，这类人的侵害行为低于其他精神病患者。躁狂症患者表现为情绪高涨，活动性强，易兴奋，总愿意把自己置于忙碌之中，自我评价高，常自命不凡，胆大妄为，激惹性高，这类人易发生欺诈、伤害、强奸、破坏、侵财等犯罪行为；抑郁症患者表现为情绪低落，寡欢绝望，敌意性强，自罪自责，常坦白交

---

① 任正会．间歇性精神病病人犯罪的探讨 [J]. 法制博览，2016（23）：198.

代一些无中生有的“罪行”，有些犯罪者由于过分绝望而自杀，有些自杀者在自杀前先杀死自己的亲属，形成所谓“扩大性自杀”导致犯罪。

（三）反应性精神异常

又称心因性精神异常，是由强烈或持久的刺激所引起的精神异常，发病时和精神分裂症相似，表现为认知、情感、语言、行为混乱无序，并伴有幻听、幻视，易发生暴力性侵害行为。引起反应性精神异常的原因多是一些突发性的对立意向冲突或持久性的消极刺激，例如，失恋，亲人死亡，爆炸等。而有些乘坐火车的乘客突发精神病，属于反应性精神异常，原因是持久性的消极刺激。

（四）癫痫

又称“羊癫疯”，是一种大脑异常活动所引起的大脑功能失调，大多发病突然，短时又自行平息，常反复发作。这类人发作时意识模糊，情感混乱，思维和记忆停滞，甚至抽搐和昏迷，清醒后紧张不安，易激怒，常引起攻击性暴虐行为，如伤害、杀人、破坏、放火等。间歇期认知正常，能正确认识与评价自己的行为，但仍有一定的精神障碍，常伴有妄想抑郁恐惧焦躁，激惹性高，并伴有智能障碍和个性改变，攻击性倾向明显，常发生严重残酷的危害行为，如杀人、强奸、伤害、毁物、纵火等侵犯性行为。个性改变具有两极性：一方面易激惹，凶狠残忍，自我为中心，极端自私自利，好猜疑，记仇报复而又不计后果，常为小事造成骇人听闻的惨案；另一方面，表现为循规蹈矩，过分客气殷勤，温存恭顺，喜欢奉迎。这类人发作时无刑事责任能力，间歇期有部分刑事责任能力。

四、中毒性精神障碍

中毒性精神障碍是指由一些物质引起的认识障碍。这些障碍一般表现为知觉障碍；记忆能力、判断能力、计算能力下降；言语障碍；反应迟钝、情绪不稳、行为幼稚。

（一）酒精中毒

在中毒性精神障碍中酒精中毒最为常见，酒精滥用除产生躯体及精神损害外，往往对社会也产生明显的危害，长期或大量的酒滥用可产生以下几种精神障碍。

1. 普通醉酒

一次性大量或短时间内重复饮酒造成急性酒中毒。表现为酩酊状态、兴奋、激惹性增高、冲动行为等，酒醒后无遗忘。由于普通醉酒时期行为并不脱离个体的性格特征，与心理背景有密切联系，行为较为人所理解，意识无障碍。因此，普通醉酒者实施犯罪行为时辨认能力无受损，现实动机明确，所以应承担完全刑事责任能力。

2. 复杂性醉酒

为普通醉酒的进一步发展。其主要特征为有轻度的意识障碍，兴奋强度大，持续时间长，控制能力部分受损。复杂性醉酒者其行为与外界的联系不密切，现实动机不明确。由于辨认能力和控制能力的部分受损，因此对其所实施的犯罪行为承担部分刑事责任。

3. 酒依赖

由于长期无节制地滥用酒精，产生躯体与精神依赖，一旦停酒即出现明显的戒断症状，如焦虑不安、失眠、肌震颤等。此时会出现人格异常，酗酒行为极为突出。为饮酒不择手段，甚至盗窃、抢劫，工作能力明显受损。酒依赖者意识多清晰，能保持与周围环境的联系，辨认能力完好，对所实施的犯罪行为应承担刑事责任。

4. 慢性酒中毒性精神障碍

长期大量饮酒后导致神经精神功能损害，表现为幻觉、妄想。其内容多为恐怖性，威胁性，严重影响人的行为情感及思维活动，常出现攻击性行为。由于多数慢性酒中毒性精神障碍者作案时受到病理性幻觉妄想的支配，作案常有明显的攻击性、突然性，辨认能力和控制能力严重受损，无法认清其实施行为的后果，因此无刑事责任能力。

（二）毒品中毒

甲基苯丙胺（冰毒）等神经兴奋类毒品也是引发中毒性精神障碍的原因。滥用冰毒过量可产生急性中毒，尤其是静脉滥用。主要表现为血压急剧升高，心跳过速，颅内出血，心律失常，肝肾功能衰竭，惊厥，昏迷甚至死亡，最常见为鼻吸者的黏膜溃疡或吸入性肺功能障碍。滥用过量引致认知功能受损，情绪失控或判断失误导致意外交通事故。长期使用可产生苯丙胺中毒性神经病，表现酷似精神分裂症的偏执型。冰毒过量时易产生冲动性障碍，使行为失控，产生攻击或暴力行为或暴力犯罪。再如亚甲二氧甲基苯丙胺（MDMA，国外叫“狂欢丸”，国内叫“摇头丸”），心理上，MDMA 滥用后使人产生亲近感和界限性自我意识降低，在视觉感知和时间感知上也有所改变。生理上，MADA滥用者可出现食欲不振，睡眠减少，性欲低下，从事劳动的意愿淡薄，劳动能力下降。滥用MDMA 50～150 mg开始可产生悬念、烦躁和不平静的心态；一次性使用250～300 mg时易出现视觉扭曲，如见到物体晃动有微光；有些人则出现情绪变化，由愉悦的心态转为沉闷抑郁。持续滥用高剂量的中毒表现，除已形成依赖性之外，平时出现情绪不稳和焦虑状态，随时可产生偏执倾向乃至暴力冲突，严重者可出现中毒性精神病。过量滥用至300～400 mg开始时出现焦虑不安和激动，继而产生高血压，还可表现为感觉异常、眼球震颤、共济失调、高热惊厥，严重者出现肾功能衰竭，弥散性血管内溶血，横纹肌溶解，致死。

五、性心理障碍

性心理障碍亦称性心理异常、性变态性倒错、性偏离，是个体在性心理和性行为方面表现出的异常障碍。性心理障碍者的犯罪行为主要表现在同性恋（对未成年人实施猥亵、鸡奸和拐骗犯罪，在失态下杀人、伤害和传播性病）、恋童癖（对未成年人实施猥亵、鸡奸和拐骗犯罪，对近亲孩子实施乱伦罪）、恋物癖（盗窃、流氓、伤害他人身体）、乱伦（乱伦性犯罪）、恋尸癖（杀人奸尸）、窥阴癖、裸露癖、异装癖、摩擦淫、施虐狂（强奸强制猥亵、杀人分尸犯罪）、受虐狂（暴力犯罪）。

（一）性心理障碍的特点

性心理障碍者的性欲对象异常，不分人与物，也不分性别和年龄，而正常的性欲对象应该是受道德法律约束的成熟异性；性欲唤起异常，他们对其他事物具有强烈的性冲动；性喜好异常，他们对正常人讨厌的事物和行为没有厌恶感，相反却非常喜欢。

（二）性心理障碍者犯罪的特点

1. 动机荒谬

性心理障碍者的犯罪行为往往缺乏相对应的犯罪动机或者所具有的犯罪动机无法用常理来解释。

2. 目的异常

性心理障碍者通常脱离正常轨道而使用怪僻的方式和手段，这样做的目的不是为了完成性交，而是一种基于意向上的满足和心理上的快感。

3. 冲动性强

行为难以自控，一旦有机会，极易再犯，矫正比较困难。

4. 行为模式固定

性心理障碍者往往以一种固定的行为方式来发泄性欲，反复使用而且极为有效，从而不断地给自身施以强化。

5. 以陌生人为对象

性心理障碍者进行伤害的对象一般是陌生人，很少指向自己的亲属、朋友或熟人，因此很难被人发现。

6. 性格障碍

性心理障碍者往往性格趋于内向，安静少动、沉默寡言、不善交际，其行为具有隐蔽性和不可预测性，没有任何征兆。

7. 缺乏罪恶感

性心理障碍者缺乏罪恶感，对自己怪僻的性行为不感到羞耻，伤害了性伙伴也不觉得后悔。

第四节　重新犯罪心理特征分析

重新犯罪就是指行为人受到刑罚处罚后，再次实施犯罪，也称为累犯犯罪。包括罪犯在监狱服刑期间的狱内重新犯罪和刑罚执行完毕或者赦免释放以后的重新犯罪两种形式，而这类人又称为刑满释放人员。重新犯罪人的犯罪行为和犯罪心理与其他犯罪人既有共同特征，又有不同特点。

一、重新犯罪人重新犯罪的行为特征

（一）凶残性

刑释解教人员在亡命称霸的英雄观驱动下，不断强化犯罪手段的凶残性。他们多以“哥们义气”作为拉帮结伙的宗旨，欺骗团伙成员，互相连接，互相依存，互相壮胆。在实施犯罪行为时，表现为极度的冷酷无情，心毒手狠，野蛮成性，犯罪手段残忍。当其穷途末路时，往往采取穷凶极恶的敌对行动，有的在抢劫时对被害人使用暴力，甚至杀人灭口；有的在盗窃时被事主发现即起杀机，使事主致死、致伤，手段十分残忍。

（二）多元性

刑释解教人员犯罪对象有由单一性向多元性发展的趋势，他们在物质占有、精神享受上永不满足，大都是犯罪的“多面手”，什么性质的犯罪都敢干、都能干，多种犯罪交织，兼有两种以上犯罪的人占总数的31%。

（三）狡诈性

刑释解教人员犯罪的狡诈性是随着科学技术进步和反侦查能力的提高而逐步发展的，他们在劳改劳教期间相互交流了犯罪“经验”，学到了新的犯罪“技能”，学会了一些反侦查本领，犯罪智能程度普遍提高。他们往往对犯罪的方式、手段、过程都进行了严密细致的分析、研究和“设计”，不打无把握之仗。多是先采点后作案，先模拟作案后真实作案，行动方案环环相扣，作案中注重自我防卫，逃避侦查打击。有的人员作案后伪造现场；有的蒙面和戴手套作案；有的使用现代化交通、通信工具。作案特点是有计划、有预谋、作案快、逃遁快、销赃快。

（四）团伙性

有的刑释解教人员重新犯罪具有互相勾结、结伙作案的特点，为了便于犯罪往往结成团伙。特别是“二进宫”“三进宫”的刑释解教人员，其犯罪心理、报复心理、反社会情绪在劳改劳教中得以强化，出狱后拉帮结伙，充当头目。他们通常会网罗刑释解教回归人员，也会拉拢有劣迹的青少年结成犯罪团伙。团伙头目多系惯犯、累犯、逃犯，是组织实施犯罪的“老手”。为了自身安全的需要，他们发展对象谨慎，要求对象胆大、嘴紧、“骨硬”“艺高”。以刑释解教人员为核心组成的犯罪团伙，犯罪欲望狂热，犯罪具有职业性、疯狂性、凶残性。

（五）疯狂性

刑释解教人员在报复、补偿心理的驱动下，犯罪气焰嚣张，犯罪欲望更加强烈，作案手段更加残忍，犯罪密度加大。过去一些刑释解教人员回来后，往往是先看“风头”再伺机作案，但现在不少刑满释放人员释放回来后，很快就动手作案，连续作案，重新犯罪的周期越来越短，作案密度加大，有的甚至一天作案多起。

（六）顽固性

刑释解教人员由于犯罪劣根较深，很难使其犯罪心理良化，具有较强的顽固性。他们中的一些人员在改造期间受到监规纪律的约束和强制性的管理教育，伪装认罪伏法，接受改造，实际并未洗心革面，痛改前非，从根本上破除犯罪意识。犯罪意识是刑事犯罪行为的精神支柱，精神支柱不倒，无论罪犯改造多少年，一旦改造期满后仍会重操旧业，甚至恶性膨胀，恶性发展，疯狂地进行犯罪活动。犯罪意识顽固的刑释解教人员犯罪，多系侵犯个人人身权利和财产犯罪，明显倾向盗窃、抢劫、诈骗和强奸。

二、初犯到再犯——重新犯罪人的心理特征

（一）“犯罪补偿心理”和“犯罪合法化”观念

重新犯罪人认为自己的第一次犯罪行为过错并不在自己，所受到的刑事制裁让自己受了苦，为了弥补逝去的“青春时光”，补偿因“牢狱之灾”带来的内心痛苦，他们常抱有一种“狱内损失狱外补”的心态。有这种观念的行为人，基于上次犯罪行为已付出的自己的自由，便认为犯罪是一种“合理化”行为，一旦出狱之后，就置法律于不顾，重新走上犯罪道路。

（二）较强的反社会意识和对抗心理

反社会意识是反社会心理的意识形态部分的表现。反社会心理则是个体对社会传统规范伦理道德以及法制法规的制定者持有极端排斥的态度。一方面，认为第一次处罚过重或服刑阶段受到不公正待遇的行为人会对司法机关怀有仇恨和报复心理，并将这种情绪扩散到其他人身上或整个社会；另一方面，一些希望重新走上生活正轨的行为人有良好的愿望，却因为现实的严峻、人们的冷眼和自身的敏感心理而觉得正常社会没有自己的容身之所，产生被剥夺感，再次实施犯罪。

（三）到不良群体中寻求归属感

人是群体动物，犯罪人也概莫能外。重新犯罪人由于被贴上犯罪的标签，使一般人对其敬而远之，他们自己也觉得与一般人交往起来有不适感。一些刑释解教人员重返社会后由于受不了家庭、亲友和同事、邻里的冷漠、歧视，逃避现实，往往身不由己地投靠“狱友”，寻求帮助，寻求其心理学上所谓的归属感，由于能从犯罪群体那里寻到情感上的归属，这便使他们“回归”到以前的犯罪群体，或加入新的不良群体，或与监狱中相识的其他人联系，自然又增强了其归属于不良或违法群体的同群感，使重新犯罪的可能性大增。目前，犯

罪团伙以及黑恶势力之所以滋生蔓延，除了具备某些外在社会性消极影响因素之外，关键是迎合了某些刑释解教人员的归属心理。犯罪集团能使他们在共同犯罪活动中克服个体能力的有限性，增强犯罪能量，缓解心理压力，而且极易在所谓的“群体”中相互感染和切磋犯罪伎俩，出现了一旦“狱友”有“请”，便将法律抛于脑后，讲究“哥们儿义气”，“为朋友两肋插刀”，以寻求归属感和认同感。就这点而言，重新犯罪人共同犯罪形式应多于初犯和偶犯。

（四）犯罪前内心冲突和动机斗争小于初犯而大于惯犯

这是就一般情况而言的。与初犯和惯犯相比，重新犯罪人有自己独特的经历和经验：一是作案经验。只有重新犯罪人才有成功和失败正反两方面的经验。二是参加诉讼的经验。重新犯罪人经历过刑事诉讼的全过程，受过刑事处罚，对法律的规定有感性认识，具备一定的反侦查意识。三是被监禁的经验。四是重返社会的经验。这些经验都使重新犯罪人的内心冲突和动机斗争在一般情况下要小于对刑事制裁无感性认识的初犯，实施犯罪对其而言如家常便饭般驾轻就熟，因此其内心较为平静。

（五）作案时比初犯更为冷静，而比惯犯更为谨慎

理由与其内心冲突和动机斗争的特点大致相同，此不赘述。

（六）重新犯罪人在意志方面表现出两极性

一方面，重新犯罪人实施犯罪的意志力较强；另一方面，抑制能力较弱。人的犯罪心理行为的产生和发展，一般都要经历犯罪动机的产生、犯罪行为的准备、犯罪行为的实施三个阶段。刑释解教人员重新犯罪，当然也有其内在规律性：出现偏颇思想，诱发不良行为，触犯刑法，受打击处理，不思悔改，重新犯罪，逐渐养成了一种犯罪习惯和人格定势，一旦有“案”可作，便产生一种难以自制或迫不及待的犯罪心理。所谓习惯，就是一个人在一定的情况下，自动地去进行某些动作的特殊倾向。刑释解教人员之所以重新犯罪，由于是他们在犯罪过程中逐渐强化了犯罪心理定式，进而长期隐伏在其潜意识之中，一旦遇到新的矛盾刺激时，会重新被激发起来，出现犯罪行为的多次反复。而反复作案又强化了预谋性，提高了犯罪人的反侦查能力，而犯罪胆量的增强导致了犯罪活动的多发，最终形成了一种犯罪 — 受到打击处理 — 犯罪的恶性循环。如犯罪人在案后制造假象，改变日常活动规律，日伏夜出；纠合成犯罪团伙，增强犯罪能量，摆脱势单力孤；相互交流切磋犯罪伎俩，提高犯罪成功率；在审讯面前避重就轻等。但是，其对监狱生活可能还心有余悸，因此

比起惯犯来说，意志力要弱一些。重新犯罪人实施犯罪的意志力随着其犯罪次数的增加而增加，相应地，其对犯罪的抑制力随之减弱，最后逐渐过渡到惯犯。

三、预防重新犯罪，加强犯罪人服刑期间的心理和行为的矫正

罪犯之所以犯罪，用心理学的观点分析，很大程度上就在于其行为偏离了社会常态，与社会所认可的行为相背离。然而，仔细分析这背离的行为，其背后势必都有相对应的心理态势存在。犯罪人在服刑期间是比较好的规范其心理及行为的时期。为此，从改造的角度出发，应在犯罪人服刑期间开展罪犯心理咨询。

罪犯心理咨询作为罪犯改造领域的一门技术，是罪犯改造心理学在监管改造实践中的应用与体现。国外的研究和实践表明，心理工作者对监狱工作的介入，对于促进罪犯的改过、预防其重新犯罪具有重要的作用。罪犯心理咨询立足于发现罪犯违法行为背后的心理动因，并根据个体的特点寻找解决的方法或对策，以期达到罪犯犯罪心理的消除。近年来，国内不少监狱把心理咨询运用于罪犯的改造之中。罪犯心理咨询在解决了罪犯的心理问题之后，还可从发展的角度来培养罪犯的健全人格。从目前的实践以及理论的发展来看，罪犯心理咨询的层级目标主要有以下几个方面。

（一）释放情绪，缓解冲突

罪犯投入劳改以后，无论是家庭关系的变动，还是自身改造上的进步与失败以及其他监内事件的发生，都会引起罪犯情绪的变化，或激动或抑郁。因此，罪犯心理咨询的首要任务就在于调节罪犯的情绪，教给罪犯心理调节的方法。对于咨询罪犯以至整个罪犯群体，应该通过广泛的心理卫生教育，使罪犯习得自我合理释放情绪的方法，以缓解内心的冲突。

（二）改变认知，消除障碍

个案咨询的实践表明，罪犯的心理问题绝大多数属于消极心理（如嫉妒、敌对、自卑、焦虑等）的层次，很少有发展成心理障碍或心理疾病的。就消极心理本身而言，绝大多数都是由一些现实问题引起的，通过罪犯自身的不正确认识而得以内化，最终通过一系列的不适应症状表现出来，如躯体上的不适感、情绪上的低迷消沉或亢奋、行为上的冲动或懒散等。因此，要消除罪犯的不良心理状态乃至是心理障碍，就要有计划、有目的地影响罪犯的认知、情绪

和行为，调动罪犯自我改造的积极性，改变罪犯对事件的看法，从而消除罪犯的消极心理、反社会心理障碍等问题。

（三）破除旧我，重塑新我

心理咨询的终极目标不仅在于解决来访者存在的心理问题，更重要的还在于教给来访者解决问题的方法，挖掘其潜能，最终达到自我调节、自我完善的良好状态，罪犯心理咨询也不例外。作为在行为上、认知上、情感上以至人格上存在缺陷的群体，心理咨询工作的目标不仅仅在于消除他们在监禁环境下产生的异常心理，更重要的还在于破除其旧有的行为模式、认知结构、情感趋向及人格结构，帮助他们重塑顺应社会需要的、积极向上的新我。因此，罪犯心理咨询工作要着眼于罪犯心理潜能的开发，帮助罪犯破除旧我，树立自信，以达到自我发展、自我完善的目的。

从理论上讲，生活、改造、学习、家庭关系等方面的问题都在咨询之列，但实践表明，并非所有的问题都可以通过心理咨询的途径来解决，即不是所有的问题都是心理问题，有些事情虽然也引起了罪犯个体心理的变化，甚至是发生了心理危机，但是追根溯源，它还是现实的问题，如改造中的奖励问题、生活上的贫困问题等。罪犯心理咨询的目的或是功能不在于解决这些现实的问题，而在于针对这些现实问题，教给其应对策略，至于具体执行还在于罪犯自身。

罪犯在监狱服刑改造的时间是有限的，罪犯终究还是要走向社会融入社会生活之中的，刑释解教人员的再社会化良好与否，是我们司法系统乃至社区等机构义不容辞的责任。

第四章　犯罪心理矫正技术

第一节　以精神为征象的矫正技术

一、精神分析疗法的理论基础

精神分析理论属于心理动力学理论，是奥地利心理学家、精神分析学派创始人西格蒙德·弗洛伊德（Sigmund Freud）于19世纪末20世纪初创立的。弗洛伊德精神分析学说大致可以概括为以下几部分：潜意识理论、人格结构理论、焦虑与自我防御机制论、关于心理动力、关于心理发展等。

（一）潜意识理论

潜意识理论是弗洛伊德精神分析理论的基础。弗洛伊德把人的整个心理活动分为三个部分，即潜意识、前意识和意识。

潜意识是人的心理活动的深层结构，它包括人类的本能及原始冲动。前意识的内容与社会道德准则相悖，因此无法直接得到满足，通常只好被压抑在无意识领域，是人类精神中占据最大量、最原始的部分。意识是人心理状态的最高形式，是人的心理因素世界中的“首脑”，它统治着整个精神世界，使之运作协调。正是在意识的管辖与指挥下，精神生活才具有稳定合理的特点。前意识是属于意识的观念和思想，因与现实生活无关，被排除在意识之外而留在意识附近，可以较快、较易地进入意识领域内。

弗洛伊德对人类的整个心理活动做过如下比喻，他说：“潜意识的系统可比作一个大前房，在这个前房内，各种精神兴奋都像许多个体，互相拥挤在一起，和前房相毗连的是一较小的房间，像一个接待室，意识就留于此。但是这两个房间之间的门口，有一个人站着，负守门之责，对于各种神经兴奋加以考察、检验。对于那些他不赞同的兴奋，就不许他们进入接待室，即使是被允许入门的那些兴奋也不一定成为意识，只有在引起意识的注意时，才能成为意识。因此，这第二个房间可称为前意识系统。”①

弗洛伊德将心理划分为潜意识、前意识和意识的想法，是经过分析、比较和谨慎思考后形成的。他在一次演讲时说：“我愿意你们承认我们的潜意识、前意识、意识等名词，比起其他学者所提出的或应用的下意识（Sub-conscious）、交互意识（Inter-con-scious）和并存意识（Co-conscious）等名词较少偏见，而且比较容易自圆其说。”

（二）人格结构理论

弗洛伊德认为人格结构由本我、自我、超我三部分组成。

本我，即原我，是指原始的自己，包含生存所需的基本欲望、冲动和生命力。本我是一切心理能量之源，本我按快乐原则行事，它不理会社会道德、外在的行为规范，它唯一的要求是获得快乐、避免痛苦。本我的目标是求得个体的舒适、生存及繁殖，它是无意识的，不为个体所觉察。

自我，原意即是指自己，是自己可意识到的执行思考、感觉、判断或记忆的部分。自我的机能是寻求本我冲动得以满足，同时保护整个机体不受伤害，它遵循的是现实原则，为本我服务。

超我，是人格结构中代表理想的部分，它是个体在成长过程中通过内化道德规范，内化社会及文化环境的价值观念而形成的，其机能主要在于监督、批判及管束自己的行为。超我的特点是追求完美，因此它与本我一样是非现实的，超我大部分也是无意识的，超我要求自我按社会可接受的方式去满足本我，它所遵循的是道德原则。

因此，自我就成为本我与外界关系的调节者，也是本我与超我之间的调节者。也就是说，在考虑满足本我本能冲动和欲望的时候，不仅要考虑外界环境是否允许，还要考虑超我是否认可。

（三）焦虑与自我防御机制论

弗洛伊德认为人格的三种构成——本我、自我、超我之间不是静止的，而是不断的交互作用着的。自我在超我的监督下，按现实可能的情况，只允许来

---

① ［法］高宣扬. 弗洛伊德及其思想 [M]. 上海：上海交通大学出版社，2019.

自本我冲动中的有限内容表现出来。在一个健康的人格之中，这三种结构的作用必然是均衡、协调的。

自我同时服侍着三个严厉的主人：外部世界、超我和本我，而且要使它们的要求和需要相互协调，它感到自己从三个方面被包围了，受到三种危险的恐吓。如果它难以忍受其压力，就会产生焦虑，做出反应。焦虑的产生，促使自我发展出一种机能，用一定的方式调解冲突，缓和三种危险对自身的威胁，使现实能允许，超我可以接受，本我又能有满足感。这种机能就是自我防御机制（Defense Mechanism）。

（四）关于心理动力

心理动力学是精神分析理论的核心内容。在批判弗洛伊德的“泛性论”时，有一种观点认为，弗洛伊德所谓的心理动力，只是人的性本能，即“力比多”（libido）。其实，这不是弗洛伊德的本意，弗洛伊德曾明确地说过：“我想最好先请你们注意‘力比多’这个名词，力比多和饥饿一样，是一种力量、本能，在这里性是本能，饥饿时则为营养本能，借这个力量以达成其目的。”

按上述说法，“力比多”是人的性本能，但不是心理发展的唯一动力。本能有二：一是性本能，二是营养本能。作为自我保存的本能——营养本能，也是自我发展的动力。为此，弗洛伊德所说的心理发展动力，是性本能和营养本能的复合体。个体保存和种族延续两种本能同时促进心理发展，这才是弗洛伊德心理动力观点的全部。

一切与生命保存有关的本能都为生存本能，与生存本能相对应的一切心理能量称为“力比多”。弗洛伊德在研究早期把“力比多”等同于性本能的能量，但后期做了改动，扩大了“力比多”的外延，不仅包括性，还包括饥饿、渴等所有与生命延续有关的本能能量，并将死亡本能作为生存本能的补充。他认为人类的攻击、破坏欲望是死亡本能的一种表现形式，人的攻击和破坏行为是本能的外化。死亡本能是原始的毁灭他人也是自我毁灭的冲动。死亡本能派生出攻击、破坏、战争等一切毁灭行为。当死亡本能指向机体内部时，会导致个体的自责，甚至自伤、自杀，而当它指向外部世界时，则会导致对他人的攻击、仇恨、谋杀等犯罪行为。

（五）关于心理发展

弗洛伊德理论的发展观点是动力观点的延伸，即对心理动力的动态描述。弗洛伊德认为，“本我”中的“无意识”冲动和性欲，在个体发展的不同阶段，总要通过身体的不同部位或区域得到满足并获取快感。在不同部位获取快感的过程，就构成了人格发展的不同阶段。如果某一时期的矛盾没有顺利解决，性的需求没有得到满足或得到过度满足，儿童就会在以后保持这个时期的某些行为，即“停滞现象”。“停滞”与“退行”紧密联系，“退行”是指当个人受到挫折或焦虑时，他就会返回到早期发展阶段，出现幼稚行为，如哭泣、抽烟、酗酒等。一个人一旦发生退行现象，他总是倒退到他曾停滞的那个发展阶段。

他认为，性心理的个体发展，可分为如下几个阶段。

1. 口唇期（0～1岁左右）

其快乐来源于唇、口、手指。在长牙以后，快乐来自咬牙。“停滞”在口唇阶段初期的人可能会从事大量的口唇活动，诸如沉溺于吃、喝、抽烟与接吻等，形成口欲综合型人格。在口唇期的晚期（8个月～1岁），体验的感受部位主要是牙齿、牙床和腭部，快感来自撕咬活动。“停滞”在口唇阶段晚期的人会从事那些与撕咬行为相等同的活动，如挖苦、讽刺与仇视，形成口欲施虐型人格。

2. 肛欲期（1～3岁）

其快乐来源于忍受和排粪便。肌紧张的控制。在这一时期，儿童必须学会控制生理排泄，使之符合社会的要求。在肛欲期，快感主要来自对粪便的排出与克制，如果这一时期出现停滞现象，可使人格朝着慷慨、放纵、生活秩序混乱、不拘小节或循规蹈矩、谨小慎微、吝啬、整洁两个方向发展，形成“肛门排泄型”或“肛门滞留型”人格。

3. 生殖器期（3～5岁）

其快乐来源于生殖部位的刺激和对其的幻想，恋母或恋父。在这个阶段，最显著的两个现象是“恋亲情结”和“认同作用”。“恋亲情结”因儿童性别的不同有“恋母情结”和“恋父情结”之分。男孩子到了这个年龄，开始对自己的母亲产生一种爱恋的心理和欲求，又有消除父亲以便独占母亲的心理倾向。另一方面，男孩子因为上面所说的一些想法而产生“阉割恐惧”，害怕自己的性器会被父亲割掉。为了应付由此产生的冲突和焦虑，男孩子终于抑制了自己对母亲的占有欲，同时与自己的父亲产生认同作用，学习男性的行为方式，这对个人的成长和社会化极为重要。弗洛伊德认为，与此类似的心理过程和行为反应也在女孩子身上发生，这就是所谓的“恋父情结”。女孩子最后也与母亲发生认同作用，而开始习得女性的行为方式。

4. 潜伏期（5～12岁）

这时儿童不对性感兴趣，不再通过躯体的某一部位而获得快感，而是将兴趣转向外部，去发展各种知识和技能，以便应付环境的需要。

5. 生殖期（12岁以后）

性欲逐渐转向异性。这一阶段起于青春期，贯穿于整个成年期。随着生理发育的成熟，于是进入人格发展的最后时期——生殖期。在这个时期，个人的兴趣逐渐地从对自己身体刺激的满足转变为异性关系的建立与满足，所以又称两性期。儿童这时已从一个自私的、追求快感的孩子转变成具有异性爱权利的、社会化的成人。弗洛伊德认为这一时期如果不能顺利发展，儿童就可能产生性犯罪、性倒错，甚至患精神病。

弗洛伊德认为成人人格的基本组成部分在前三个发展阶段已基本形成，因此儿童的早年环境、早期经历对成年后的人格形成起着重要的作用，许多成人的变态心理、心理冲突都可追溯到早年的创伤性经历和压抑情绪的情节。当成人的变态心理和心理冲突外化并与社会规则冲突的时候，就容易产生犯罪行为。

二、精神分析的方法与技术

（一）治疗原理

根据神经症的心理病理学说，潜意识的心理冲突是神经症的根本原因。神经症病人的自我都不够强大，不能有效地协调解决冲突，而是采用各种心理防御机制而形成了各种心理症状。

精神分析认为，心理治疗的焦点不应放在消除症状上，而应放在帮助病人揭示内在冲突的原因和冲突过程之上。不知道症状的原因，病人的症状就无法消除。由于参与冲突的各方，包括自我、本我、超我和外界现实分别处于不同的意识层面，而心理冲突本身又是潜意识的，因此病人虽知道自己的症状，但是却不知道症状的意义以及造成症状的原因。精神分析治疗需要做的是把这一系列的潜意识过程和材料经过分析、解释，让病人在意识层面得以了解和领悟，了解其症状的原因。一旦病人明了自己得病的原因和过程，症状便有了一个合理的解释，自然也就消失了。因此，精神分析治疗工作的要旨就是使潜意识过程向意识转化。

潜意识过程向意识转化是精神分析治疗的关键，但这一转化又是异常艰难的。一方面，由于致病冲突的潜意识心理内容不能通过有意回忆揭示出来，分析者也无法知晓病人已经忘却的那些经验；另一方面，由于所谓的“两级获益”，病人对分析会产生抵抗。这两方面注定了这一转化过程往往是一场“持久战”。

“两级获益”，是指病人借助生病可以获得两方面的好处。一级获益，又叫内部获益，指症状满足了病人的潜意识欲望，使潜意识冲突可以得到变相的、虚幻的解决。如上述的症状通过“力比多”可以以一种超我不干涉的方式得到满足和表现。二级获益是指病人借助生病，从家人、朋友和其他人身上获得支持、同情、安慰，从而减少应激压力。由于两级获益的存在，病人会对治疗持有矛盾的态度。一方面，他希望摆脱症状的折磨和环境的压力，表现得积极求医；另一方面，又有意无意地希望“停留在病症中”，从而消极对待治疗。

弗洛伊德把这种消极对待治疗的现象称作“阻抗”（Resistance）。在治疗中，出现明显、强烈的阻抗是接近问题症结的一个信号，因此克服阻抗是治疗的中心任务之一。阻抗的力量与压抑的力量同源，都是自我或自我与超自我的联合活动。要克服压抑和抵抗，需要借助病人自己的两种积极力量：一是病人要求康复的动机；二是病人的理智。治疗者的策略如下：第一，向病人表明旧的解决（实行压抑，以症状为替代性满足）足以致病，新的解决（在意识水平认识、接受自己的力比多欲望）可以恢复健康。第二，告诉病人他的自我已不是幼年时的自我，现在的自我已足够强大，有能力在意识水平上清醒地认识、处理矛盾冲突。

与阻抗具有重要联系的另一种现象是“移情”（Transference）。在治疗过程中，病人会出现一种特殊的表现，不再关注自己的病，而对分析者变得越来越感兴趣，可能对分析者表现出好感、顺从、崇拜，变得极易相信分析者的话等。这就是病人对分析者发生了移情。移情实际上是病人过去（多为幼年时期）对父母或他人的情感经历的重演，只是以分析者替代了儿时的情感对象。

如果移情发展到了相当强烈的程度，治疗工作的重心就会发生转变。分析新出现的“移情神经症”将替代分析回忆过去，成为分析治疗的主体。“既然移情神经症是原来神经症的翻版，那么治愈了这个新得的神经症，就等于治好了原来的神经症。病人如果能重新与分析者保持正常的关系，摆脱被压抑的本能倾向的影响，在离开分析者之后，仍然能保持健康。”[①] 因此，移情的产生和处理，是治疗过程中分析者工作的重心所在。

（二）精神分析学的犯罪学说

在犯罪心理的研究中，人们发现一些犯罪行为是在潜意识心理的作用下产生的。因此，国外犯罪心理学家们应用精神分析学说解释犯罪心理和犯罪行为，形成了精神分析学的犯罪学说，这种学说的主要内容包括下列方面。

---

① [奥]西格蒙德·弗洛伊德.精神分析引论[M].史林，译.天津：百花文艺出版社，2019:54.

（1）犯罪行为是神经官能症的一种形态，这种形态基本上不同于任何别的神经官能症（例如，一些神经官能症患者拼命工作，另一些神经官能症患者却实施纵火）。

（2）犯罪人经常为一种强迫性的追求惩罚的需求所困扰，以便减轻从无意识的欲望中产生的罪恶感和焦虑。

（3）犯罪行为可能是为了获得在家中得不到满足的需要和欲望的代替性满足的一种手段。

（4）犯罪行为往往是由于外伤事件引起的，这种事件使个人的记忆受到抑制。

（5）犯罪行为可能是置换性敌意（Displaced Hostility）的一种表现。

美国学者沃伦（Marguerite Q. Warren）和欣德朗（Michael J. Hindelang）认为，所有这些解释都表明虽然最初的犯罪原因是在儿童早年的环境中产生的，但是到犯罪行为发生时，这些犯罪因素都同时在犯罪人身上发生作用。沃伦和欣德朗归纳的上述五种解释，可以看作精神分析学犯罪观的基本框架。虽然有些精神分析学家分析犯罪时使用的主要观点有差别，或者论述犯罪原因时使用的具体概念有所不同，但是一般都没有超出上述五种解释的范围。因此，上述解释就成为使用精神分析方法矫正罪犯的理论基础。

（三）治疗方法

在精神分析学家看来，既然一些犯罪行为是在潜意识的犯罪心理的作用下发生的，那么就有必要使用精神分析学方法发现、挖掘这种潜意识的犯罪心理，并且使用精神分析学的方法加以治疗。正如英国当代犯罪心理学家罗纳德·布莱克本（Ronald Blackburn）指出的："心理动力学理论根据神经症性冲突或超我发展的失败来解释反社会行为，但作为一种治疗方法的古典精神分析，则集中在神经症性冲突方面，关键的因素是由治疗人员对治疗对象过去的调查、移情和治疗人员的解释，并通过治疗人员对冲突的工作获得顿悟或自我认识。"

在利用精神分析学方法治疗犯罪人时，具体的治疗步骤与一般的精神分析大体一致，主要包括以下几种方法。

1. 自由联想

自由联想法是弗洛伊德于 1895 年创造的。运用自由联想时，要让犯罪人舒适地躺着或坐着，要求其把进入头脑中的一切都报告出来，不论其如何微不足道、如何荒诞不经或者有伤大雅。弗洛伊德认为，浮现在脑海中的任何东西都不是无缘无故的，都有一定的因果关系，借此可以发掘出潜意识中的症结所在。因此，治疗师的工作就在于对犯罪人所报告的内容加以分析与解释，帮助其找出潜意识之中症状的根本原因，从而达到治疗效果。

2. 梦的解析

1900年弗洛伊德出版了《梦的解析》一书。他在给神经症病人治疗时发现梦的内容与被压抑的无意识幻想有着某种联系。他认为睡眠时自我的控制减弱，无意识中的欲望乘机向外表现。但因为精神仍处于一定的自我防御状态，所以这些欲望必须通过化装变形才可进入意识成为梦想。因此，梦是有意义的心理现象，是人愿望的迂回的满足。梦的工作通过凝缩、置换、视像化和再修饰才把原本杂乱无章的东西加工整合为梦境，这就是做梦者能回忆起来的显梦。显梦的背后是隐梦，做梦者是不知道隐梦的意思的，要经过精神分析家的分析和解释才能了解。对梦的解释和分析就是要把显梦的重重化装层层揭开，由显相寻求其隐义。为了得到梦的潜隐内容，治疗师仍需采用自由联想技术，要求犯罪人对其梦中内容进行自由联想。通过联想，治疗师就可获得梦的真实意义。在分析过程中，由于阻抗的作用，犯罪人可能会歪曲梦的内容。因此，治疗师还需突破犯罪人清醒时的防御，才能达到理解梦的象征性的目的。

释梦被认为是了解患者无意识的重要途径。犯罪者通过对于所梦内容的联想，了解梦的外显内容之下的内隐内容。对梦的内容的象征进行诠释，有助于犯罪人进一步了解自己的无意识内容，并分析它们是否与犯罪心理和犯罪行为有关。

3. 阻抗分析

阻抗包括有意识与潜意识两种。有意识阻抗可能是因为犯罪人怕治疗师对自己产生坏印象，或担心说错话，或对治疗者还不能信任，治疗师可以通过说服加以消除。潜意识阻抗则表现为对治疗的抵抗，而犯罪人自己却不能意识到，也不会承认。例如，犯罪人可能表现为不愿更改某种行为，即使这种行为给他带来了很大的痛苦。

潜意识阻抗会一直贯穿于治疗的全过程。阻抗一方面是治疗神经症的障碍，另一方面又是治疗的中心任务之一。精神分析的治疗无法回避这种潜意识的阻抗。治疗师需经过长期的努力，通过对阻抗产生的原因的分析，帮助犯罪人真正认清和承认阻抗，使治疗向前推进。

4. 移情与反移情

严格来说，移情与反移情并非某种治疗技术，而是精神分析治疗中的一种现象，对这种现象的处理构成了精神分析取向治疗中重要的组成部分。由于进行精神分析治疗所用的时间很长，犯罪人会把与自己有重要关系的人物，如父母、亲人等的感情转移到治疗师身上，即把早期对别人的感情转移到治疗师身上，把他当成自己的父母、亲人等。这种移情有的是正性的、友爱的，有的是负性的、敌对的。但移情并不是对治疗师产生的爱慕，也不是有意识的恐吓，移情是犯罪人无意识阻抗的一种特殊形式。治疗师通过移情可以了解到犯罪人对其亲人或他人的情绪反应，了解犯罪人过去生活中与他人的关系，引导他讲出痛苦的经历，揭示移情的意义，使移情成为治疗的推动力。由于精神分析治疗认为被治疗者在分析治疗过程中都会对治疗师产生移情，且对移情的处理是被治疗者对症状领悟的重要来源，因此移情被认为是精神分析治疗的重要组成部分。反移情则是治疗师将感情转移到被治疗者身上，觉察反移情往往也是治疗师理解治疗关系互动特点的重要途径，在安全治疗关系建立的前提下，治疗师对自己情感适度的自我暴露也可能成为与被治疗者建立连接的重要手段。

5. 解释

解释是精神分析中最常使用的技术。要揭示症状背后的潜意识动机，消除阻抗和移情的干扰，使犯罪人对其症状的真正含义达到领悟，解释是必不可少的。解释的目的是让犯罪人正视他所回避的东西或尚未意识到的东西，使潜意识之中的内容变成意识的。

解释要在犯罪人有接受的思想准备时进行。此外，单个的解释往往不可能明显奏效。较有效的方法是在一段时间内渐渐地接近问题，从对问题的澄清逐步过渡到解释。因此，解释是一个缓慢而又复杂的过程。通过解释，治疗师可以在一段时间内，不断向犯罪人指出其潜意识中的心理现象与犯罪行为的关系，找出犯罪人进行犯罪行为的真正心理原因，从而达到提高犯罪人的自我了解能力，明确犯罪行为的原因，消除犯罪心理，促使犯罪人恢复正常的心理生活。

6. 领悟与修通

领悟指觉察到个人问题的原因所在。精神分析学派认为，领悟就是在理智与情感上对过去经历与现在症状或问题的关系有所感知。随着来访者洞察力的提升，就会逐渐清楚自己内心冲突的表现形式。

让来访者领悟到问题与冲突是精神分析的“归宿点”。如果被来访者希望能通过治疗达到人格的重建，就必须修通阻抗与旧有行为模式。修通是指反复解释与克服阻抗，从而使来访者解决其在童年期产生的功能失调模式，并在新领悟的基础上做决策，从而达到自我认知和自我整合的目标。修通是精神分析治疗的最后阶段，是一个漫长的过程，需要来访者全心投入。

Minninger（明格）提出，在治疗中，来访者在治疗师反复的诠释下，将自己外在关系的模式和移情模式以及与家人的关系联系起来，使无意识中发生的连接浮现到意识层面，洞察这种关系，继而能掌控它，而不为它所困。从客体关系理论出发，则是患者自体 — 客体 — 情感三者的结合体，不断浮现在移情、移情外的人际关系以及过去关系的记忆中。治疗的良好疗效，是来访者通过移情来重新体验这些核心的关系模式，并在当下的治疗关系中获得新的关系体验。

（四）治疗过程

精神分析治疗过程如下：首先，帮助来访者领悟到病症与潜意识中受挫经验的联系。一旦来访者了解到这种联系，病症就会消除或减轻。其次，帮助来访者重塑正常的人格。来访者领悟到了病症与潜意识的联系后，病症会得到减轻，但若要完全消除，必须在治疗师的指导下，修复人格发展中的缺陷，重新塑造正常的人格。这两个过程通常是交叉、重复进行的。弗洛伊德认为在生命本能的推动下，借助治疗师提供的帮助，来访者能自行地修复人格缺陷。这个过程需时有长有短，可以短至数天，也可以长至数年。

精神分析治疗过程一般包括下面四个阶段。

1. 开始阶段

先要了解来访者需要解决的问题，确认来访者是否适合于精神分析治疗。确认后，治疗师与来访者双方应就治疗规则、治疗阶段、双方责任取得共识。接下来，治疗师开始由浅入深了解来访者产生内心冲突的根源。

2. 移情发展阶段

随着治疗的逐步进行，来访者会出现对治疗师的移情。移情是来访者将自己对过去生活中的某些重要人物的情感在治疗师身上的投射。治疗师依据来访者的投射对其进行体验、理解并告知来访者。

3. 修通阶段

结合来访者提供的各种材料和移情表现，治疗师运用解释为主的技术，向来访者揭示其内心的潜意识欲望和潜意识冲突与自身表现出的症状的关系，获得来访者的理解和领悟。在修通的过程中会遇到阻抗，这是治疗过程中自然和必要的反映，只有将这个过程坚持下去才会逐渐获得疗效。

4. 移情解决阶段

在来访者的主要潜意识冲突已经修通的情况下，治疗师对结束治疗确定一个大致的日期。在这个阶段中，来访者可能会在移情上出现反复，治疗师需要继续采取解释技术解决来访者遗留的问题，使之能面对现实。当来访者能解决移情并做好结束的准备时，治疗就可以结束了。

第二节　以人本为征象的矫正技术

一、人本主义疗法理论

（一）马斯洛的需要层次理论和自我实现理论

1. 需要层次理论

需要层次理论，是解释人格的重要理论，也是解释动机的重要理论。个体成长的内在动力是动机是 1943 年由美国著名犹太裔人本主义心理学家亚伯拉罕 · 马斯洛（Abraham H.Maslow）提出的。马斯洛认为动机是由多种不同层次与性质的需求所组成的，而各种需求间有高低层次与顺序之分，每个层次的需求与满足的程度，将决定个体的人格发展境界。需求层次理论将人的需求划分为五个层次，由低到高，并分别提出激励措施。其中，底部的三种需要可称为缺乏型需要，只有满足了这些需要，个体才能感到基本上的舒适。顶部的两种需要可称为成长型需要，因为它们主要是为了个体的成长与发展。

（1）生理上的需要是人们最原始、最基本的需要，如吃饭、穿衣、住宅、医疗等。若不满足，则有生命危险。这就是说，它是最强烈的、不可避免的最底层需要，也是推动人们行动的强大动力。显然，这种生理需要具有自我和种族保护的意义，以饥渴为主，是人类个体为了生存而必不可少的需要。当一个人存在多种需要时，例如，同时缺乏食物、安全和爱情，总是缺乏食物的饥饿需要占有最大的优势。当一个人为生理需要所控制并得不到满足，这时就很可能产生盗窃和抢劫等犯罪行为。

（2）安全的需要即要求劳动安全、职业安全、生活稳定、希望免于灾难、希望未来有保障等。具体表现：物质上，如操作安全、劳动保护和保健待遇等；经济上，如失业、意外事故、养老等；心理上，希望解除严酷监督的威胁、希望免受不公正待遇、工作时有应付能力和信心。安全需要比生理需要较高一级，当生理需要得到满足以后就要保障这种需要。每一个在现实中生活的人，都会产生安全感的欲望、自由的欲望、防御实力的欲望。如果安全需要得不到满足，可能产生威胁他人身体的暴力犯罪行为。

（3）归属与爱的需要，是指个人渴望得到家庭、团体、朋友、同事的关怀、爱护、理解，是对友情、信任、温暖、爱情的需要。社交的需要和安全的需要更细微、更难以捉摸，它包括：①社交欲，希望和同事保持友谊与忠诚的伙伴关系，希望得到互爱等；②归属感，希望有所归属，成为团体的一员，在个人有困难时能互相帮助，希望有熟识的友人能倾吐心里话、说说意见，甚至发发牢骚。爱不单是指两性间的爱，而是广义的，体现在互相信任、深深理解和相互给予上，包括给予和接受爱。

（4）社交的需要与个人性格、经历、生活区域、民族、生活习惯、宗教信仰等都有关系，这种需要是难以察悟、无法度量的。青少年团伙作案充分体现了这点。

（5）尊重的需要可分为自尊、他尊和权力欲三类，包括自我尊重、自我评价以及尊重别人。与自尊有关的，如自尊心、自信心，对独立、知识、成就、能力的需要等。尊重的需要也可以划分为渴望实力、成就、适应性和面向世界的自信心以及渴望独立与自由、渴望名誉与声望。声望为来自别人的尊重、赏识、注意或欣赏。满足自我尊重的需要可增强自信，增强价值与能力体验，增强力量与适应性等，而阻挠这些需要将产生自卑感、虚弱感和无能感。基于这种需要，愿意把工作做得更好，希望受到别人重视，借以自我炫耀，指望有成长的机会、有出头的可能。显然，尊重的需要很少能得到完全的满足，但基本上的满足就可产生推动力。这种需要一旦成为推动力，将会令人具有持久的干劲。如得不到尊重，有些人可能会产生报复犯罪行为。

（6）自我实现的需要是最高等级的需要。满足这种需要就要求完成与自己能力相称的工作，最充分地发挥自己的潜在能力，成为所期望的人物。这是一种创造的需要。有自我实现需要的人，似乎在竭尽所能使自己趋于完美。自我实现意味着充分地、活跃地、忘我地、全神贯注地体验生活。成就感与成长欲不同，成就感追求一定的理想，有成就感的个体往往废寝忘食地工作，把工作当作一种创作活动，希望为人们解决重大课题，从而完全实现自己的抱负。也有些人可能通过加入邪教组织来满足自我实现的需要。

2. 自我实现理论

马斯洛的自我实现概念有两层含义：一是作为一种人格的自我实现，二是作为一种基本需要或动力的自我实现。人格是指一个人长期稳定的心理特征的总和，因此作为一种人格的自我实现，只有少数人才能做到，这种人可以称为自我实现者。

从人格的角度上看，马斯洛认为自我实现只能出现在年龄大一些的人身上。自我实现往往被视为终极状态，被视为远大的目标，是一种存在，而不是一种演变。在马斯洛看来，自我实现的人通常都在60岁以上。

（二）罗杰斯的自我理论

1. 自我概念

自我概念即一个人对自身存在的体验。它包括一个人通过经验、反省和他人的反馈，逐步加深对自身的了解。自我概念包括对自己身份的界定、对自我能力的认识、对自己人际关系及自己与环境关系的认识等。罗杰斯（Rogers）认为每个人心中都有两个自我：一个是现实自我，即个人在现实生活中获得的真实感觉；一个是理想自我，即个人对“应当是”或“必须是”等的理想状态。人格的成长在于充分实现理想自我与现实自我之间的和谐，而两者之间的冲突会导致人的心理失常和不协调。

自我概念一旦形成，一个人可以在社会生活中逐渐产生许多“个体经验”。而个体经验的积累决定着个体是否接受外界刺激的影响以及接受什么样的影响。当经验与自我之间存在冲突时，个体会运用防御机制（歪曲、否认、选择性知觉）来对经验进行加工，使之在意识水平上达到与自我相一致。如果防御成功，个体就不会出现适应障碍，若防御失败就会出现心理适应障碍。

2. 自我的发展

刚出生的婴儿并没有自我的概念，随着他（她）与他人、环境的相互作用，他（她）开始慢慢地把自己与非自己区分开来。

当最初的自我概念形成之后，人的自我实现趋向开始激活，在自我实现这一股动力的驱动下，儿童在环境中进行各种尝试活动，并产生出大量的经验。通过自身机体自动评价过程，有些经验会使他感到满足、愉快，有些则相反，满足愉快的经验会使儿童寻求保持、再现，不满足、不愉快的经验会使儿童尽力回避。在孩子寻求积极的经验中，有一种是受他人的关怀而产生的体验，还有一种是受到他人尊重而产生的体验。罗杰斯把这两种体验称为“正向关怀需求”，但儿童这种“正向关怀需求”的满足完全取决于他人，而他人（包括父母）是根据儿童的行为是否符合其价值标准、行为标准来决定是否给予关怀和尊重，所以说他人的关怀与尊重是有条件的。这些条件体现着父母和社会的价值观，罗杰斯称这种条件为“价值条件”。

儿童不断通过自己的行为体验到这些价值条件，会不自觉地将这些本属于父母或他人的价值观念内化，变成自我结构的一部分。渐渐地儿童被迫放弃按自身机体评价过程去评价经验，变成用自我中内化了的社会价值规范去评价经验，这样儿童的自我和经验之间就发生了异化。

为保证经验与自我的一致即健康人格的形成，家长和社会就应该通过“无条件的积极关注”使儿童得到“无条件的满足”。例如，母亲通过给予儿童慈爱，使他们逐渐学会像母亲爱自己一样爱别人，把这种“无条件的积极关注”作为自己内在的需要和价值行动的准则。也就是父母或其他成人在给予儿童爱时较少注意儿童行为的方式，在这种条件下成长起来的儿童，不会显示出价值的条件，自我与经验之间便不会有不一致，儿童就能发展成“充分发挥作用的人”（the Fully Functioning Person）。

3. 心理失调的实质

自我概念是以人为中心治疗理论了解心理失调的关键。自我概念与经验之间的不协调是心理失调产生的原因。以人为中心治疗的实质是重建个体在自我概念与经验之间的和谐，或者说是达到个体人格的重建。对于以人为中心的治疗实质，国内学者江光荣用“去伪存真”一词来形象地概括。

许多心理问题的产生，都是因为环境出了问题，使个人实现受阻，个人成长出现了障碍。在影响自我实现的因素中，最重要的是人际关系。

个人成长中的重要他人或社会规范，通过价值的条件化，形成了与自己原来真实经验不一致的自我概念，并由此衍生出一套符合别人的需要，适应环境的生活方式、思想、行动和体验方式，使个人生活得越来越不像他自己，仿佛是戴着面具生活一样。以人为中心疗法就是帮助人们去除价值的条件化作用，充分利用机体的评价过程，使人能接受他原来的真实经验和体验，不再信任别人的评价，而是更多地信任自己。这样，人就可以活得真实，达到自我概念与经验的和谐；人就会从面具背后走出来，成为他自己。

当一个人达到了自我的和谐，他就会对任何经验都比较开放，不再歪曲和否认自己的某些经验；他的自我经验变得能与经验相协调，不再冲突，他变得更信任自己的机体的评价过程，而不是去符合别人的价值标准，他愿意使自己成为一个变化的过程，使生命迈向成长，迈向自我实现。

二、人本主义疗法技术——来访者中心疗法

罗杰斯提出：“假如我们不去考虑表现我自己的聪明才智，那么我觉得依靠来访者去完成这个咨询过程更……来访者了解自己的问题，了解应向什么方向努力，了解什么问题最重要，了解自己隐藏着什么体验。”用这种观点看待

人，意味着咨询师注重人的建设性的一面以及人的正确的方面。这一方法把重点放在对自身的感觉上，使来访者通过观察自身而不是注重外部影响，来获得成长和完善。这样，他们不需要得到咨询师的过多干预和指导就能发生变化，他们对咨询师的需要是理解、真诚、支持、接受、关心和积极的评价。这就是人本主义取向的重要疗法——来访者中心疗法。

（一）非指导性治疗的特点

1. 非指导性治疗的特点

非指导性心理治疗的基础是罗杰斯对人性的看法。他相信人有自我指导的能力。他认为咨询师并不是全知全能的，他对来访者的问题并没有现成的答案。他认为只有来访者最知道他的问题，只有来访者自己能解决自己的问题，咨询师只不过起着如同化学反应中的催化剂的作用，协助来访者了解自己的问题，促进他的转变。

人们完全可以相信他们有很大的潜能理解自己并解决自己的问题，无须咨询师进行直接的干预，如果他们处于一种特别的咨询关系中，那么他们能通过自我引导而成长。因此，咨询师的态度和个性以及咨询关系的质量是咨询效果的首要决定因素，相信来访者有自我治愈的能力。

2. 非指导性治疗与指导性治疗的区别

（1）指导性的治疗认为，来访者没有能力自己选择治疗目标，因此要由咨询师为来访者确定心理治疗的目标。非指导性的治疗认为，来访者拥有自我选择治疗目标的权利和能力。

（2）在咨询师与来访者的地位上，指导性的治疗认为咨询师是权威，拥有优越的地位，具有控制和操纵治疗过程的权利，而来访者则处于被动、服从的地位。非指导性治疗认为，来访者是“主角”，来访者拥有治疗过程的主动权，咨询师是“配角”。

（3）在治疗所重视的问题上，指导性治疗重视社会的规范，非指导性治疗重视个体心理上的独立性和保持完整心理状态的权利。

（4）对于治疗的结果，指导性治疗注重问题的解决，非指导性治疗重视的是问题背后的来访者个人的改变与成长。

（二）来访者中心疗法的治疗目标

治疗的实质是帮助来访者去掉那些由于价值条件作用，而使人用来应付生活的面具和角色，把别人的自我当成自我的成分，使其恢复真正自我的过程，是一个“充分发挥机能人”的过程，最后达到以下目标。

（1）来访者的自我变得较为开放。有自知，能接纳自己、接纳世界。对自己的经验，包括个人的感受、体验、直觉等都能比较坦然地接受，不再进行歪曲、否认，自己的感受更丰富了，更富有变化了，更轻松了。不再僵化、刻板地看待外部世界，更具有弹性。

（2）来访者的自我变得较为协调。依照真我来面对自己，自我概念与经验相协调，不再依照别人的价值标准来衡量自己。

（3）来访者更加信任自己。不再依赖于别人的评价来确认自我，不再生活在别人的世界中，自己独立地做决定、做选择，生活得更加积极。

（4）来访者变得更适应了。更自由地接纳自我经验，也更开放地对待外部世界，内外变得更统一了。

（5）来访者愿意使其生命过程成为一个变化的过程。视生活为一个流动的过程，不再刻板地追求达到一种僵化不变的理想与目的，更加灵活。

（三）治疗过程

罗杰斯在其工作的早期，曾就咨询过程提出过 12 个步骤。但他强调这些步骤并不是截然分开，而是有机地结合在一起的。

（1）来访者前来求助。这对咨询来说是重要的前提，如果来访者不承认自己需要帮助，不是在很大的压力之下希望有某种改变，咨询是很难成功的。

（2）咨询师向来访者说明咨询的情况。咨询师要向对方说明对于他所提的问题，这里并无解决的答案，咨询只是提供一个场所或一种气氛，帮助来访者自己找到某种答案或自己解决问题。咨询师要使对方了解咨询的时间是属于他自己的，可以自由支配，并商讨解决问题的方法。咨询师的基本作用就在于创造一种有利于来访者自发成长的气氛。

（3）鼓励来访者自由表达情绪。咨询师必须友好地、诚恳地接受对方，促进对方对自己情感体验作自由表达。来访者开始所表达的大多是消极的或含糊的情感，如敌意、焦虑、愧疚与疑虑等。咨询师要有掌握会谈的经验，有效地促进对方表述。

（4）咨询师能接受、认识、澄清来访者的消极情感，并产生同感。这是很困难也是很微妙的一步。咨询师接受了对方的这种信息，必须对此有所反应。但反应不应是对表面内容的反应，而应深入来访者的内心深处，注意发现对方影射或暗含的情感，如矛盾、敌意或不适应的情感。不论对方所讲的内容是如何荒诞无稽或滑稽可笑，咨询师都应以接受对方的态度加以处理，努力创造出一种气氛，使对方认识到这些消极的情感也是自身的一部分。有时，咨询师也需对这些情感加以澄清，但不是解释，目的是使来访者自己对此有更清楚的认识。

（5）来访者成长的征兆。当来访者充分暴露出其消极的情感之后，模糊的、试探性的、积极的情感不断萌生出来，成长由此开始。

（6）咨询师对来访者的积极情感要加以接受和认识。对于来访者所表达出的积极情感，如同对其消极的情感一样，咨询师应予以接受，但并不加以表扬或赞许，也不加入道德的评价，而只是使来访者在其生命之中，能有这样一次机会去了解自己，使之既无须为其有消极的情感而采取防御措施，又无须为其积极情感而自傲。在这样的情况下，促使来访者自然达到领悟与自我了解的境地。

（7）来访者开始尝试接受真实的自我。由于社会评价的作用，一般人做出任何反应总有几分保留；价值的条件化，使人们具有一个不正确的自我概念，因此常常会否认、歪曲若干情感和经验。这与人的真实自我是有很大距离的。在咨询中，来访者因处于良好的能被人理解与接受的气氛之中，有一种完全不同的心境，能有机会重新考察自己，对自己的情况达到一种领悟，进而达到接受真实自我的境界。来访者这种对自我的理解和接受，为其进一步在新的水平上达到心理的整合奠定了基础。

（8）帮助来访者澄清可能的决定或行为。在领悟的过程中，必然涉及新的决定及要采取的行动。此时，咨询师要协助来访者澄清其可能做出的选择。另外，对于来访者此时常常会有的恐惧、缺乏勇气及不敢做出决定的表现应有足够的认识。此时，咨询师也不能勉强对方或给予某些劝告。

（9）产生疗效。领悟导致了某种积极的、尝试性的行动，此时疗效就产生了。由于是来访者自己达到了领悟，自己对问题有了新的认识，并且是自己付诸行动的，因此这种效果即使只是瞬间的事情，仍然很有意义。

（10）进一步扩大疗效。当来访者已能有所领悟，并开始进行一些积极的尝试后，咨询工作就转向帮助来访者发展其领悟以求达到较深的层次，并注意扩展其领悟的范围。如果来访者自己能达到一种更完全、更正确的自我了解，则会具有更大的勇气面对自己的经验、体验并考察自己的行动。

（11）来访者的全面成长。来访者不再惧怕选择，而是处于积极行动与成长的过程之中，并有较大的信心进行自我指导。此时，咨询师与来访者的关系达到顶点，来访者常常主动提出问题与咨询师共同讨论。

（12）咨询结束。来访者感到无须再寻求咨询师的协助，咨询关系就此终止。通常来访者会对占用了咨询师许多时间而表示歉意。咨询师采用同以前的步骤中相似的方法澄清这种感情，接受和认识咨询关系即将结束的事实。

（四）治疗技术

1. 促进设身处地理解的技术

这一技术又被称为共情、同理心、同感，是指从来访者的角度去知觉他们的世界，并把这种知觉向来访者交流出来。

（1）关注。咨询师要达到设身处地地理解，必须在一开始就能让来访者感到被无条件的积极尊重。这种尊重建立在一种“人对人”的基础上。不论来访者的阶层、感情和行为怎样，咨询师都能发自内心地感到来访者是一个有价值的人。咨询师对来访者的注意既需要某种态度，又需要某种技巧。优秀的咨询师在不牺牲自己的认同感和独特性的前提下，在咨询过程中要抛开自己的问题，全力以赴地关注来访者的问题。

咨询师的面部表情和躯体姿势可以告诉来访者他是否关注来访者的话题和情感。一定数量的点头（同意或鼓励），目光接触，微笑，对来访者心境的反映，表情的严肃性，对来访者实实在在的兴趣以及深层的关注等都可以表明咨询师的全力以赴。咨询师的姿势也可以表明他是否尊重别人。适当的面部表情和身体姿势能使来访者感受到咨询师的介入、认真、承诺以及信任的程度。但过多的目光接触、微笑、点头等往往会产生消极的影响，过分频繁地点头和持续的目光接触达到“紧盯”的程度，会使来访者对咨询关系感到不自在，特别是当来访者在开始就感到威胁和不信任时。

咨询师与来访者之间的身体距离也是一个很重要的因素。很多咨询师都坐在桌子的对面，容易让来访者感到远不可及。来访者可能把这张桌子解释为咨询师保护自己安全的方式，或者是一种屈尊的姿态。一般说来，当咨询师与来访者很舒适地围坐在一起，他们之间没有家具相隔时，来访者的感觉会好些。当咨询师与来访者相对而坐，而且距离适当时，能促进来访者对咨询师的全力以赴的感受。如果与咨询师距离太近，有些来访者可能会感到不自在或感到威胁。咨询师如果能全力关注来访者，就能较快、较容易地进入来访者的世界，并且增加了释放来访者的防御，坦诚地与来访者建立关系的可能性。

（2）用言语交流设身处地地理解。设身处地地理解意味着理解来访者的情感和认知信息，并且要让来访者知道他们的情感和想法是被准确地理解了的，无论是表面水平的还是深层水平的。在表面水平上的理解，即咨询师的言语交流仅限于重复或反映来访者所表达出的内容。

（3）非言语交流设身处地地理解。设身处地地理解包括准确地解释咨询师和来访者所表达出来的言语和非言语线索。非言语信息可以通过几种方式传达出来，包括姿势，身体活动和位置，面部表情，微笑，撇嘴，皱眉，动作的频率，声音特点（音高与音调等），手、脚的活动，目光接触等。省略的、没有说出的话以及观察到的机体活动水平等，也能传达非言语的信息，甚至家具的摆放也会影响到个人距离和社会距离以及双方的相互理解。例如，来访者选择坐在距咨询师最远的地方可能表示了他的不舒服和不信任。咨询师不仅要注意来访者的非言语信息，还要注意他们向来访者传达的非言语信息。咨询师可以通过各种身体活动传达并解释咨询师的非言语线索，如疑惑、恐惧、愤怒、高兴、疲劳、怀疑、回避、拒绝以及羞怯等。虽然对非言语线索的解释无法达到完全的准确，但是对来访者在非言谈之外的这些非言语线索的关注将会极大地促进对来访者的情感和认知信息的理解。

（4）沉默。沉默是交流的一种方式。在心理咨询的很多情况下，“沉默是金”。咨询中会出现某一时刻，咨询师和来访者都需要考虑所说过的话，不需要任何语言，这时任何语言都可能会产生干扰作用。一个善于观察的咨询师能感觉到来访者什么时候在对情感或信息进行有意义的加工处理，因此沉默也是咨询师表示设身处地地理解的一种有效策略。它向来访者表明：我看到也感觉到咨询师都需要时间来考虑这个问题；我尊重你处理这个问题的能力，而且我将在这里给你提供帮助，但只有当你准备好继续下去时。

一旦来访者了解到咨询师能接受这种沉默，并且不会感到不安，那么他就会继续探索公开他自己。来访者也能体会到咨询师并没有指导会谈的题目和重点的需要与愿望。某种沉默行为也能起到对咨询师所表达的意思进行强调的作用。

2. 坦诚交流的技术

艾根（Eigen）的帮助技巧系统来源于罗杰斯的理论。按照艾根的观点，坦诚的交流包括以下方面。

（1）不固定角色。咨询师不固定自己的角色，这意味着他在咨询中的表现如同他在现实生活中的表现一样坦率，即他们是职业的心理咨询师，但并不把自己隐藏在职业咨询师的角色之内，而是继续保持与目前的情感和体验的和谐，并交流自己的情感。

（2）自发性。一个自发的人会很自由地表达和交流，而不是总在掂量该说什么。自发的咨询师的表现很自由，不会出现冲动性或压制，并且不为某种角色或技术所羁绊。他的言语表达和行为都以自信心为基础。

（3）无防御反应。坦诚的人也是没有防御反应的。一个没有防御反应的咨询师很了解他自己的优势和不足之处，并且很了解该如何感受它们。因此，他们可以公开面对来访者的消极反应并且不会感觉受到打击。他们能理解这种消极的反应并进一步探索自己的弱点，而不是对它们做出防御反应。

（4）一致性。对坦诚的人来说，他的所思、所感及所信的东西与他的实际表现之间只有很小的差异。例如，一个坦诚的咨询师不会在对来访者有某种看法时反而告诉来访者另外的内容；他们也不会信奉某一价值观却表现出与这一价值观相冲突的行为。

（5）自我的交流。坦诚的人在合适的时候能坦露自我。因此，坦诚的咨询师会让来访者及其他人通过他公开的言语和非言语线索了解他的真实情感。

3. 表达无条件的积极关注的技术

此技术又可称为接受、尊重、关心以及珍视。艾根将无条件的积极关注称为尊重，并且认为它是高水平咨询师的最高价值观。

在艾根看来，咨询师可以用不同方式向来访者表示对他们的尊重。

（1）表现为从来访者的人性和发展的潜力这一基础上对他的尊重；

（2）应承诺自己要与他们一起努力；

（3）把来访者作为一个独特的个体予以支持，并帮助他们发展这种独特性；

（4）相信来访者有自我导向的潜力；

（5）相信来访者是能做出改变的。

在咨询过程中如果咨询师能表现出以下四种行为，那么上述五种态度就会起作用。

（1）对来访者的问题和情感表示关注；

（2）把来访者作为一个值得坦诚相待的人来对待，并且持有一种非评价性的态度；

（3）对来访者的反应要伴有准确的共情（即设身处地地理解），并因此表示出对来访者的参考结构的理解；

（4）培养来访者的潜力，并以此向来访者表明他们本身的潜力以及行为的能力。

三、人本主义团体治疗——会心团体心理治疗

20 世纪 60 年代，个人中心理论从个别咨询扩展到团体咨询，在协助人们成长和改善人际关系中发挥了重要作用。罗杰斯在加州拉吉拉（ajolla）提出的教育新制度就是建立在“个人中心”原理之上的。他假设在一个彼此尊重、彼

此以诚相待、大家有同感的环境下学习时，“自我实现”的动力就会出现。

罗杰斯将当时存在于美国的许多性质相同的咨询团体统称为会心团体（Encounter Group），包括人际关系小组、敏感训练小组、个人成长小组、人类潜能小组等。这些团体虽然名称各异，但是本质上是相同的，都强调团体中的人际交往经验，都注重此时此地的情感问题。团体咨询的目的不是为了治疗，而是促进个人的成长，包括了解自我、增强自信、寻求有意义的人际关系等。会心就是指心与心的沟通和交流，概括了这些团体咨询最根本的特点。因此，会心团体被视为发展性团体咨询或成长性团体咨询。

咨询心理学家把会心团体的原理概括为六条：

（1）自我知觉。不同于自我洞察，而是更强调体验自己此时的感情。

（2）感情表现。觉察到真实的自我，就要将它表现出来，这里的表现是指感情。

（3）自我肯定。用语言的及非语言的形式坚持真实的自我。

（4）接受他人。培养接纳他人的能力，最好的训练是倾听。

（5）有信任感。相信他人行为的一贯性，建立良好的关系。

（6）完成角色。为了在现实世界里表现真实的自我，必须通过自己的角色来表现才是现实的。

在我国，以心理学教授樊富珉为主导的倾向于教育的团体领导者，继承了会心团体的一些精华部分，在心理教育团体以及心理预防团体方面，做出了贡献。以心理学者韦志中为主导的倾向于心理治疗的团体领导者，继承了会心团体的部分精华，尤其是会心的当下动力原理，又结合现象学、艺术、本土文化特点，整合出另一种风格的本土会心团体。

（一）会心团体治疗的原则

会心团体治疗的原则是从“以个人为中心”发展而来的“以团体为中心”。会心团体咨询中成员相互尊重、信任，建立起来的良好关系可以使参加者降低社会屏障，毫不受防御机制阻抑地揭示自己最核心的情感，即真实的自我。团体指导者与参加者积极地鼓励其他人表达自己的真实情感，显露出那些平时从未表露出的态度，使每一个成员都被其他人如实地看待，并从其他成员的反应中得到关于自己的肯定或否定的反馈，以便真正地认识自我。这个过程虽会有曲折，成员间也可能出现冲突，但这是暂时的。在团体的发展中会使每个成员体会到其他人对自己的关心和尊重，从而增加成员对自己的关心和尊重，加强责任感，改变自己不适应的行为，学会建立满意的人际关系，使生活更丰富更有意义。

（二）会心团体心理治疗过程

会心团体是罗杰斯开创的人本主义团体心理治疗的形式，适用于消除人际交往障碍及其他社会适应不良行为。

会心团体的成员由背景或问题相似的人组成。比如，都是不善于与人交往、有一定社交恐惧心理的人，或不习惯与异性相处和交往的人等。参加人数在十人左右。参加者虽有一定心理障碍，但病情不太严重，可以坐下来参加小组的谈话而不会因为有妄想或奇异行为而影响集体活动。会心团体应由 1 ～ 2 人主持。主持人应为治疗师或心理医生。

活动过程经历三个阶段：相互了解和接受阶段，正式活动和治疗阶段，活动结束阶段。

会心团体的活动可根据具体情况决定活动次数。少则三五次，多则十余次。一般每周活动 1 ～ 2 次，最好安排在周末，把会心团体的活动和周末业余活动结合起来进行。当活动达到预期目的，可暂告一段落的时候，大家可谈论何时结束，准备彼此分别。如有再次集合交流体会的需要，还可约定集合时间，如一周、半月、一月、两月或半年后再进行交流等。

（三）代表技术——支持疗法

一般性心理治疗不用去分析求治者的潜意识，而主要是支持、帮助求治者去适应目前所面对的现实，故又称为非分析性治疗。当求治者面对严重的心理挫折或心理创伤，如发现自己患了癌症而无法医治，或发觉自己的配偶有不忠行为，或面临亲人受伤或死亡等意外事件时心理难以承受，难以控制自己的感情，精神几乎崩溃，感到手足无措，需依靠别人的“支持”来应付心理上的难关时，由施治者提供支持，帮助其应付危机。精神支持疗法创于 1950 年，它是目前我国使用很广的一种心理治疗概念。这一治疗方法的内涵非常丰富，一般是医生合理地采用劝导、启发、鼓励、同情、支持、评理、说服、消除疑虑和提供保证等交谈方法，帮助病人认识问题、改善心境、提高信心，从而促进身心康复。

支持疗法的另一含义，是指对求治者的人格不成熟、情感脆弱或患有慢性精神障碍、退化性障碍，需要施治者长期支持与照顾，以降低复发或恶化的可能性，增强应付现实的能力。支持疗法的治疗原则如下。

（1）提供适当的支持。当一个人心理上受到挫折时，最需要的莫过于他人的安慰、同情与关心。因此，这一原则就在于提供所需的心理上的支持，包括同情体贴、鼓励安慰、提供处理问题的方向等，以协助求治者度过困境，处理问题，应付心理上的挫折。但需注意的是施治者的支持要适度，且有选择性，就像父母不宜盲目疼爱或袒护自己的孩子一样。通常来说，“支持”不是“包办”，施治者要考虑求治者所面临的心理挫折的严重性、自身的性格及自我的成熟性，应根据处理问题的方式及应付困难的经过而做适当的支持。此外，支持并非仅口中说说，而应在态度上有真切表示，让求治者体会到事情并非想象的那样糟。同时，鼓励求治者所叙说的要有事实依据，不能信口开河、乱编一气，否则对方不会相信并接受的。

（2）调整对“挫折”的看法。协助求治者端正对困难或挫折的看法，借此来调节并改善其心理问题。检讨自己对问题和困难的看法，调整对挫折的感受，常能改变自己对困难的态度，使自己用恰当的方式去面对困难、走出困境。

（3）善于利用各种“资源”。此原则是帮助求治者，对可利用的内外资源进行分析，看是否最大限度地运用了“资源”来对付面临的心理困难和挫折。所谓资源，其范围相当广泛，包括家人和亲友的关心与支持、家庭的财源与背景、生活环境及社会可供给的支持条件等。当一个人面临心理上的挫折时，往往会忘掉可用的资源，或不去充分利用，经常低估自己的潜力，忽略别人可以提供的帮助。施治者应在这方面予以指导，助其渡过难关。

（4）进行“适应”方法指导。其重点之一就是跟求治者一起分析，寻求应付困难或处理问题的恰当的方式、方法，并指导求治者正确选用。例如：自己没信心而怀疑自己的配偶不忠，因而常常吵架，破坏夫妻感情。这些都是不明智、不健康的处理方式。因此，指导求治者应尽量与配偶和好，保持良好感情，不可维持夫妻关系，还可提高信心。支持疗法的重点可放在分析、指导求治者采用何种方式去处理心理上的困难，并考虑如何使用科学而有效地适应方法。

支持疗法是一种基本的心理疗法，不管实施何种模式的心理治疗，支持疗法的原则都宜采用。然而，更确切地说，支持疗法特别适宜下列诸种情况：① 求治者遭遇严重的事故或心理创伤，面临精神的崩溃，急需他人的支持来渡过心理上的难关；② 求治者的自我能力脆弱或未成熟，需他人给予长期心理支持，以免精神状态恶化，或者刚从严重的精神疾患恢复，面临应付现实环境、需要适应现实的康复期；③ 在开始心理分析性治疗或其他特殊模式治疗之前，宜使用一段支持性心理疗法，建立求治者与施治者的良好关系，稳定求治者的情绪，为特殊性的治疗做准备；④ 不适合尝试分析性或其他特殊性心理治疗的病人，宜采用基本的、稳定性支持疗法；⑤ 施治者未接受特殊的心理治疗训练，或临床经验不足时，宜使用基本的支持疗法。

在使用支持疗法时，施治者应注意对求治者的过分关心、同情与长期保护，可能会使求治者丧失自行适应、康复及成长的机会；或者造成求治者对施治者动机的误会，产生非治疗性的关系。因此，即使是最基本、最一般的支持性心理治疗，也得经历适当的训练和经验，并接受督导。

（四）结构式会心团体

1. 结构式会心团体的概念

结构式会心团体（Struetured Group Encounter，SGE），即进行一次集中的团体体验。“会心”是指心与心的碰撞，用真心话交流。这是为了在正向的、温暖的气氛中进行团体的建设而开发的一种咨询方法，作为心理教育的技法之一，正在学校和职场中广泛普及。

2. SGE 目标和目的

SGE 是基于“把团体作为教育者”的想法，为了进行心理教育以促成心理方面的发展为练习的课题，通过自我理解、他人理解、自我接受、自我主张、信赖体验、感受性的促进等内容，实现行动的改变和个人的成长。SGE 以有健全人格的个体为对象。

3. 为了达成目的

按照如下顺序进行练习。

（1）以伙伴的眼光看他的世界的体验；

（2）我是你的知己体验；

（3）对于自己想法的体验。

4. SGE 中的自我展示

表达出自己当时当地的感受。

（1）说出关于自己的实际情况；

（2）表达出自己的感情；

（3）表达出自己的价值观和想法。

5. 团体的规则和契约

（1）保密义务（不把团体中别人的事情到外边去讲）；

（2）实在不想说的话可以不说；

（3）实在不想参加的活动可以不参加。

注意：一定要在活动开始前强调团体规则。

6. SGE 的领导者

团体的领导者，一定要具有接纳、复述、具体化、支持、询问、自我开放、反馈、帮助、说明、教化、把握的能力。要让团体的成员感受到“我明确了自己未来的方向”“我更了解自己了”“我的焦虑感和自卑感减轻了”。此外，领导者要通过自己理解的方式，促进成员间信任的关系，采取适当的干预行为，使成员获得行为的改变和个人的成长。

7. 实际操作演练

（1）要开放自己，保持互相信赖。

（2）起笔名，为了和自己平时使用以及和地位相关的名字区分开，起自己喜欢的笔名。（事先准备好 A4 大小的硬纸板发给每个团体成员，要求成员自选彩色蜡笔，在白纸板上画上图画，给自己取个名字。团体领导者先做示范，如给自己画了个萝卜，画了个笑脸，给自己取名叫“笑笑”。）

（3）和相识的人打招呼，介绍自己的笔名，然后顶指（双方都拿出自己食指相对）寒暄（介绍“我叫 × ×”）。自我介绍后，要求团体所有成员按照自己出生的年月转成一个圈，不使用言语。（在这个环节里，成员们可以相互用手指比画自己的出生日期，但不涉及年份，作为对成员隐私的保护。在过程中，领导者可以问“确认一下，你站得对吗？”待大家都站好后，可以随机抽一两个人问问，到底有没有站对。然后要成员自由组对。）

（4）两人一组组对后，可以找位置坐下来，这个时候，原来是圆形的座位可以自由移动，每对成员可以选择一个安全、自由的位置坐下来。两人一组提问猜拳，赢的一方可以自由提问，不想回答的问题可以不回答（我们要求是问对方的感受，而不是满足自己的感受）。随后闭上眼睛想想自己的梦想，谈自己的梦想（说说自己的梦想，也听听别人的梦想）。

（5）四人一组进行伙伴的介绍，自己要认真听伙伴的信息，也让伙伴充分了解自己的信息。

（6）掷骰子，四人一组，给每个小组再分一个 A4 硬纸板，要求组员在纸板上通过掷骰子决定自己要说的题目（掷到几就回答第几题）。题目参考现场发的资料。

交流话题可以包括：① 一般而言，你喜欢每天做的事情是什么？② 说一个你的弱点。③ 你不喜欢的人属于哪种类型？④ 谈一件你小时候的事情。⑤ 现在的生活中，你最不想做的事情是什么？⑥ 你最欣赏自己的哪个特点？

（7）八人一组滚雪球，“□是喜欢□旁边的”，这样顺时针进行。等到第二次加上“擅长□的某某”，再逆时针进行。

（8）盲行，用于建立信赖关系。（两人一组，给每组发一个发箍）闭上眼睛让别人引导自己，体验信赖和非信赖的感觉（此次盲行没有规定路线，拐杖可以自由地选择将盲人带到室内或室外行走，但不能有言语交流，时间为五分钟；三分钟的时间交流感受，然后互换）。

（9）共同绘画（八人一组），不用语言交流，共同完成一幅画。必须画的内容包括：树木、人、家、河流等。通过非语言的绘画交流和之后的分享（十五分钟作画，之后组员间相互交流，并讨论给自己的画取名字），加深成员间的互相理解。每组都将自己的画作贴到墙上，每组派一个代表出来发言，阐述自己画作的意义及特色。在这个过程中要注意，如果画笔在某个组员的手中停留的时间太长，领导者要提醒：我们是要每个人都来画，是不是？分享的过程也注意不带攻击性地提醒成员，让组内每个人都享有平等的表达时间，有相等的表达空间。

回到八人小组（十分钟），每个成员按顺时针方向轮流说我跟别人不一样，因为……为了让成员完成自己未完成的事项，按逆时针的方向轮流说我喜欢我自己，因为……同样是十分钟的时间。

我喜欢你：小组围成眼睛状，即七个人处于弧形上，另一个座位与之相对，称为“top seat”。小组成员轮流坐在 top seat 上，别的成员对他说：“××，我喜欢你，因为我觉得……”（此时领导者举例，给团体成员一个示范。）当七个人表达完后，被喜欢的人要站起来表达别人说完这些话时的感受。此环节二十分钟。

（10）分享（十分钟）。分享通过今天的 SGE 注意到的内容、学习到的内容以及今天的感受。无论从谁开始都是结构式的。分享的目的是让成员间互相了解彼此的心情的同时，使自己注意到的、学习到的方面得以确认。通过分享别人的感受，分享相同的感受，来学习不同的感受。

当然，会心团体并不能解决一切心理问题。罗杰斯坦率地说出了它的不足：由于这是人为建立的团体，团员们在会心团体里能敞开自己，回到原来的环境里往往又会恢复原样，并不都能主动促使个体在原来的环境中走向开放。由于团体交流中留给个人的时间有限，深层次的心理问题常常不能解决，团员在发现自己的心理问题后，仍然应该求助于一对一的心理咨询。

第三节　以认知为征象的矫正技术

一、认知疗法简介

认知疗法是20世纪六七十年代在美国心理治疗领域中发展起来的一种新的理论和技术，是根据人的认知过程影响其情绪和行为的理论假设，通过认知和行为技术来改变求治者的不良认知，从而矫正并适应不良行为的心理治疗方法。

所谓认知，一般是指一个人对一件事或某对象的认知和看法，对自己的看法，对他人的想法，对环境的认知和对事情的见解等。由于文化、知识水平及周围环境背景的差异，人们对问题往往有不同的理解和认知。“认知疗法”强调，一个人的非适应性或非功能性心理与行为，常常是受不正确的认知而不是适应不良的行为的影响。正如认知疗法的主要代表人物贝克（A. T. Beck）所说：“适应不良的行为与情绪，都源于适应不良的认知，因此行为矫正疗法不如认知疗法。”例如，一个人一直“认为”自己表现得不够好，连自己的父母也不喜欢他，因此做什么事都没有信心，很自卑，心情也很不好。认知疗法的策略，便在于帮助他重新构建认知结构，重新评价自己，重建对自己的信心，更改认为自己“不好”的认知。

认知疗法常采用认知重建、心理应付、问题解决等技术进行心理辅导和治疗，其中认知重建最为关键。埃利斯（Ellis）认为，经历某一事件的个体对此事件的解释和评价、认知与信念，是其产生情绪和行为的根源，不合理的认知和信念引起不良的情绪和行为反应，只有通过疏导谈论来改变和重建不合理的认知与信念，才能达到治疗的目的。贝克也指出，心理困难和障碍的根源来自异常或歪曲的思维方式，通过发现、挖掘这些思维方式，并加以分析、批判，再代之以合理的、现实的思维方式，就可以解除患者的痛苦，使之更好地适应环境。

认知疗法不同于传统的行为疗法，因为它不仅重视适应不良性行为的矫正，还重视改变病人的认知方式和认知 — 情感 — 行为三者的和谐。同时，认知疗法也不同于传统的内省疗法或精神分析，因为它重视目前病人的认知对其身心的影响，即重视意识中的事件而不是无意识。从另一角度而言，认知疗法是针对心理分析疗法的缺陷而发展起来的。因为在心理分析治疗时，常着重于心理与行为的潜意识和情感症结，而这种潜意识的欲望或情感，往往只是施治者的分析和推测，不容易向求治者解释，也不容易被求治者接受，更不易作为治疗的着眼点来操作。治疗把着眼点放在认知上，它不必管看不到也抓不到的潜意识，只要更正这些可用语言描述的观念、想法、信念，处理好非功能的“认知”即可。这样既明显，又具体，易取得患者的理解与协作。

认知疗法流派众多，其中最具代表性的是埃利斯的合理情绪疗法，贝克和方米的认知疗法以及唐纳德·梅肯鲍姆的认知疗法。

二、合理情绪疗法

合理情绪疗法（Rational-Emotive Therapy，简称 RET）是 20 世纪五十年代由埃利斯在美国创立的。合理情绪疗法是认知心理治疗中的一种，由于它也采用行为疗法的一些方法，故被称为认知—行为疗法。

（一）理论基础

合理情绪疗法的基本理论主要为 ABC 理论。了解这一理论前需了解埃利斯及合理情绪治疗对人的基本看法。

1. 对人本性的看法

埃利斯的 ABC 理论是建立在他对人的本性的看法之上的，他的这种看法可归结如下。

（1）人既可以是有理性的、合理的，又可以是无理性的、不合理的，当人们按照理性去思考，去行动时，他们就会是愉快的以及行有成效的人。

（2）情绪是伴随着人们的思维而产生的，情绪上或心理上的困扰是由于不合理的、不合逻辑的思维所造成的。

（3）任何人都不可避免地具有或多或少的不合理的思维与信念。

（4）人是有语言的动物，思维借助于语言而进行。不断地用内化语言重复某种不合理的信念就会导致无法排解的情绪困扰。

（5）情绪困扰的持续是由于那些内化语言持续的结果。埃利斯曾指出：“那些我们持续不断地对我们自己所说的话经常就是我们的思想和情绪，或者会变成我们的思想和情绪。”

2. ABC 理论

在埃利斯的 ABC 理论中，A 是指诱发性事件（Activating Events）；B

是指个体在遇到诱发性事件之后相应而生的信念（Beliefs），即他对这一事件的看法、解释和评价；C是指在特定情景下，个体的情绪及行为的结果（Consequences）。

通常，人们会认为人的情绪及行为反应是直接由诱发性事件A引起的。ABC理论指出，诱发性事件A只是引起情绪及行为反应的间接原因，而B是人们对诱发性事件所持的信念、看法、解释，是引起人的情绪及行为反应C的更直接的原因。

人们的情绪及行为反应与人们对事物的想法、看法有关。在这些想法和看法背后，有着人们对一类事物的共同看法，这就是信念。合理的信念会引起人们对事物适当的、适度的情绪反应；而不合理的信念则相反，会导致不适当的情绪和行为反应。当人们坚持某些不合理的信念，并长期处于不良的情绪状态中时，最终将会导致情绪障碍的产生。

因为情绪是由人的思维、信念所引起的，所以埃利斯认为每个人都要对自己的情绪负责。他认为当人们陷入情绪障碍中时，是他们自己使自己感到不快，是他们自己选择了这样的情绪取向。不过有一点要强调，合理情绪治疗并非一般性地反对人们具有负面的情绪。比如一件事失败了，感到懊恼，有受挫感是适当的情绪反应。而抑郁不堪、一蹶不振则是所谓的不适当的情绪反应。

3. 不合理信念的特征

埃利斯认为不合理的信念有以下11种。

（1）每个人绝对要获得周围环境的人，尤其重要的人的喜爱和赞许。这个观念实际上是个假象，是不可能实现的事。因为在人的一生中，不可能得到所有人的认同，即便是父母、教师等对自己很重要的人，也不可能永远对自己持一种绝对喜爱和赞许的态度。因此，如果某人坚持这种信念，就可能会导致其委曲求全地取悦他人以获得每个人的欣赏，但结果必定会使他感到失望、沮丧和受挫。

（2）个人是否有价值，完全取决于他是否是个全能的人，即是否在人生中的每个环节和方面都能有所成就。这也是一个永远无法达到的目标，因为世界上根本没有十全十美、永远成功的人。一个人可能在某方面较他人有优势，但在其他方面却可能不如别人。虽然他以前有过许多成功的境遇，但是也无法保证在每一件事上都能成功。因此，若某人坚持这种信念，他就会为自己永远无法实现的目标而徒自伤悲。

（3）世界上有些人很邪恶、很可憎，因此应该对他们做严厉的谴责和惩罚。世上既然没有完人，也就没有绝对的区分对与错、好与坏的标准。每个人都可能会犯错误，但仅凭责备和惩罚则于事无补。人偶尔犯错误是不可避免的。因此，不应因一时的错误就将他们视为“坏人”，以致对他们产生极端排斥或歧视。

（4）如果事情非己所愿，那将是一件可怕的事情。人不可能永远成功，生活和事业上的挫折是很自然的，如果一旦遭受挫折便感到可怕，就会导致情绪困扰，也可能使事情更加恶化。

（5）不愉快的事总是由于外在环境的因素引起，不是自己所能控制和支配的，因此人对自身的痛苦和困扰也无法控制和改变。外在因素会对个人有一定影响，但实际上并不是像想象的那样可怕和严重。如果能认识到情绪困扰中包含了自己对外在事件的知觉、评价及内部言语的作用等因素，那么外在的力量便可能得以控制和改变。

（6）面对现实中的困难和自我承担的责任是件不容易的事情，倒不如逃避它们。逃避问题虽然可以暂时缓和矛盾，但是问题却始终存在也得不到解决，时间一长，问题便会恶化或连锁性地产生其他问题和困难，从而更加难以解决，最终会导致更为严重的情绪困扰。

（7）人们要对危险和可怕的事情随时地加以警惕，应该非常关心并不断注意其发生的可能性。对危险和可怕的事物有一定的心理准备是正确的，但过分的忧虑则是非理性的。因为坚持这种信念只会夸大危险发生的可能性，使人不能对之加以客观评价和有效地去面对。这种杞人忧天式的观念只会使生活变得沉重和没有生气，导致人们整日忧心忡忡，焦虑不已。

（8）人必须依赖别人，特别是某些与自己相比强而有力的人，只有这样，才能生活得好些。虽然人在生活中的某些方面要依赖于别人，但是过分夸大这种依赖的必要性则可能使自我失去独立性，导致更大的依赖，从而失去学习能力，产生不安全感。

（9）一个人以往的经历和事件常常决定了他目前的行为，而且这种影响是永远难以改变的。已经发生的事实是个人的历史，这的确是无法改变的。但是不能说这些事就会决定一个人的现在和将来。因为事实虽不可改变，但对事件的看法却是可以改变的，所以人们仍可以控制、改变自己以后的生活。

（10）一个人应该关心他人的问题，并为他人的问题而悲伤难过。关心他人，富于同情，这是有爱心的表现。但如果过分地投入他人的事情，就可能忽视自己的问题，并因此使自己的情绪失去平衡，最终导致没有能力去帮助别人解决问题，反而使自己的问题更糟。

（11）对人生中的每个问题，都应有一个唯一正确的答案。如果人找不到这个答案，就会痛苦一生。人生是一个复杂的历程，对任何问题都要寻求完美的解决办法是不可能的。如果人们坚持要寻求某种完美的答案，那就会使自己感到失望和沮丧。

针对埃利斯提出的 11 条不合理的信念，韦斯勒（Wessler）等人总结出下列三个特征。

第一，绝对化的要求。绝对化的要求指人们以自己的意愿为出发点对某一事物怀有认为其必定会发生或不会发生这样的信念。这种信念通常是与“必须”和“应该”这类字眼联系在一起的，比如“我必须获得成功”等。怀有这样信念的人极易陷入情绪困扰中。因为客观事物的发生、发展都是有一定规律的，不可能按某一个人的意志去运转。

第二，过分概括化。过分概括化是一种以偏概全的不合理的思维方式的表现。过分概括化的一方面是人们对其自身的不合理的评价。一些人当面对失败或者极坏的结果时，往往会认为自己“一无是处”“一文不值”，是“废物”等。以自己做的某一件事或某几件事的结果来评价自己整个人，评价自己作为人的价值，其结果常常会导致自责自罪、自卑自弃心理的产生以及焦虑和抑郁的情绪。另一方面是对他人的不合理评价，即别人稍有差错就认为他很坏、一无是处等，这会导致一味地责备他人以及产生敌意和愤怒等情绪。

第三，糟糕至极。糟糕至极是一种认为如果一件不好的事情发生，将是非常可怕、非常糟糕，是一场灾难的想法。这种想法会导致个体陷入极端不良的情绪体验如耻辱、自责自罪、焦虑、悲观、抑郁的恶性循环之中而难以自拔。糟糕的本意就是不好了、坏事了。但当一个人讲什么事情糟透了、坏极了的时候，这往往意味着对他来说这是最坏的事情，是百分之百的坏，或是百分之一百二十的糟透了，是一种灭顶之灾。

在人们不合理的信念中，往往都可以找到上述三种特征。每一个人都或多或少地会具有不合理的思维与信念，而那些具有严重情绪障碍的人，具有这种不合理思维的倾向更为明显。情绪障碍一旦形成，他们自己感到难以自拔，这就需要进行治疗了。合理情绪疗法认为使人们难过和痛苦的，不是事件本身，而是对事情的不正确解释和评价。如果某个人有正确的观念，他就可能愉快地生活，否则错误的思想及与现实不符的看法就容易使人产生情绪困扰。因此，只有通过理性分析和逻辑思辨，改变造成来访者情绪困扰的不合理观念，并建立起合理的、正确的理性观念，才能帮助来访者克服自身的情绪问题，以合理的人生观来创造生活，并以此来维护心理健康，促进人格的全面发展。

（二）合理情绪疗法的方法与技术

1. 合理情绪疗法的方法

合理情绪疗法有以下四个基本步骤。

第一步，心理诊断阶段。给来访者指出其思维方式、信念是非理性的，帮助他们搞清楚他们为什么会这样，怎么会变成目前状况，讲清楚非理性信念与情绪困扰之间的关系。一般做法是直接或间接地向来访者介绍 ABC 理论的基本原理。

第二步，领悟阶段。向来访者指出，他们的情绪困扰之所以延续至今，不是由于早年生活的影响，而是由于现在他们所具有的非理性信念所导致的。对于这一点，他们自己应当负责任。

第三步，修通阶段。是以与非理性信念辩论（Disputing Irational Beliefs）的方法为主的治疗技术，帮助来访者认清其信念之非理性，进而放弃这些非理性的信念，帮助来访者产生某种认知层次的改变。这是治疗中最重要的一环。

第四步，再教育阶段。不仅要帮助来访者认清并放弃某些特定的非理性信念，还要从改变他们常见的非理性信念入手，帮助他们学会以合理的思维方式代替非理性的思维方式，以避免再做非理性信念的牺牲品。

2. 合理情绪疗法的常用技术

（1）与不合理信念辩论。这是合理情绪疗法最常用的最具特色的方法，它来源于古希腊哲学家苏格拉底的辩证法，即所谓“产婆术”（aert of midlwifery）的辩论技术，也称为“助产术”“理智 / 精神助产术”。苏格拉底的方法是让你说出你的观点，然后依照你的观点进一步推理，最后引出谬误，从而使你认识到自己先前思想中不合理的地方，并主动加以矫正。这种辩论的方法是指从科学、理性的角度对来访者持有的关于他们自己、他人及周围世界的不合理信念及假设进行挑战和质疑，以动摇他们的这些信念。

这种方法主要是通过咨询师积极主动的提问来进行的，咨询师的提问具有明显的挑战性和质疑性，其内容紧紧围绕着求助者信念的非理性特征。

例如，针对来访者持有的绝对化要求的一类不合理信念，咨询师可以直接提出以下问题：“有什么证据表明你必须获得成功（或别人的赞赏）？”“别人有什么理由必须友好地对待你？”“事情为什么必须按照你的意志来发展？如果不是这样，那又会怎样？”等。

对于来访者的以偏概全的不合理信念，相应的提问可以是“你怎么才能证明你是个一无是处的人？”“毫无价值的含义到底是什么？”“如果你在这一件事情上失败了，就认为自己是个毫无价值的人，那么你以前许多成功的经历表明你是个什么样的人？”“你能否保证每个人在每件事情上都不出差错？如果他们做不到这一点，那么又有什么理由表明他们就不可救药了？”等。

针对糟糕至极的不合理信念，相应的问题可以是“这件事到底糟糕到什么程度？你能否拿出一个客观数量来说明？”“如果这件可怕的事发生了，世界会因此而灭亡吗？你会因此而死去吗？”“如果你认为这件事是糟糕至极的话，我可以举出比这还要糟糕十倍的事，你若遇到这些事情，你又会怎样？”“你怎么证明你真的受不了啦？”

咨询师可运用“黄金规则”来反驳来访者对别人和周围环境的绝对化要求。所谓黄金规则，是指“像你希望别人如何对待你那样去对待别人”这样一种理性观念。某些来访者常常错误地运用这一定律，他们的观念可能是“我对别人怎样，别人就必须对我怎样”或“别人必须喜欢我，接受我”等一些不合理的、绝对化的要求，而他们自己却做不到“必须喜欢别人”。因为当这类绝对化的要求难以实现时，他常常会对别人产生愤怒和敌意等情绪——这实际上已经违背了黄金规则，构成了“反黄金规则”。因此，一旦来访者接受了黄金规则，他们很快就会发现自己对别人或环境的绝对化要求是不合理的。

一般来讲，来访者并不会简单地放弃自己的信念，他们会寻找各种理由为它们辩解。这就需要咨询师时刻保持清醒、客观、理智的头脑，根据来访者的回答一环扣一环，紧紧抓住来访者回答中的非理性内容，通过不断重复的辩论，使对方感到为自己信念的辩护变得理屈词穷。

但是，咨询师还不能满足于此。因为他的角色不仅是一个辩论者，还是一个权威的信息提供者和合理生活的指导者。这就是说，通过辩论，不仅要使来访者认识到他的信念是不合理的，还要使他分清什么是合理信念，什么是不合理信念，并帮助他学会以合理的信念代替那些不合理的信念。当来访者对这些信念有了一定认识后，咨询师要及时给予肯定和鼓励，使他认识到即使某些不希望发生的事真的发生了，他们也能以合理的信念来面对这些现实。

应当注意的是，各种阻力也会在辩论中产生，使辩论难以进展或没有效果。出现阻力的原因也在于咨询师和来访者两个方面。如果咨询师在辩论时没有结合对方的具体问题，或没有抓住问题的核心，甚至是为博得来访者的好感而不直接指出他的非理性之处，或提的问题过于婉转和含蓄，那么就会使辩论停留于表面形式。因此，咨询师对要辩论的问题一定要有明确的目标，并做到有的放矢；同时，咨询师一定要保持绝对客观化的地位，对来访者的不合理信念应针锋相对，不留情面，不要因害怕遭到对方拒绝而姑息迁就。

阻力产生的另一方面的原因在于来访者本身。主要表现为他对咨询师的辩论和质疑会存有“如果我改变了那么多，那么我就不是我了”或“如果我改变了那些必须、应该的要求，那么我就会变得平庸，也就没有了前进的动力了”。针对这种情况，咨询师应向来访者指出改变他的不合理观念并不是消除他的动机。每个人都有获得成功的愿望，但如果要求自己必须或应该成功，这就是一个不容易实现的目标，而合理的想法则会使目标更易实现。

与不合理信念辩论是一种主动性和指导性很强的认知改变技术，它不仅要求咨询师对来访者所持有的不合理的信念进行主动发问和质疑，还要求咨询师指导或引导来访者对这些观念进行积极主动的思考，促使他们对自己的问题深有感触，这样做会使辩论比求助者只是被动地接受咨询师的说教更有成效。

“产婆术”式的辩论是从来访者的信念出发进行推论的，在推论的过程中会因不合理信念而出现谬论，来访者必然要进行修改，经过多次修改，来访者持有的将是合理的信念，而合理的信念不会使人产生负面情绪，来访者将因此摆脱情绪困扰。

“产婆术”式的辩论有其基本形式，即所谓的“三段式”推论，直至产生谬误，形成矛盾。咨询师利用矛盾进行面质，使来访者不得不承认其中的矛盾，从而迫使来访者改变不合理信念，最终建立合理信念。

（2）合理情绪想象技术。来访者的情绪困扰，有时就是他自己向自己头脑传播的烦恼，他经常给自己传播不合理的信念，在头脑中夸张地想象各种失败的情境，从而产生不适当的情绪和行为反应。

合理情绪想象技术就是帮助来访者停止这种传播的方法，其具体步骤可以分为以下三步。

第一步，使来访者在想象中进入产生过不适当的情绪反应或自己感觉最受不了的情境之中，让他体验在这种情境下的强烈情绪反应。

第二步，帮助来访者改变这种不适当的情绪体验，并使他能体验到适度的情绪反应。这常常是通过改变来访者对自己情绪体验的不正确认识来进行的。

第三步，停止想象。让来访者讲述他是怎样想的，自己的情绪有哪些变化，是如何变化的，改变了哪些观念，学到了哪些观念。对来访者情绪和观念的积极转变，咨询师应及时给予强化，以巩固他获得的新的情绪反应。

上面的过程是通过想象一个不希望发生的情境来进行的。除此之外，还有另一种更积极的方法，即让来访者想象一个情境，在这一情境之下，来访者可以按自己所希望的去感觉和行动。通过这种方法，可以帮助他建立一个积极的情绪和目标。

（3）认知性的家庭作业。认知性的家庭作业也是合理情绪疗法常用的技术。它实际上是咨询师与来访者之间的辩论在一次治疗结束后的延伸，即让来访者自己与自己的不合理信念进行辩论，主要有以下两种形式：RET 自助表和合理自我分析报告（RSA）。

RET 自助表是先让来访者写出事件 A 和结果 C；然后从表中列出的十几种常见不合理信念中找出符合自己情况的 B，或写出表中未列出的其他不合理信念；要求来访者对 B 逐一进行分析，并找出可以代替 B 的合理信念，填在相应的栏目中；最后一项，来访者要填写他所获得的新的情绪和行为。完成 RET 自助表实际上就是一个来访者自己进行合理情绪疗法的过程。

RSA 和 RET 自助表基本类似，也是要求来访者以报告的形式写出 ABC 各项，只不过它不像 RET 自助表那样有严格规范的步骤，但报告的重点要以与不合理信念的辩论为主。

三、认知错误矫正技术

（一）犯罪人的认知错误

认知错误矫正技术是指通过矫正认知错误来建立合理认知模式的一种心理治疗方法。属于认知重建方法的一种。

据研究发现，许多犯罪人表现出异常认知模式或犯罪取向。例如，责备被害人，认为自己有权支配他人的财产和人身安全，这些认知模式都具有支持犯罪行为的特性。这类认知模式是导致犯罪行为发生的重要因素。因此，要矫正犯罪人，预防他们再次进行犯罪行为，就要改变犯罪人的异常认知模式。

美国当代精神病学家、犯罪心理学家塞缪尔·约奇逊（Samuel Yochelson）和斯坦顿·萨米诺（Stanton E. Saminow）在这方面进行了长期而深入的研究。他们根据自己在美国华盛顿特区的圣伊丽莎白精神病院中对犯罪人进行的 15 年的研究，在 1976 年出版的《犯罪人格：应当改变的形象》（第一卷）和 1977 年出版的《犯罪人格：改变过程》（第二卷）两本书和以后的其他论著中，发展了以认知错误为特征的犯罪人格学说。根据他们的研究，在严重犯罪人身上存在着促使他们进行犯罪行为的独特认知模式—犯罪诱发认知模式，这些认知模式在内在逻辑性和一致性方面是不正确的，许多犯罪行为就是在这些错误认知的影响下进行的。他们先后识别出了 50 多种这类认知错误。根据他们的论述，犯罪人表现出的认知错误或者模式包括以下方面。

（1）犯罪人因为自己的犯罪行为而谴责别人，例如，认为他们“不可能阻止犯罪行为”“别人让他们进行犯罪行为”。

（2）犯罪人形成一种自己不承担责任的态度。

（3）犯罪人往往不能理解其行为对他人造成的伤害。

（4）犯罪人不能设身处地地为别人着想，特别是不能为被害人着想。

（5）犯罪人不能进行足够的努力以实现必要的目标。有时候，他们不知道进行多大的努力才是适当的。

（6）犯罪人拒绝承担责任。

（7）犯罪人对他人的财物采取一种占有或者所有的态度，把别人的财物当作自己的财物一样来对待。

（8）犯罪人似乎不理解什么是值得信赖的行为。

（9）犯罪人经常期望别人“同意”满足他们自己的愿望。

（10）犯罪人通过捕风捉影、想入非非和谴责别人做出不负责任的决定。

（11）犯罪人往往傲慢自大，很少承认自己的错误，也不愿意承认别人有道理。

（12）犯罪人对成功和成功需要花费的时间表现出不恰当的看法。例如：他们相信自己在一夜之间就可以获得成功。

（13）许多犯罪人似乎不愿意接受批评。

（14）犯罪人否认自己有恐惧感，不愿意承认恐惧感可能具有建设性。

（15）犯罪人利用愤怒控制别人，不承认自己的愤怒是不适当的。

（16）犯罪人过分地、热心地试图获取权力和用不适当方式行使“权力能量”。

（二）认知错误矫正技术

根据约奇逊等人的建议，犯罪心理治疗工作人员就是要矫正犯罪人的这些认知错误，矫正部门的任务就是提供一种适当的环境，在这种环境中通过治疗人员、管理人员、犯罪人参与集体活动、日常的矫正机构生活等，来矫正犯罪人的这些认知错误。治疗人员应当教授工作人员和犯罪人如何识别与矫正自己的和别人的认知错误。

根据约奇逊等人的建议，认知错误的具体矫正技术包括以下方面。

（1）不接受对不负责任态度或者不负责任行为进行的辩解。

（2）不允许犯罪人开脱自己的责任。

（3）向犯罪人指出，他们怎样伤害了别人，反复地让犯罪人了解到遭受伤害是一种什么样的感觉。

（4）让犯罪人了解角色承担的过程，或者理解别人的观点。

（5）让犯罪人了解社会生活，懂得需要付出多大的努力才能完成一定的任务。要向他们表明，责任往往意味着要做自己不想做的事情，不付出努力可能会得到有害的结果。

（6）向犯罪人指出他们可能拒绝承担责任的方式。

（7）让犯罪人想象他们不负责任的行为可能产生的消极后果，例如，想象别人不对犯罪人负责任可能产生的后果。

（8）让犯罪人懂得，信任必须是靠自己的努力赢得的，让犯罪人了解辜负别人的信任会产生什么结果。

（9）让犯罪人坦率地表达自己的期望，评价自己是否要求太多，处理失望情绪。

（10）让犯罪人学会做出正确的决定的原则。

（11）让犯罪人承认错误，懂得可以对错误所能做的一切事情，明白必须承认错误。

（12）向犯罪人表明，他们需要提前制订计划，循序渐进地实现目标。劝说犯罪人放弃那种迅速赶超别人的想法。

（13）让犯罪人明白，如果批评是有价值的，就应当从批评中学习；如果批评是没有根据的，就可以忽略批评。

（14）使犯罪人确信，在生活中有恐惧是很重要的，让他们辨别健康的恐惧和不健康的恐惧。

（15）教给犯罪人恰当的愤怒管理技能。

（16）让犯罪人注意“权力能量”，而不是接受“权力能量”。

第四节　以行为为征象的矫正技术

一、行为矫正理论

（一）行为及行为矫正技术的含义

行为是心理学中一个重要的概念，也是一个很难界定的概念。根据心理学者的观点，大致有三种不同的界定。传统行为主义者华生（Watson）、斯金纳（Skinner）等认为，行为是可以观察测量的外显反应或活动；新行为主义者托尔曼（Tolman）认为，行为除可观察测量的外显行为外，还包括内隐性的意识历程；认知论者则将行为视为心理表征的历程，对外显可以观察测量的行为不太重视。以上观点可以说明，广泛意义上的行为既包括了外显行为，又包括了内隐性的意识历程。外显行为包括写字、奔跑等，内隐行为包括焦虑、恐惧等。现代心理学的研究表明，人的大多数行为不是天生的，而是后天学习的结果。人们通过良好的学习，学会了说话、认字等，获得了各种知识技能，形成了良好的品行，建立了良好的行为模式。但是，也有人在不利的条件下进行了不正当学习，形成了不良的行为方式。行为矫正技术的功能就是帮助这些人建立良好的行为模式，改变不良的行为方式。行为矫正技术主要是依据条件反射学说和社会学习理论来处理行为问题，从而引起行为改变的一种客观有效的方法。一般说来，行为的改变有两种情况：一种是从无到有，指某些良好行为的建立或塑造；一种是不良行为的矫正，即将个体的行为从不良改变为良好。行为矫正技术不仅可以矫正特殊个体的不正当行为，还可以用于对正常个体的教育，一方面是帮助他们建立、巩固和发展良好行为；另一方面是帮助他们矫正或消除一些不良行为。行为矫正技术是20世纪五六十年代发展起来的一门技术，近几十年发展极快，内容不断扩大、方法不断更新、信息不断增加、方法趋向整合，已被广泛应用于解决各类社会问题。

（二）行为矫正技术的理论基础

行为矫正技术是以经典性条件反射论、操作性条件反射论、认知行为矫正理论和社会学习理论四个方面为理论基础的。其中，前两大理论是主流，在方法的应用上也占据主要内容。由于篇幅的关系以及行为矫正在应用中的广泛性，本文仅介绍前两种理论。

经典性条件反射论是由俄国生理学家巴甫洛夫创立的。20世纪初，他在研究动物消化的生理过程中，观察到实验动物（狗）不但在进食时分泌唾液，而且在看到食物的外形、闻到食物的气味时也会分泌唾液。后来他先给狗呈现中性的无关刺激，同时给予能引起唾液分泌的无条件刺激，如此反复若干次后发现，仅出现中性的无关刺激也能引起唾液的分泌。这就是巴甫洛夫的经典性条件反射论的实验依据，即个体行为中本已具有的刺激——反应联结，通过刺激替代的方式，建立新的刺激——反应联结。操作性条件反射理论的代表人物是斯金纳，他对行为矫正理论及方法的创建贡献很大。斯金纳的实验主要是以白鼠为实验对象，他将饥饿的白鼠关入箱内进行实验。开始时白鼠只会在箱内乱碰乱抓，后来偶然按压杠杆，有一粒食丸滚入食槽，被白鼠吃掉，这样重复多次后，白鼠学会了按压杠杆获取食丸的方法，白鼠按压杠杆的反应称为操作性条件反射。操作性条件反射强调行为的改变是依据行为的后果来确定的。惩罚法、塑造法等都是操作性条件反射原理的具体应用。

（三）行为矫正的基本原则

1. 行为强化

斯金纳的白鼠实验非常清楚地阐述了行为强化的原理。当一个行为获得了有利的结果时，这个行为更有可能在将来相似的环境中被重复。虽然行为强化原理最初是利用动物的实验结果来阐述的，但是行为强化也是一个对人类行为构成影响的自然过程。在加强行为的过程中，正性强化和负性强化都会增加这种行为在将来出现的可能性，他们的区别仅仅在于行为结果的本质不一样。在正性强化中反应产生出刺激；而在负性强化中反应移除或阻止刺激。行为强化是加强操作性行为的过程。

2. 行为消失

只要行为得到强化，即便是间歇的，它也会继续发生，但是如果行为不再造成具有强化作用的结果，行为人就会停止这个行为，我们就说这个行为正在经历消失的过程或已经消失了。行为消失意味着移除一个行为的强化刺激。两个重要的因素会影响行为消失过程：行为消失之前的行为强化程序，行为消失之后发生的行为强化。行为消失是削弱操作性行为的过程。

3. 惩罚

行为矫正学中的惩罚具有特定含义：一个具体的行为发生了，这个行为之后立刻跟随着一个结果，这个行为不太可能再次发生。惩罚从程序上可以分为两类：正性惩罚和负性惩罚。二者之间的区别是由行为的结果所决定的。条件惩罚因素可分为两类：一是痛苦的刺激物或者极端水平的刺激即非条件惩罚因素；二是只有在与非条件惩罚因素或者其他已经存在的条件惩罚因素配对之后才具有惩罚作用的刺激物或事件即条件惩罚因素。

4. 刺激控制

当某个具体的刺激出现时，有可能发生的某种行为称为刺激控制。在行为得到强化时，出现的前提就称作可辨别刺激。可辨别刺激出现时，行为得到强化的过程称作刺激辨别训练。刺激辨别训练也可以与惩罚一起发生。如果行为在一个前提出现时受到惩罚，那么将来当这个刺激再次出现时，行为会减少并消失。根据斯金纳的学说，刺激分辨训练具有三段一致性：前提、行为、后果一致。大量的研究确立了刺激控制的原理并探索了它在帮助人们改变自身行为中的应用。当行为发生在多种刺激情况下的时候，我们称其为刺激泛化。斯金纳在他的著作中说："泛化是描述刺激需要的控制被其他具有共同特性的刺激分享这一事实的词语。"一种其他的刺激与可辨别刺激越相似，行为就越有可能在这种刺激出现时发生。

5. 反应性条件反射

反应性行为是由前提因素控制的，反应性条件反射包括了对前提的处理。特定的刺激因素会引起特定的身体反射。要产生条件反射，条件刺激和非条件刺激之间的时间顺序是很重要的，最好是非条件刺激紧接在条件刺激之后。华生和雷纳于1920年首次提出了条件情绪反应这一术语，但要估测或使其具有可操作性都有一定的困难。如果在没有非条件刺激的情况下，条件刺激连续出现，那么条件反射作用就会受到削弱并最终停止。

二、行为主义的矫正技术

从学习论的立场来看，行为矫正的过程其实是一种特殊形式的学习过程，设计者相信在如此的矫正过程中，被试的行为会出现改变。为此，行为矫正的实验过程一般由五个阶段组成。第一阶段，准备与沟通阶段。在这一阶段，行为矫正者与当事人开始接触，了解当事人的基本状况并就时间安排、矫正过程、具体要求等形成矫正契约。第二阶段，问题行为解析阶段。这一阶段是对问题行为做出诊断的阶段。具体工作包括：界定问题；查清当事人的个人发展情况，了解该行为是如何习得和被巩固的；确定矫正目标。第三阶段，制订矫正计划阶段。主要包括：根据矫正目标选择相应的矫正方法；矫正过程的时间安排；矫正过程中的记录与评定；矫正效果的评价。第四阶段，具体矫正阶段。根据矫正计划，具体实施对问题行为的矫正。第五阶段，效果评估阶段。根据记录到的数据与资料对矫正效果进行评估，安排进一步巩固效果的措施。行为矫正的具体方法很多，这些方法中有些是为了发展良好行为，有些则是为了消除不良行为。这些方法都有其完整的程序，大致可以分为以下三类。

（一）降低行为发生率的技术

面对个体存在的问题行为，行为矫正的一个主要目标就是对个体的一些不良行为进行干预，以减少这些行为的发生概率。在此种情况下，常见的行为矫正的方法有消退、暂停、反应代价、刺激控制技术、过矫正法、厌恶法和系统脱敏法等。

1. 消退

这种方法来源于经典性条件反射论。行为矫正专家认为人类的不良行为都是不良的条件强化作用的结果，如果取消这些不良的强化，不良行为就会自然消退。例如，若孩子哭闹时，父母不予理睬，慢慢地，儿童的这种任性行为就会消除。

2. 暂停

这种方法就是使行为者在一段时间内得不到对目标行为的任何强化，从而使目标行为的发生率下降。消退是把能引起儿童不良行为的消极强化物除掉，而暂停则是对能引起儿童不良行为的消极强化物暂时扣除。暂停强化通常有两种做法：一是在一段时间内对目标行为不予强化；二是要求行为者离开当前存在强化物的行为情境，到暂停区待一段时间。

3. 反应代价

反应代价就是剥夺或撤去作为偶联事件的正强化物，从而使特定行为得到抑制，使其发生率下降。被剥夺东西对当事人来说显然是很不愉快的，因此为了不被剥夺，当事人自然会抑制目标行为的发生。反应代价的优势在于它的后续效应很持久，而且它为良好的行为代替不良行为提供了一种手段。反应代价经常与代币法联合使用。

4. 刺激控制技术

个体的操作性行为总是发生在一定的情境中。对于操作行为而言，辨别刺激既是其发生的线索，又对其发生起着强化作用。刺激控制技术，就是对情境中的有关辨别刺激加以控制，从而使相关的不良行为少发生或不发生。刺激控制的技术主要有以下三种：一是排除，也就是把与不良行为相关联的辨别刺激从情境中全部消除，从而使不良行为受到提示和强化，最终降低不良行为的发生。二是限制，是要把与不良行为有关的辨别刺激只安排在情境的某一小的区域，或某个时间范围内，从而使不良行为的发生只限定在一个小的范围内。例如，儿童做家庭作业时爱看电视，家长可以规定其在每天的某一时段之内可以看电视，但其他时间则不行。三是代替，为了更好地消除不良行为，人们常常选择与之相应的良好行为，用这个行为代替不良行为，也就是说在不良行为出现时给予惩罚，如暂停、反应代价等，而在良好行为出现时给予强化，这样良好的行为就会逐步代替不良行为。

5. 其他降低不良行为的技术

（1）过矫正法。它由两部分组成：一是复原，即在不良行为发生之后，要求行为者必须消除不良行为所造成的后果，使不良行为对环境造成的破坏得以恢复；二是积极练习，即要求当事人反复练习与不良行为相反的良好行为。

（2）厌恶法。是让不良行为者进行过量的相关活动，或对不良行为者提供过量的负性强化，从而使问题行为得到削弱或戒除。具体方法是把打算消除的行为和痛苦刺激（如恶臭、药物等）联系起来直到行为得到抑制为止。

（3）系统脱敏法。系统脱敏是沃尔普（Wolpe）首创的。方法是将来访者所描述的那些产生焦虑的刺激进行层次性的安排，即按照来访者的情绪困扰程度，定出等级，然后由专业人员教给来访者放松的技巧，随后专业人员会将引起最少焦虑的情境重述，由此来访者的感受一方面被增强了；另一方面则通过放松过程达到脱敏的效果，直到最后所有的焦虑消失为止。

（二）提高行为发生率的方法

行为矫正学中提高行为发生率的方法主要是依据条件反射原理中的强化原理。

1. 强化技术

根据操作性条件反射论，如果在一指定的情境中，某人做某事之后，积极强化物随之而来，那么，当他下次遇到相同情境时就很可能再做同样的事情。在运用强化作用提高行为的发生率时，强化物的选择是很重要的。弗尼斯（Fronius）和克里斯蒂（Christie）认为这些强化物具有层次性，从最基本的行为后果，如生理接触、食物等，到更抽象的行为后果，如自我强化等。在运用强化技术提高行为发生率时，强化方式的确定是非常重要的。常用的强化方式有正强化、负强化和间歇强化等。

2. 其他技术

主要有偶联契约、代币法等。

（2）偶联契约。这种方法是经行为者本人同意后，以书面协议的形式，明确规定这样的行为表现将会获得怎样的结果。契约的制定是实施偶联契约的关键。这种干预方法要求行为者具有较高的理智与社交水平。

（2）代币法。行为改变的最重要原则在于，任何目标行为出现之后，行为结果作为一种强化物都会立即出现。但在现实情境中，这一点却很难做到。为了解决这个困难，行为矫正者建立起一套完整的代币制度，以促进个体正常活动，保证每次行为反应之后都能获得强化。这种代币或筹码在行为矫正技术中，被用作行为与强化物之间的媒介。代币法应用的范围很广泛，它可以矫正儿童的多动、攻击、胆怯、孤独等行为，既可用于个别矫正又可用于群体矫正。

（三）认知行为矫正的常见技术

1. 自我指导训练

这种技术由梅肯鲍姆（Meichenbaum）和古德曼（Goodman）提出。这种方法旨在建立一套严格的程序，由训练者按照规定的步骤教导行为人在解决他们所面临的问题时学会使用言语的自我指导的方法。人们曾对这种方法的效果期望很高，但近些年来大量的研究结果似乎并不如意。一项有关自我指导训练效果的元分析研究表明，这种方法有一定的矫正效果，但其标准差过大，很难进一步做出结论。

2. 问题行为解决训练

作为一种行为矫正技术，这里所说的“问题”是指儿童不能马上做出合理而有效的反应的那种情境。因此，问题行为解决训练就是要求儿童对原来的问题情境能作出合理有效的认知行为反应。

3. 自我监控训练

自我监控是指儿童对所指定的目标行为的自我观察和自我记录。自我监控也可做为一种行为改变的手段。当要求被试注意目标行为，对行为的自我记录将产生相应的效果，即目标行为的强度将发生改变。

三、行为主义矫正技术的具体应用

（一）放松疗法—最基本的技术疗法

放松疗法（Relaxation Therapy）又称松弛疗法、放松训练，它是一种通过训练有意识地控制自身的心理和生理活动、降低唤醒水平、改善机体紊乱功能的心理治疗方法。实践表明，心理和生理的放松，均有利于身心健康，起到治病的作用。

肌肉放松可分为全部放松和渐进放松两种程序，又可分为放松全身肌肉群和逐个放松身上的肌肉群两种形式。同时，按诱导方式又可分为直接放松和间接放松。

近年来，放松训练逐渐发展并形成了以下五大类型。

（1）渐进性肌肉放松；

（2）自生训练；

（3）自我催眠；

（4）静默；

（5）生物反馈辅助下的放松。

渐进性肌肉放松训练是对抗焦虑的一种常用方法，它和系统脱敏疗法相结合，可治疗各种焦虑性神经症、恐怖症，且对各系统的身心疾病都有较好的疗效。放松技术除了肌肉性放松之外，还有意象性放松技术等，也比较有效。肌肉性放松虽然得到广泛使用，但是美国较新的研究表明：肌肉性放松最好不要使用在心脏病和高血压的来访者人群，因为他们之前的肌肉性紧张有可能使其心血管系统承受压力。对于这类来访者，使用意象性放松技术比较合适。

（二）系统脱敏技术——行为主义的经典疗法

系统脱敏疗法是由美国学者沃尔普创立和发展的。沃尔普认为，人和动物的肌肉放松状态与焦虑情绪状态，是一种对抗过程，即一种状态的出现必然会对另一种状态起抑制作用。例如，在全身肌肉放松状态下的肌体，各种生理生化反应指标，如呼吸、心率、血压、肌电、皮电等生理反应指标，都会表现出同焦虑状态下完全相反的变化。这就是交互抑制作用。而且，能与焦虑状态有交互抑制作用的反应不仅是肌肉放松，进食活动还能抑制焦虑反应。

采用系统脱敏疗法进行治疗应包括三个步骤。第一，建立恐怖或焦虑的等级层次，这是进行系统脱敏疗法的依据和主攻方向。第二，进行放松训练。第三，要求来访者在放松的情况下，按某一恐怖或焦虑的等级层次进行脱敏治疗。

有的学者利用系统脱敏的步骤开发了眼动脱敏疗法。眼动脱敏是 20 世纪 80 年代后期兴起的一种行为主义疗法，眼动心身重建法（EMDR）的英文全名是 Eye Movement Desensitization and Reprocessing。这是一种可以在短短数次晤谈之后，便可在不用药物的情形下，有效减轻心理创伤程度及重建希望和信心的治疗方法。可以被减轻的心理创伤症状包括“长期累积的创伤痛苦记忆”、“因创伤引起的高度焦虑和负面的情绪”及“因创伤引起的生理不适反应”等。因接受 EMDR 治疗可以建立起的正面效果，包括“健康积极的想法”及“健康行为的产生”等。在一次 EMDR 的疗程中，通常来访者被要求在脑中回想自己所遭遇的创伤画面、影像、痛苦记忆及不适的身心反应（包括负面的情绪），然后根据治疗师的指示，让来访者的眼球及目光随着治疗师的手指，平行来回移动约 15 ～ 20 秒。完成之后，请来访者说明当下脑中的影像及身心感觉。同样的程序再重复，直到痛苦的回忆及不适的生理反应（例如心跳过快、肌肉紧绷、呼吸急促）被成功地“敏感递减”为止。若要建立正面健康的认知结构，则在程序之中，由治疗师引导，将正面的想法和愉快的心像画面植入来访者心中。

EMDR 的基本理论假设为人会遭遇不幸的事件，但人们也有一种内在的本能去冲淡和平衡不幸事件所带来的冲击，并使自己成长和茁壮。虽然 EMDR 疗法的机制尚未完全明朗，并在继续研究中，但是基本上可能和增进左右半脑之间的神经顺畅运作及沟通有关。根据研究，创伤记忆和负面资讯常被储存、凝滞在大脑右半球的身体知觉区，使大脑本身的调适功能和健康的神经传导受到阻碍，因此造成了想法上的执着和知觉、情绪上的不适。在这样的情形下，让双眼的眼球有规律地移动，可以加速脑内神经传导活动和认知处理的速度，使阻滞的不幸记忆动摇，让正常的神经活动畅通。EMDR 的治疗程序包括了八个阶段，分别如下。

（1）来访者病史检验。在第一个阶段，要评估来访者是否适合接受这种疗法，制定合理的治疗目标和可能的疗效。

（2）准备期。帮来访者预备好进入重温创伤记忆的阶段，教导其放松技巧，使来访者在疗程之间可以获得足够的休息及保持平和的情绪。

（3）评估。用量表评估来访者的创伤影像、想法、记忆，分辨出何者严重，何者较轻。

（4）敏感递减。实际操作动眼和敏感递减阶段，以逐步消除创伤记忆。

（5）植入。以指导语对来访者植入正向自我陈述和光明希望，取代负面、悲观的想法以扩展疗效。

（6）观照。把原有的灾难情况画面同后来植入的正向自我陈述和光明想法在脑海中连接起来，虚拟练习“以新的力量面对旧有的创伤”。

（7）结束。准备结束治疗，若有未完全处理的情形，以放松技巧、心像、催眠等方法来弥补，并说明预后及如何进行后续保养。

（8）评估。评估总评疗效和治疗目标达成与否，再定下回治疗目标。

（三）模仿学习疗法——行为主义疗法的发展

模仿学习疗法（Modelling Therapy）又称示范疗法，它是利用人类通过模仿学习获得新的行为反应倾向，来帮助某些有不良行为的人，以适当的反应取代不适当的反应，或帮助某些缺乏某种行为的人学习某种行为。

示范疗法是以这样一条行为主义的基本原理为基础的：人的各种行为，无论是适应性行为还是不良行为，都是通过后天的学习获得的。因此，通过同样的方式也可以改变不良行为，或重新学习适应性行为。我们在生活中所学到的许多东西，从行为到态度，都是通过观察并模仿他人而习得的。童年期的学习尤其具有这种特点。如果一个母亲在孩子面前表现出特别害怕小动物的话，她的儿女对此也会感到恐惧；如果一个儿童在一个小气吝啬的环境中长大，他也会形成一种斤斤计较的性格。示范疗法正是基于上述实验及其理论而产生的一种行为治疗方法。班杜拉（Bandura）认为，一切直接经验的学习，都是由于看到别人的所作所为，看到了这些行为的结果，因共鸣而产生的。由此推论，如果给那些有行为问题的人提供机会，让他们观看别人的切合时宜的行动，他们就能放弃自己的不适应行为，建立良好的适应行为，从而达到治疗的目的。

（四）代币法——行为主义的著名疗法

此疗法根据操作性条件反射的原理，用奖励的方法强化所期望的行为，常应用于智残行为人、行为障碍行为人、呈现严重行为衰退的慢性精神分裂症病人来塑造新的行为。

“代币”可以是一种内部流通的、印有一定价值的“货币”、代用券或筹码，也可以是红旗或红星式样的印章符号。

对于那些出现毁物、伤害他人或自己等有严重行为障碍的行为人，对他们日常生活的要求则另有规范，使来访者明确他受奖的目标行为。例如，不撕毁自己衣服或吃饭时不用手去抓食的则给予较多的“货币”或“红星”，而这些“货币”能使他们立即获得他们所期望的东西。

在精神病院里，对那些行为衰退的慢性精神分裂症或器质性精神病人，也可用此疗法训练他们塑造新的行为，例如，起床后能完成洗脸刷牙动作，早餐时可获得购买一个熟鸡蛋的权利等。

四、行为主义的团体训练技术量

（一）团体行为治疗的优势

罗斯（Sheldon Rose）和艾德勒森（Edleson）指出，团体行为治疗有以下优势。

（1）团体为来访者练习新习得的行为，把新行为转入日常生活所提供的“自然实验室”。

（2）团体环境提供了控制团体行为的有效规范。例如，按时出席、开放自己、对自己的问题进行评价与解决、接受他人的鼓励等团体规范可以有效地促进团体及个体行为的控制与塑造。

（3）团体治疗为准确地评估提供了环境。

（4）团体治疗存在着来自同伴的强化。

（5）团体治疗的效率高于个体治疗。越来越多有关行为、认知—行为团体治疗的实验表明团体治疗效率更高。

（二）行为主义团体领导者的角色与功能

行为疗法的目标是要消除来访者适应不良的行为和帮助他们学习有建设性的行为。团体行为治疗的目标同样是协助成员排除适应不良行为，并学习有效的行为模式。团体行为咨询与教育过程相类似，教导成员建立有关学习方法的新观点，尝试更有效的改变其行为、认知、情绪的方法。

在行为咨询团体中，领导者常扮演行为矫正的专家、教师或训练师角色。在团体中，领导者主动传授方法给成员，教给成员应对技巧和行为矫正方法，以便成员能在团体外进行实践。行为团体领导者是富有技能的治疗师。行为团体领导者担负着教育的功能，当事人学习新行为的一个基本过程是对由治疗者所提供的社会示范的模仿。行为团体领导者的功能和任务具体表现在以下几个方面。

（1）团体领导者与未来的团体成员进行个别会谈，做初步的评估和对团体的准备训练。

（2）教导成员了解团体历程以及从团体中获益的方法，解释团体的目的、活动和组织结构，评估成员的期望值。

（3）用各种方法对成员的问题进行持续的评估，例如，初次会谈、测验、问卷调查、团体讨论。这种评估包括：团体成员的目标行为的摘要，每个成员的重要优点、兴趣和成就的摘要。

（4）团体领导者运用一系列广泛应用的设计来实现成员预定目标的技术。

（5）团体领导者收集资料，确定对每个成员的治疗效果。

（6）领导者要为成员适宜的行为和价值观做出示范和榜样，训练成员如何以角色扮演法在特定情景中做出适宜的反应。

（7）明确、及时地强化成员行为的点滴进展，以巩固成员有效的新行为。

（8）行为团体领导者有责任积极参与团体过程，有责任在团体治疗之外安排合适的家庭作业。领导者要协助成员理解仅靠语言及领悟是远远不足以实现行为改变的，只有在团体中积极进行行为实验，在团体外积极完成家庭作业，才有可能扩大适应性行为。

（9）协助成员做好结束团体的各种准备。

（10）随着团体的进展，领导者要有意识地减少团体的组织性，为成员在团体中扮演指导者和治疗伙伴提供机会，将指导的责任逐步授权于团体成员，以促进他们自我管理技能的改善。

在进行团体咨询时领导者要注意：在团体中，领导者适当的行为和价值观将为成员提供示范。领导者负责积极地教导，并使团体进程能遵从预先确定的活动计划。在团体的初期阶段，重点应在建立团体凝聚力，鉴别要被矫正的问题行为；团体工作阶段，需要按照成员的问题，分别使用不同的治疗策略和技术；团体结束阶段，领导者主要关心如何使成员把在团体中学习到的适应行为迁移到日常生活中去。

（三）行为主义团体治疗的过程

根据罗斯和艾德勒森的研究工作，一般可以把行为主义治疗过程分为三个阶段：初期阶段、工作阶段和结束阶段。每一阶段都有不同的治疗任务。

1. 初期阶段

由于团体参与者通常对行为训练没有什么了解，因此在他们加入团体之前，要为他们提供所有团体历程的资料信息。团体前的个别会谈和第一次团体活动，都用于探讨未来团体成员的期望，并帮助他们决定是否加入该团体。那些决定加入团体的人要制定一个治疗契约，既说明当事人可期望从团体领导者那里得到什么，又明确规定团体领导者在整个团体历程中对团体成员的期望。

在团体的初期阶段，团体参与者的注重点应放在建立凝聚力上，逐渐熟悉团体治疗的组织结构，鉴别需要被矫正的问题行为。由于凝聚力的建立是以一个团体发展的初期阶段中的有效工作为基础的，故而团体领导者在建立信任关系方面具有核心的作用。根据罗斯的观点，团体领导者必须主动、努力地使团体对它的成员具有吸引力，要创造种种团体情境，使团体成员发挥出社会能力；要创造出多种功能角色，使团体成员可以在团体中扮演；以逐渐的和适当的方式把指导责任授予团体成员；提供种种情境使团体成员在其中互为治疗伙伴，发挥作用；控制不恰当的团体冲突；寻找各种方式使所有的团体成员都投入团体的互动之中。

2. 工作阶段

此阶段的任务是治疗计划和技术的应用。治疗计划是指从已被证明对实现行为改变有效果的具体策略中，选择一套最为适宜的方法。其中，评估与评价持续贯穿于整个工作阶段，而团体领导者也绝不能只满足于他们从团体前会谈和最初的团体活动中所获得的资料。他们必须继续评价团体活动的收效程度，以及在多大程度上接近了治疗目标。为了在工作阶段进行这一评估，团体领导者需继续收集有关的信息，如参与情况、团体成员的满意度、出席率、家庭作业的完成情况。这些评估包括收集资料，以确定团体中是否存在着问题以及团体目标在多大程度上得到了实现。在团体工作阶段经常运用到的策略包括：强化（Reinforcement）、后效契约（Contingency Con-tacts）、示范作用（Modeling）、行为预演（Behavior Rehearsal）、教导（Coaching）、回馈（Feedback）、认知重建（Cognitive Restructuring）、问题解决（Problem Solving）、压力免疫（Stress Inoculation）等。

3. 结束阶段

在行为团体的结束阶段，团体领导者主要是促使成员们把在团体中所表现出来的改变转化到日常环境中去，模拟真实环境的训练活动被用于促进这种转化。团体成员们不断重复他们想要对生活中有重要意义的人所说的内容，并练习种种替代性行为。来自团体中其他人的回馈和教导，在这一最后阶段具有重要的价值。团体活动被系统化地设计以更新的行为逐渐地应用于日常生活。虽然变化的推广和维持的训练准备在这一阶段被予以特别的重视，但是它也是团体所有阶段的特征。怎样把治疗团体中的改变转化到日常生活中呢？这就需要团体领导者采取以下行动来实现。

（1）鼓励团体成员为自己的治疗承担起越来越多的责任。

（2）为团体成员提供多样化的练习情境。

（3）在训练情境中模拟真实环境。

（4）训练团体成员勇敢地面对非接纳性的环境，并应对可能的退化。

（5）针对所期望的目标行为对团体成员们进行过渡训练。

（6）团体领导者们练习进行行为扩展。

第五章　犯罪心理危机的识别与干预

第一节　犯罪心理危机的识别

一般可以将犯罪心理危机的表现理解为是一种拘禁性的心理障碍，拘禁性心理障碍是指那些在遭受拘禁后或者是在服刑期间，在被拘禁者身上所呈现的异常的心理现象和心理反应。也就是说，在被拘禁之前，在作案的当时，当事人的心理状态基本是正常的。或者说，虽然可能有某些异常的心理现象，但是表现得并不是十分严重，至少是还没有被其周围的人所发现和认识到，仅仅是在被拘禁到看守所、劳教所或者监狱等失去自由的场所之后，当事人才出现或是被发现了某些心理方面的异常现象，或者原本不很明显的异常心理现象变得严重而被发现和认识。虽然罪犯的心理危机是其内在的心理活动，但是也会通过一些外显的行为呈现出来。

一、犯罪心理危机的常见表现形式

罪犯的心理危机是其内在的心理活动，但也会通过一些外显的行为呈现出来。通常情况下，陷入心理危机的罪犯一般会有以下表现。

（一）情绪反应

这是比较轻微的一组心理危机。常在罪犯入监后不久出现，或是在关禁闭后以及服刑期间出现重大的家庭变故后发生，如离婚、父母去世等。表现为情绪低落消沉、心情压抑沉重、烦躁焦虑、紧张不安、恐惧担心、害怕退缩、坐立不宁、悲观哭泣、自卑自责、言语减少，或目光呆滞、进食少、睡眠差；有的罪犯可能会发生轻度的意识障碍，或者出现各种心因性的幻听幻视，意识模糊，似隐约听到亲人在呼唤自己，还会伴随一些疑病症状，躯体不适症状和神经衰弱症状等。此时应以各种及时、适当的心理治疗为主要的干预措施。

（二）精神失常的表现

1. 意识障碍

罪犯可能出现轻度的意识障碍，譬如意识朦胧、意识混沌、意识范围狭窄。从罪犯的外在行为表现上看，罪犯会显得比较愤怒、咒骂、殴打、破坏或毫无任何意义的往返跑动；或是表现为一种梦幻的状态，与周围环境的联系和交流发生困难，对周围的认识和思考不能顺利进行；或是对外界环境中的各种刺激的反应都显得比较迟钝，丧失部分或全部的定向能力，不知自己身在何方，弄不清楚时间等。

2. 精神运动型抑制

罪犯处于木僵或亚木僵的精神状态，表现出来的是精神运动方面的抑制，譬如言语、动作和行为显著减少或是变得缓慢，举止笨拙；严重时精神活动可以完全受到抑制，罪犯变得缄默不语、不吃不喝，身体长时间保持一个比较固定的姿势不动，或口腔中含有大量的唾液不会吞咽，并有大小便的潴留。

3. 急性反应性偏执状态

以各种幻觉妄想为主要的表现，幻觉妄想的内容带有明显的想象和夸张的性质，而且罪犯当时的内心愿望和情绪都可以直接反应在这种幻觉妄想的内容之中。这些幻觉妄想的内容直接以肯定或否定的形式反映出罪犯所遭受到的精神创伤的境遇或内心的愿望。

4. 心境障碍

罪犯可以表现为严重的抑郁状态，出现严重的自卑、自责、自罪、夸大罪责、悲观、失望、绝望等问题，甚至还会出现自杀、自伤等行为。

（三）自伤、自杀

1. 监狱罪犯中的自伤与自杀

这是心理危机表现形式中最严重的情况，也是导致的后果最为严重、影响最为恶劣的情况。监狱中服刑的罪犯是一个特殊的人群，他们所处的环境是一种与正常社会相隔离的环境。因为人的存在是一种社会的存在，失去了社会的依托，个体将会产生出非常强烈的心理痛苦，心理的脆弱性也将非常明显地显现出来，个体就将会失去人性。因此，在监狱罪犯这个特殊的人群中，由于与正常社会产生了隔离，罪犯失去了以前曾经拥有的社会支持；而且在这种隔离状态中，虽然罪犯的敌对攻击情绪增强，但对外的攻击受到了遏制，对自己的攻击性增强；由于社会的遏制，致使罪犯的冲动性又开始增强；而在隔离状态之下，抑郁、绝望等不良情绪也会增强，所有这些情绪烦恼和心理危机如果不能得到及时恰当的干预，就会使罪犯从内心深处体验到很强烈的无助和绝望。在监狱罪犯中，自杀是比较常见的，并且这也是监狱罪犯死亡的一个非常重要的原因。大量的调查发现，监狱罪犯的自杀风险是其他普通人口的 3 ～ 4 倍。因此，专家们一致认为，在监狱中关押的罪犯，是属于具有高度自杀风险的人。

自伤或自残是监狱罪犯中另一个比较常见的现象。有人认为，自伤是人类攻击行为的另一种表现形式，是攻击的正常出路受到阻碍和抑制所导致的，当然这个现象的出现也是与社会隔离关系非常密切的。罪犯在监狱内为了发泄情绪而攻击自己，或是为了达到保外就医等个人不良的目的和企图而伤害自己，有时甚至仅仅是为了引起他人对自己的注意和关心而自伤。因此，罪犯中的自伤现象也是其心理危机的一种严重的表现形式。当然，在实际操作的过程中，由于自伤方式不当，有 10% 的可能会产生“自杀”的结果。而如果自杀未遂，也可能会给身体造成“自伤”现象。但无论是自杀还是自伤，都是罪犯心理危机严重的表现形式，是监狱工作的重点和难点，更是心理学工作者对罪犯实施心理危机干预和心理危机预防的工作重点。

2. 如何发现罪犯自杀的迹象和线索

罪犯的自杀与自伤虽然常常是突然发生的，似乎是难以预料的，但是由于自杀与自伤都是心理危机最严重的结果，而罪犯的各种心理危机又不是突然产生的，而是有一个渐进和发展的过程，需要一定的时间。因此，如果能重视罪犯的心理问题，仔细观察和认真分析，就会发现罪犯在心理危机逐渐加重的过程中，常常会暴露出很多的迹象，甚至有些迹象还是非常明显的。一般情况下，如果在罪犯中发现了下面列出的某些现象，应该高度警惕其有自杀的可能。而且，这些线索在同一个罪犯身上出现得越多，其自杀的危险性也就越大。

（1）曾经有过自杀未遂的经历和历史。

（2）家族成员中曾经有人自杀过。

（3）同监区内最近曾经发生过其他罪犯的自杀或自杀未遂的事件。

（4）与其他罪犯谈论死亡、自杀等话题，并经常思考类似的一些问题。

（5）经常向周围的罪犯问一些非常可疑的问题，如“人身上有多少血？多长时间可以流干？”“夜里监区内的值班人员多长时间巡视一次？”“人在死前是不是很痛苦？”

（6）处于抑郁状态，经常哭泣。

（7）远离其他罪犯和干警，行为比以前显得诡秘、孤僻。

（8）产生焦虑、紧张、无望、无助等负面情绪和感觉。

（9）有严重的自责倾向，认为自己“罪行严重”“罪大恶极”，认为自己因疾病或犯罪给家人和国家增添了麻烦。

（10）感到活着没有意思。

（11）有严重的抑郁情绪的罪犯在没有明显原因的情况下突然变得非常开朗、非常高兴。

（12）频繁与人谈论有关自杀、死亡等问题的罪犯忽然不再与任何人谈论此类问题。

（13）新近被发现或确诊有比较严重的躯体疾病，尤其是慢性或难治性的躯体疾病。

（14）以前患有慢性或难治性躯体疾病的罪犯突然开始拒绝医疗干预。

（15）凭空听到了让自己去死的声音，并信以为真。

（16）收集和保存一些具有一定危险的物品，如碎玻璃、小铁片，或是用一些碎布条搓绳子等，或是其所使用的被褥床单等经常莫名其妙地少了一些边边角角。

（17）出现了某些放弃自己财产的举动或言行。

（18）痴迷于某些邪教或迷信的观念，梦想着升天、转世、投胎、超度等。

当然，还可能会有很多其他的线索或是迹象能提示罪犯有自杀的企图或是预谋。但不管怎样，只要是对重点罪犯进行重点观察和防范，就能最大限度地减少罪犯中的自杀现象。

二、对罪犯自杀危险性的评估与检查

在实际工作中，罪犯的自杀现象不是很常见。因此，罪犯的自杀危险性容易被忽视。目前，针对罪犯自杀危险情况的几种评估方法，基本上都是建立在以往的经验基础上的。

（一）对罪犯自杀危险性的评估

这项工作包括两方面内容，一方面，需要评定有自杀企图的罪犯是否存在着生命危险，即自杀、自伤甚至他杀或其他冲动攻击性行为等发生的可能性。

因为牵涉生命的存在与否，所以这一水平的评定至关重要。另一方面，需要评定有自杀企图的罪犯是否已经丧失其原有的社会角色能力、是否主动与周围环境疏远或隔绝，或者主动远离原先所处的自然环境和社会环境。这一水平的评定可以由专业人员或是经过专业培训的监狱专职心理咨询与矫正人员来完成。对有自杀倾向的罪犯所进行的检查和评估应该在最短的时间内迅速做出，以便争取时间及时进行干预和抢救。

（二）对有自杀征兆的罪犯心理症状表现的评估

对罪犯心理症状的表现进行评估，可以及时发现异常心理表现的罪犯，从而及时进行相应的干预，最大限度地降低自杀风险。对罪犯心理症状表现的评定主要包括情绪、认知、行为和躯体症状等四个方面。

1. 情绪方面

有自杀倾向的罪犯往往表现出高度的紧张、焦虑、抑郁、悲伤和恐惧等不良情绪，部分人甚至还会有愤怒、敌对、烦躁、失望和绝望、无助等情感体验。

2. 认知方面

在急性情绪创伤或是自杀的准备阶段，罪犯的注意力往往过分集中在悲伤反应或是“一死了之，一了百了”的思维状态之中，从而出现记忆能力和认知能力方面的“缩小”或“变窄”，判断、分辨、理解合作决定的能力也下降，部分人会有记忆减退、注意力不集中等表现。

3. 行为方面

罪犯往往会出现痛苦悲伤的表情，出现哭泣或独居一隅等“反常”的行为表现。具体来说，可能有劳动能力的下降，原有各种兴趣的降低，与其他罪犯的交往能力的下降或丧失，行为日趋孤单，不合群，整日郁郁寡欢，对周围环境中发生的事情漠不关心，对自己的前途悲观和失望，拒绝他人的关心和帮助，或容易冲动和暴怒，或容易伤感。

4. 躯体症状方面

相当一部分有自杀企图的罪犯会在危机阶段出现失眠、多梦、早醒、食欲下降、心悸、头痛、全身不适等各种躯体方面的表现，部分人还会出现血压、脑电图、心电图等方面的变化。

（三）对罪犯周围环境的评估

人是具有社会属性的。个人问题的产生，除了要考虑其自身特有的因素之外，还要考虑到其所处的社会环境的变化。罪犯虽然处在监狱的拘禁环境当中，但是监狱外面其个人的社会支持系统的变化，也会对正在监狱内服刑的罪犯的心理产生影响。因此，随时关注并及时对罪犯的家庭和其他社会支持系统进行评定，不仅可以及时发现有可能导致罪犯出现自杀观念的危险迹象，还有助于在心理危机干预的过程中，迅速调动一切可能的积极因素共同来帮助罪犯。

（四）使用心理测量工具进行评估

目前，在精神医学领域，主要是采取间接的方法，应用一些成熟的、情绪方面的心理测量工具，间接地判断当事人有无自杀的危险和可能。例如，采用 COPA、SCL-90 量表做新投犯入监测试，初步排查，测查罪犯的个性心理特征与行为模式以及对可能有心理障碍的罪犯做初步筛选。根据测试结果，排查出情绪异常的罪犯，然后由专业心理咨询师跟进面询，评估其自杀风险等级程度。除了采用间接的测量方法，研究发现一些量表可以直接用来评估自杀危险性。根据加拿大研究者的研究，贝克抑郁量表（Beck Depression Scale）、贝克绝望量表（Beck Hopelessness Scale）、自杀意图量表（The Suicidal Intent Scale）可以用来评估自杀危险性。除此之外，还有很多人尝试使用各种抑郁量表来评估和判断自杀现象。因为自杀者在采取自杀行动前大多具有比较严重的抑郁情绪，或者说具有抑郁症状的患者是自杀的高危人群，所以如果量表显示当事人的抑郁倾向比较严重，就应该及时地将其列入需要重点防范的对象。

三、罪犯心理危机与自杀的预防

（一）一般性的预防措施

我们已经知道，罪犯心理危机的产生是具有非常明显的个体差异的。这种差异来源于个体的年龄、性别、心理素质、文化水平、社会阅历、生活经历、思维方式、认识水平、躯体健康程度、有无心理障碍或是精神疾病等多种因素，也与罪犯犯罪的类型、罪行的轻重、刑期的长短、已经过的服刑时间等因素密切相关。并不是任何比较强烈的刺激都会导致所有罪犯发生心理危机，也不是所有产生心理危机的罪犯面对的都是同样的问题。此外，在入监前后的不同阶段，罪犯面临的心理危机的性质也是不同的。认识到这一点并在思想上给予充分的重视，就能及时发现并有效地预防罪犯心理危机的发生，至少可以减轻其发生的严重程度。从整体的和全局的角度来看，对罪犯的心理危机给予最有效、最彻底、最经济的危机干预方式就是“防患于未然”。监狱中罪犯的自杀现象，是最严重的心理危机的结果，最有效的干预方法也是预防，尤其是早期的预防和早期的危机干预。

1. 加强心理健康知识的教育与普及

心理健康知识教育与普及的对象不仅要针对罪犯，还要针对监狱人民警察。资料显示，美国警察的自杀率高于一般市民，我国台湾地区警察的自杀率也出现了上升趋势。这就从一个侧面提示，警察也是属于自杀的高危人群和重点预防的人群，更何况我们还要依靠他们去预防和控制另一个自杀的高危人群——罪犯。因此，为监狱的警察提供良好的心理健康服务，提高他们的心理素质，不仅能很好地预防各种心理危机或是自杀的发生，还能更好地减少监狱罪犯心理危机和自杀的发生。

2. 在监狱人民警察中大力普及精神医学常识和各种预防自杀的知识

根据世界卫生组织的这一观点，能及时地发现和正确地识别监狱罪犯中的各种精神障碍就是一个非常重要的预防关键。正在监狱中服刑的罪犯本来就属于自杀的高危人群，自杀又是监狱罪犯中比较常见的死亡原因。之所以会出现这种情况，主要的一个原因就是罪犯中各种精神障碍的患病率比普通人群要高得多，一般的统计结果在15%以上，甚至可以达到40%。因此，现状是，监狱中的工作人员及其有关的领导部门对此似乎还缺乏足够的认识，缺乏有关精神卫生方面的必要知识，对罪犯的各种精神障碍不会识别和判断，从而使监狱工作出现了很多不必要的麻烦。因此，可以对监狱人民警察，包括工作人员开展司法精神病学和心理卫生方面知识的宣传和培训，增强其初步识别各种精神障碍的能力，并早期识别和正确处置罪犯的各种精神障碍，是预防罪犯自杀的一个极其重要的策略和非常有效的手段与措施。

3. 减少可能用于自杀的工具的来源

虽然自杀的方式有很多，能用于自杀的工具也是各式各样，但是由于比较特殊的环境限制，监狱中的罪犯几乎不可能获得毒药、锐器、刀枪等自杀的工具，甚至试图从高空坠下自杀都比较困难。因此，罪犯自杀的主要方式是用床单、衣服、毛巾、腰带、鞋带、乳罩等撕毁后做成的布条或其他类似的工具进行自缢，这种方式占到监狱罪犯自杀的90%。因此，对监舍内加强管理和巡视，对罪犯的各种物品加强检查就显得格外重要。

4. 在监狱内培训、设立专职的心理学工作者，并建立专门的心理咨询部门

其目的在于及时发现和解决监狱罪犯中的各种心理问题。事实证明，如果这些心理问题没有得到及时恰当的解决，就可能会继续恶化，转变为心理障

碍，甚至造成严重的心理危机。而专职的心理学工作者则能较好地预防和干预罪犯中的心理危机及自杀现象。

（二）有针对性的预防措施

根据监狱罪犯的不同特点和服刑的不同时期，应该采取相应的预防罪犯心理危机和自杀的措施。例如，在罪犯的家庭成员发生了重大变故时，应及时请心理咨询人员对罪犯进行心理危机干预，帮助罪犯尽快平安地度过危险期。从总体上看，对罪犯心理危机的预防和干预可以分为三个重点阶段进行。

1. 收监时认真筛查

罪犯的自杀常常是发生在收监后不久，尤其是开始服刑的前三个月内。因此，从罪犯刚一入监就应该立刻对其开展有关预防自杀与心理危机的工作。通常的做法是立即对新入监的罪犯进行筛查，找出发生自杀与心理危机风险比较高的罪犯，对其给予重点的监管，并提前进行适当的心理干预。

一般来说，偶犯、初犯、过失犯要比惯犯、累犯、故意犯更容易陷入心理危机；未决犯和重刑犯要比已决犯和轻刑犯更容易陷入心理危机；无期徒刑犯和死刑犯要比有期徒刑犯更容易陷入心理危机；初入监的罪犯要比已经服刑一段时间的罪犯更容易陷入心理危机；年龄小的罪犯、身体状况差的罪犯和女犯要比年龄大的罪犯、身体状况好的罪犯和男犯更容易陷入心理危机；来自农村的罪犯要比来自城市的罪犯更容易陷入心理危机；入监前家庭成员之间矛盾冲突比较多、家庭功能和社会支持系统运转不良、因某种原因导致家庭成员不完整的罪犯要比家庭成员之间的关系和睦协调、家庭功能和社会支持系统运转良好、家庭成员完整的罪犯更容易陷入心理危机；近期家庭发生了比较重大变故的罪犯要比家庭状况相对比较稳定的罪犯更容易陷入心理危机；入监前经历比较曲折坎坷的罪犯和社会身份与社会地位比较低下的罪犯相对要比生活比较稳定的罪犯以及社会身份与社会地位相对比较高的罪犯更容易陷入心理危机。

另外，在 6 ～ 14 岁的儿童时期就失去了父亲或母亲的罪犯；家族成员中曾经出现过自伤、自杀者或是精神病人的罪犯；入监前有过吸毒或是酗酒史的罪犯；入监前曾经有过自杀意念甚至出现过自杀未遂行为的罪犯；认为自己被冤屈了、判重了的罪犯；服刑地点离家庭成员比较远，或是被转到生活条件比较艰苦的监狱服刑，或是被转到自己不愿意去的监狱服刑的罪犯，都要比其他没有这些经历、体验和感受的罪犯更容易陷入心理危机。

而存在下列情况的罪犯，不仅容易陷入心理危机，还可能具有比较高的自杀风险，应该及时进行适当的干预。例如，显示出对逮捕或监禁感到明显的耻辱、罪恶和苦恼，表示绝望、害怕未来、抑郁、缺乏情绪、缺乏口头表达，承认当前的自杀念头，曾因精神健康问题接受过治疗，目前患有精神疾病，承认当前有自杀计划，自认为内在和外在的社会支持比较少，等等。

2. 收押后仔细观察

对长期监禁的罪犯应采取定期观察与随时观察相结合的方式，如果罪犯在比较短的时间内出现了与以前不一样的异常言行，如失眠、哭喊、迟钝、紧张不安、焦虑、抑郁、悲观绝望、丧失信心、精神恍惚、自言自语、反复找人诉说自己的“不幸遭遇”、特别兴奋、话多、心境突然改变等，都提示罪犯可能有精神障碍，应重点观察，并及时请专业人员进行检查、诊断与处理。对在监狱内接受药物治疗的罪犯，无论其罹患的是什么病、服用的是什么药，都要对药品进行严格管理，不能因药物是非处方药、没有危险并为了图省事而让罪犯自己掌握所服用的药物。服药时一定做到罪犯集中服药，并安排专门的人员发放药物，坚持执行“送药到手、看服到口、咽后再走”的服药原则。要严格防止罪犯藏药、存药、吐药，保证药效和用药安全。同监舍或同监区的罪犯中如果有人出现了心理危机或是发生了自杀未遂事件，就有可能对其他罪犯产生心理感应和影响，就更应该予以注意，加强巡视和观察。

3. 筛查后的科学管理

对于筛查出的有高自杀风险的罪犯，在进行及时的心理危机干预和自杀预防工作的同时，还应进行适当而又严密的监护，尤其是在夜间。由于监狱罪犯自杀的主要工具和方式是用其生活用品撕毁后做成的布条或其他类似的东西自缢，因此对罪犯这些随身危险物品的随时检查和正确管理就是预防罪犯自杀的一个重要措施。同时，邀请精神卫生工作者及时介入到监狱工作中，对监狱罪犯中的各种心理问题、心理危机、精神障碍和自杀现象进行识别、诊断和处置，或是邀请其他社会机构和专业技术人员参与对罪犯心理危机的干预工作，将会收到事半功倍的效果。了解并掌握了罪犯的上述情况后，就可以对罪犯可能出现的心理危机以及自杀现象进行综合性的评估和预测，并根据评估预测的结果采取有针对性的措施，对重点罪犯进行重点的跟踪观察，及时发现情况和问题，随时进行干预和处理，把各种危机消灭在萌芽状态。

第二节 犯罪心理危机干预的方法

一、罪犯人际冲突危机

罪犯人际冲突危机是指罪犯在服刑环境中，由于人际关系障碍而产生的心理危机。主要包括两种形式的危机：警犯人际冲突危机和罪犯间人际冲突危机。

（一）罪犯人际冲突危机

1. 警犯人际冲突危机

警犯人际冲突危机是指由监狱人民警察与罪犯之间的冲突事件而导致的罪犯心理危机。引起这种心理危机的冲突事件包括：直接管理罪犯的一线工作人员在管理过程中偏听偏信，对罪犯进行了不合理的处理；在没有查明真相的情况下，对罪犯进行惩罚；给患病的罪犯安排超体力的劳动等。这种危机的最明显特点是在管理者与被管理者之间发生的冲突危机。这种危机一般是在各种刑罚执行过程中产生的，比如狱政管理、教育管理、生活卫生管理、奖惩过程、生产安排以及个人交往活动。产生这种心理危机的罪犯，往往有极度的不公平、受压抑、委屈、无助和愤怒等情绪，甚至会有绝望感。

2. 罪犯间人际冲突危机

罪犯间人际冲突危机是指共同服刑的罪犯之间发生的冲突事件导致的心理危机。引起这种心理危机的冲突事件包括：某个罪犯受到其他罪犯的殴打或者其他侮辱性对待；在日常改造表现的评定过程中，某个罪犯受到其他罪犯的诬陷；罪犯珍视的某些个人财务被其他罪犯盗窃或者损坏等。这种危机一般带有明显的功利色彩，比如得分多少、物质纠纷、地位争夺、伙伴争夺等。

罪犯产生这种心理危机时，往往伴随着强烈的愤怒情绪和复仇心理，这种心理现象有可能引起罪犯强烈的情绪和行为反应，如果不能及时加以干预，就可能引起自伤、自杀或者毁物伤人等行为。

（二）干预措施

在干预人际冲突危机过程中，应该采取下列干预措施。

1. 倾听与共情

发生人际冲突危机的罪犯一般有一种受害感，一味指责对方，这正是倾听与共情的有利条件。心理矫正人员一边倾听危机者的诉说，一边对危机者遇到的情况和产生的感受表示理解，设身处地地看待发生危机的罪犯。在这个过程中，进行干预工作的心理矫正人员可以因势利导，不但通过倾听收集材料和信息，与发生危机的罪犯建立共情，而且应当把这类活动看成一类干预措施。因为发生危机的罪犯通过倾诉，可以宣泄所发生的消极情绪；罪犯通过对共情的感受，可以从内心获得安慰。这些都有利于平静罪犯的情绪，促进他们理智的恢复。

2. 建立工作关系

在倾听和共情的同时，应该及时建立工作关系。关系的建立对解决罪犯人际冲突危机有很好的作用，即这种关系具有一定的取代作用。罪犯在与其他人产生冲突危机时，特别渴望一种支持，干预工作者的细心倾听正好能满足这种需求。工作关系既能起到治疗作用，又能为下一步干预打下基础。

3. 消除误解

人际关系冲突相当一部分是由于误解造成的，心理矫正人员应当在危机干预过程中，注意引导罪犯逐步消除误解，澄清事实。随着危机干预的进行，当发生危机的罪犯的理智基本恢复时，心理矫正人员可以进一步帮助他们澄清发生误解的原因，分析产生误解的思维特征，从根本上消除危机。同时，通过引导罪犯纠正不当思维模式，还可以预防同类人际危机的再次发生。

4. 讨论选择交往方法

有些罪犯之所以发生人际冲突危机，是因为他们缺乏交往技巧。因此，在危机干预过程中，在罪犯的激动情绪有了一定的缓解，可以进行比较理智的思考和对话时，心理矫正人员可以和发生心理危机的罪犯讨论交往方法和技巧，分析罪犯可能存在的不恰当交往方法和技巧，指导他们学习和选择更加有效的交往方法和技巧。这些活动能转移罪犯的不良情绪，减轻愤怒感。

5. 安排监护

由于发生危机的罪犯往往有强烈的情绪激动现象，在这种情况下，意识变得狭窄，思维变得迟缓，思想与行为不对应，很容易出现未经思考的冲动性行为。因此，对处在危机状态下的罪犯来说，他们很有可能产生自伤、自杀或者毁物伤人等极端行为，有必要对他们采取合适的监护措施。

6. 合理用药

对于情绪过于激动或过于抑郁的罪犯来说，如果在当时的危机状态中，使用其他干预措施的效果不佳时，可在专业医生的指导下使用药物，帮助控制危机罪犯的身心状态。

7. 隔离与改变环境

人际环境和物理环境是罪犯人际心理危机的重要诱发因素。因此，在危机干预过程中，可以考虑将心理危机罪犯从原环境转移到新环境或者使人际冲突双方适当分离，这样能减轻不良刺激，有利于心理危机的消退。

二、家庭变故危机

家庭变故危机是罪犯家庭中突然发生的悲剧性变化引起罪犯心理创伤而导致的心理危机。比较严重的家庭变故有家人死亡、亲密关系中断以及离婚等；比较轻微的家庭变故有经济困难、子女失学、患病等。当发生这些家庭变故时，轻者可导致罪犯消沉、抑郁、烦躁不安，出现改造或生产事故，重者可以导致罪犯脱逃、自杀等严重事件。

（一）失亲危机

失亲危机是指由于罪犯家庭中重要成员的突然亡故而在他们心理上引起的危机。对于罪犯来说，他们的父母、子女、配偶或其他密切关系人员的突然去世，都是一种噩耗，它们有可能造成罪犯心理危机。

1. 失亲后的悲伤过程

在经历家人亡故后，个人往往会有一个悲伤过程，产生一系列悲伤反应，甚至会产生心理危机。一般人遇到不幸的事情，心理都有一个正常的反应和过程。现代心理学将这个过程总结为七个阶段。当然，根据每个人的情况不同，在不同的阶段，每个人停留的时间也存在差异。在这个过程中，有些人为了让痛苦早日结束，而做出逃避痛苦的事情，反而让自己的心理在某个阶段停留的时间更加长。有些人甚至因为拼命逃避痛苦而使自己一直无法走出痛苦的状态。这七个阶段如下所示。

（1）震动和否认。刚得不幸消息的那一刻，很可能会在某种程度上否认事实以避免痛苦。而强烈的感情冲撞所产生的矛盾心理则会保护你的情感，使你不至于一下子被情绪淹没。这个阶段可能持续好几周。

（2）痛苦和内疚。当矛盾的心理退去，取而代之的将是巨大的痛苦。虽然有时是难以承受的精神折磨，但是你必须彻底地承受这种痛苦。你也可能会因为做过或没做过的某些事情而感到内疚或懊悔。在这一阶段，你觉得生活一团糟，处处令人惊恐。

（3）愤怒和许愿。懊丧的感觉将被愤怒所取代，你可能会把坏消息归咎于是别人的责任。这种时候，人容易发泄自己郁积已久的情绪。处于愤怒情绪状态时，应该努力控制自己。

（4）回忆和孤独。当你的朋友开始觉得你的生活应该回到正轨的时候，你很可能正被长时间的悲伤的回忆所包围。这是伤逝的一个正常阶段，在这个阶段，别人的鼓励并没有多大的帮助。在这段时间，你终于明白你究竟失去了什么，而这会使你消沉。你可能会故意把自己隔离起来，回忆过去，脑海被那些记忆所占据。你可能会感觉到空虚与绝望。

（5）好转。当你逐渐适应了巨变之后的生活，你的生活会变得较为冷静，趋于有序。痛苦的身体症状会减轻，你的消沉也将有所好转。

（6）重建和恢复。生活恢复正常运转，你的心智也开始重新工作，对于巨变所导致的生活问题，你会下意识地寻求现实的解决方法。你将开始应对一些实际问题和财务上的问题，开始重建生活。

（7）接受和希望。在这七个阶段的最后一个阶段，你学会了接受，学会了面对现实。接受并不意味着马上能变得快乐。但你总会找到一条前行的路，你会开始往前看，开始计划未来。最后，你将能不再痛苦地回想起之前的生活，悲哀会有，但是揪心的痛苦不再。你将再次对将来的美好时光怀有希望，以至在生活经历中再次找到乐趣。

2. 失亲危机干预措施

（1）个别咨询与干预。罪犯在亲人亡故后，一般都会有震惊、抑郁、孤独、痛苦、内疚等悲伤反应，少数罪犯甚至有可能产生绝望情绪，感到自己在感情上深深依恋的亲人的亡故，使自己失去了生活的依赖和感情的寄托，自己活着也没有什么意义。这些悲伤反应可能会引起相应的消极行为反应，因此进行个别咨询与干预是很有必要的。

在进行干预的过程中，要设身处地地理解亲人亡故的罪犯的感情，真诚地理解和承认家人亡故给他们带来的特别问题；安慰心理危机罪犯，让他们明白，为了挽救其亲人的生命，家庭已经尽了所有义务；必须给危机罪犯以感情支持，回归以前的家庭功能和角色，并对其重新评价或重新分派；重新评价危机罪犯本人的家庭身份，并引导危机罪犯回忆亲人在世时对自己的教导和期望，利用亡故亲人在世时的积极力量，促进罪犯的心理发展。

（2）利用支持小组给予支持。在个人发生创伤性事件时，如果能与别人分担痛苦的体验，痛苦的程度就会减轻。因此，心理矫正人员要重视让其他的罪犯帮助亲人亡故的罪犯分担痛苦。其中一种方法，就是组成支持小组，给发生危机的罪犯以支持和帮助。在组织这样的小组时，特别要选择那些曾经有过此经历和劝说技能好的罪犯，利用他们的经历、经验和技能，给亲人亡故者提供感情支持和其他帮助。支持小组的主要工作包括对失亲罪犯进行心理安慰和感情支持，向失亲罪犯提供摆脱悲伤的措施，帮助其及时脱离心理危机。

（3）提供哀悼条件，鼓励失亲者与家庭成员交流感情。研究显示，举行必要的哀悼仪式有助于失亲者从悲痛中恢复。危机干预工作者可以与监狱中的有关管理人员协商，对罪犯进行综合评估，认为罪犯进行某些哀悼活动符合有关规定条件，也不致对社会造成危害或发生其他意外时，可以允许罪犯回家举行哀悼仪式，还可以让罪犯通过电话、书信或接见机会与家庭成员交流感情。

（4）帮助解决实际困难。对于因亲人亡故而在生活和其他方面产生实际困难的罪犯，心理矫正人员应该设法帮助罪犯解决这类困难，包括与罪犯所在地的民政等福利部门联系，给予救助等，从而减轻亲人亡故给罪犯及其家庭带来的生活和心理压力，帮助罪犯摆脱因此而可能发生的大危机。

（二）婚姻危机及其干预

罪犯婚姻危机是指罪犯由于婚姻紧张或婚姻破裂而造成的心理危机。这种危机一般对罪犯影响较大，在大多数情况下，罪犯可能都怀有强烈的愤怒感、被遗弃感和耻辱感。女性罪犯由于情感原因以及子女抚养等问题，对婚姻危机的消极感受往往比男性罪犯大。对于已婚的罪犯来说，他们婚姻关系的最重要特征就是在很长时间没有真正意义上的夫妻关系，缺乏普通夫妻之间的那种平凡沟通和朝夕相处。这种空间隔离，严重阻碍了夫妻之间的情感交流和身体接触，致使罪犯婚姻危机的发生率远远高于常人。

对于罪犯婚姻危机的干预可以采用以下方法。

1. 个别咨询和干预

婚姻关系是具有明显的私密性特征的一种人际关系，夫妻关系中的很多事务是不愿意向外人透露的。因此，对于罪犯婚姻危机的干预，要充分考虑这种私密性，尽可能进行个别咨询和干预。进行危机干预的心理矫正人员应该认真评估罪犯的危机程度，采取必要的预防措施，包括预防他们进行自伤、自杀或者毁物伤人的行为。然后，提供一个安全、安静的环境，聆听罪犯的诉说，了解其婚姻危机的有关情况，体会罪犯的复杂情感，对罪犯进行共情，从而对罪犯给予情感等方面的支持。

2. 婚姻辅导

在深入地了解罪犯婚姻危机的基础上，心理矫正人员应该根据具体情况，考虑对罪犯给予必要的婚姻辅导。例如：引导罪犯恰当评估婚姻危机的严重程度；帮助罪犯寻找可以缓解和解决婚姻危机的可用资源；指导罪犯消除对婚姻关系的错误观念等。同时，为了促进罪犯与其配偶之间的了解和沟通，在进行亲情会见之前或者之后，心理矫正人员可以将罪犯及其配偶召集到一起，进行当面咨询和劝说，引导他们消除误会，增加了解，密切双方之间的感情。

3. 自助小组的支持

对于发生婚姻危机的罪犯，也可以组成自助小组给予支持和帮助。为达到这一目的，心理矫正人员可以在罪犯中成立婚姻自助小组。小组成员主要由那些有离异史的罪犯担任，主要任务是帮助正在遭受婚姻危机的罪犯，帮助他们分析婚姻危机的原因、状况和寻找恰当的解决方法，为其提供心理支持，帮助他们摆脱离异的痛苦和制订适应新生活的计划等。

4. 多方调解与帮助

罪犯婚姻危机的发生，往往有多方面的原因。要解决罪犯的婚姻危机，就要从多方面进行干预和努力。为此，在不违背婚姻自主和尊重婚姻双方愿望的基础上，可以请多方人员组成婚姻干预小组，调解和帮助发生危机的婚姻双方。这个小组的成员除了监狱中的心理矫正人员、管教人员和罪犯信任的其他罪犯之外，还应当包括婚姻双方的家人、朋友等，通过他们进行调解，在力所能及的情况下尽可能帮助当事人解决一些实际问题，努力维系婚姻关系。

5. 转诊治疗

如果发生婚姻危机的罪犯需要法律、经济、医学等方面的援助和治疗时，只要条件具备，就应当立即转诊，帮助罪犯与有关人员和组织机构取得联系，利用他们的力量进行婚姻危机干预。

三、创伤后应激障碍及其干预

（一）基本概念

创伤后应激障碍（Posttraumatic Stress Disorder，PTSD）是指由异乎寻常的威胁性或者灾难性心理创伤导致延迟出现和长期持续的精神障碍。所谓心理创伤，是指个体在面临紧急、可怕的威胁事件时发生的心理失衡状态。这类威胁事件往往会损害正常的心理功能，导致个人产生一系列情绪、行为等方面的问题。监狱中的罪犯是创伤后应激障碍的高发人群，这是因为在监狱中服刑的人员不但失去行动自由，缺乏自主选择的可能，而且社会资源极其匮乏，既不能预防和回避突发性事件的侵害，也不能有效地应付突发性创伤事件的侵害，在很多情况下只能消极、被动地承受这类事件的侵害。

（二）诊断标准

1. 诊断

随着有关研究成果的不断积累，PTSD 的诊断标准也经历了相当大的修改。PTSD 的诊断标准首次出现在美国精神病学会《精神障碍诊断与统计手册》（第 3 版）（Diagnostic and Statistical Manual of Mental Disorders，DSM-3）中，并被列为焦虑障碍的一种，其主导情绪为恐惧和害怕。1987 年的 DSM-II-R 和 1994 年出版的 DSM-IV 对其诊断标准进行了修改和扩充。1993 年，PTSD 正式被纳入《国际疾病分类》（第 10 版）（International Classi-fication of Diseases，ICD-10）。《中国精神障碍诊断与分类标准》（第 3 版）（Chinese Classification and Diagnostic Criteria of Mental Disorders，CCMD-3）首次使用这一名称，并把它纳入应激相关障碍。

创伤事件后个体出现反复体验创伤性事件（如侵入性的回忆和梦魇）、保护性的反应（如回避与情感麻木）、高度警觉三种主要症状，持续超过 1 个月以上，而且造成了明显的痛苦，或者造成个体其他重要方面的功能受损，可被视为满足 PTSD 诊断标准。

2. 急性应激性障碍与 PTSD 的鉴别诊断

急性应激性障碍类似于创伤后应激障碍，是一种建立在分离症状基础上的诊断，该障碍患者具有下列独立症状中的 3 ～ 4 项症状：感觉麻木、感觉分离、缺乏情感反应；对环境的知觉减弱（如茫然）；感到事物不真实；感到自己不真实；对创伤的一个重要的部分遗忘。急性应激性障碍与 PTSD 的区别在于创伤事件后发病的时间以及病症持续时间。急性应激性障碍发生在创伤事件后 4 周内，至少持续 2 天，但不超过 4 周。个体一旦脱离创伤性情境，同时给予适当的支持，如对其应激表示理解、同情，让其描述发生了什么及他们的反应，便能得到康复。急性应激性障碍的主要症状与 PTSD 的预测因素有一定程度的重叠，从防治的角度来看，可以促使有可能发展成 PTSD 者就医，利于促进对 PTSD 的早期识别，也可以预测是否会发生迟发性 PTSD。①

① 张云朋. 创伤后应激障碍与复杂性创伤后应激障碍的关系研究进展 [J]. 心理月刊，2020，15（17）：228.

3. PTSD 的评估

PTSD 的评估不同于其他心理障碍的评估，它是事后评估，评估的是非常严重的创伤性事件以及导致个体产生的某些主观反应。评估的两个主要目的是进行诊断和制订治疗计划。另外，多角度、多维度的评估有利于诊断出症状的全部内容和形式，进而确定 PTSD 的共病情况。PTSD 往往有其他的心理障碍共病，最常见的为抑郁和物质滥用。在创伤性事件发生后，就应该及时根据事件类型，结合创伤后应激障碍的危险因素，对患者的生理、心理、社会状态以及应对方式进行全面评估。早期的评估可以紧急判断创伤的可能性。评估的第一步是要确定病史中的主要创伤性事件，包括事件本身以及事件发生的范围和发生的频率。评估创伤性事件可用的量表有创伤应激评估表（Traumatic Stress Schedule）、创伤性事件问卷（Traumatie Events Questionnaire）、创伤后应激诊断量表（The Posttraumatic Stress Diagnostie Scale），经检验，以上量表都具有较好的信度和效度。

（三）干预措施

PTSD 早期治疗非常重要，创伤患者如能得到支持，尤其是家庭的支持，则可能减缓 PTSD 的发生。PTSD 的首选治疗尚无一致意见，比较肯定的是心理治疗合并药物治疗的效果更佳。对各种应激障碍，心理治疗显得更加重要。

1. 心理治疗

心理治疗是治疗 PTSD 的重要方法，比精神药物治疗更为有效。在心理干预过程中，依据正常化、协同化、个性化的原则，干预的形式可以多样化，如一对一的面谈、电话咨询、团体辅导等，可根据实际情况灵活采用。常见的治疗方法有以下六种。

（1）应激免疫训练（Stress Inoculation Training，SIT）。应激免疫训练（SIT）是由梅琴鲍姆（Meichenbaum）及其同事最早系统阐述的一种预防应激障碍的认知行为技术，目的在于通过教会来访者一些应付技巧，帮助其能更好地应对压力，控制自己的恐惧。这个方法比较灵活，可以根据个体的情况和需要做出修改，而且能用于个体或者是团体的治疗；它可以用于当前的问题，也可应用于未来困难的应付。SIT 是一系列技术、过程的组合，包括信息给予、苏格拉底式讨论、认知重组、问题解决、放松训练、行为复述、自我监控、自我指导、自我强化和改变环境情境。SIT 又分为以下三个治疗阶段。

第一阶段为概念阶段。在这个阶段，治疗师先和来访者建立良好的关系，并一起重新思考问题的实质；接下来，为来访者提供一个专门设计的简单概念框架，教给他一些关于 PTSD 的知识，以简单的语言让个体能理解其恐惧和焦虑的来源，创伤的性质和创伤后的反应等；然后通过教学呈现苏格拉底式询问和有引导的自我发现过程，使来访者认识到认知和情绪在恐惧、焦虑形成中的作用。

第二阶段是技能获得和复述阶段。治疗师教授来访者各种应付技巧，如肌肉放松、呼吸调节、潜在矫正、角色扮演、思维停止、自我对话训练等，并且要求个体能自我陈述有效的应付技巧。通过教授、示范和有指导的练习，使患者逐步学会各种应付技巧，并定期练习。

第三阶段是应用和完成阶段。这一阶段将治疗情境中发生的改变迁移到现实生活中，使个体暴露于模拟的应激情境（如不可预知的电击、电影中的应激刺激、突然的低温寒冷），练习应付技巧的使用。当患者熟练掌握了各种应付技巧时，要开始练习难度逐步提高的行为家庭作业。SIT 对于创伤后应激障碍的再现和回避症状有缓解作用。研究者针对与强奸有关的创伤后应激障碍的临床对照研究表明，在治疗结束时，SIT 组的症状严重程度表现出下降；而在随访研究中，长期暴露组的个体与 SIT 组相比，症状缓解得更好。可见，SIT 短期效果明显，而暴露治疗具有更长期的疗效。

（2）系统脱敏治疗。系统脱敏法主要用来减轻和缓解焦虑状态，其原理是用交互抑制和反条件作用达到治疗的目的。系统脱敏技术是使用放松训练，通过对由低至高不同等级的恐惧刺激进行想象暴露的方式对恐惧刺激进行脱敏，它主要由三个部分组成：放松训练，建立焦虑或害怕等级层次和要求来访者在放松的情况下，按等级层次中列出的项目进行想象或实地脱敏。虽然在 PTSD 个案治疗报告以及严格控制的治疗研究中，系统脱敏被证明是有效的，但是这种方法并未得到广泛的运用，原因在于 PTSD 个体往往害怕很多与创伤相关的刺激，因此对他们的暴露治疗需要很多系统脱敏等级，从而降低了治疗的效率。①

（3）延长暴露（Prolong Exposure，PE）和视觉暴露治疗。延长暴露和视觉暴露治疗是暴露治疗的拓展方法，是让个体直接暴露于其所害怕的线索或者是创伤性记忆之中的方法。这些暴露治疗要求个体直接面对他所害怕的情境，想象处于所害怕的情境中，或者是唤起某个特别的创伤并保持在其中而不回避，并坚持相当长的时间。研究者首次将注意力集中于治疗某些特殊的创伤

① 马立丽．元认知干预技术与系统脱敏疗法治疗社交焦虑障碍的差异研究 [D]. 大连：辽宁师范大学，2010: 24.

性记忆中，而不仅仅是引发恐惧的刺激。在这里，恐惧被看成一个包括刺激的表征、反应及其含义的认知结构。他们引入情绪加工这个概念来解释暴露期间恐惧的减少，认为暴露通过情绪加工矫正了错误的认识。PE 采取个体治疗的方式，一共进行 9 次，每两周治疗 1 次，每次 90 分钟。前两次主要收集信息、制订治疗计划、解释治疗的理论，还要列出恐惧和回避等级表、布置家庭作业、指导个体每天面对其所害怕的刺激。接下来的 7 次治疗使用想象暴露的方法，重新体验创伤情境。治疗师鼓励个体在体验的同时尽可能详细地大声描述这个情境。在每次会谈中，个体尽可能地重复描述几次，并将其叙述的过程用录音机记录下来。个体的家庭作业内容包括听录音磁带，至少每天 1 次。在暴露的过程中要注意其焦虑水平的变化，另外在每次会谈结束以前，要确保个体的焦虑程度下降，必要的时候治疗师应给予帮助。

（4）认知加工治疗（Cognitive Processing Therapy，CPT）。认知加工治疗的理论基础是信息加工模型，其潜在假设是 PTSD 症状来自新的信息和旧的认知图式之间的冲突。PTSD 表现出的闯入性症状和回避症状就是由这些认知冲突引起的。CPT 的重点在于识别出这些冲突，并对其进行调整。在信息加工理论中，研究者们提出如何打破已经建立的恐惧网络。首先，激活来访者的创伤性记忆；其次，提供与现有的恐惧信息结构不一致的新的信息，形成新的记忆，也就是将新的信息整合到原来的恐惧记忆当中。在 CPT 过程中，个体将创伤记忆、当时的想法和感受等细节写下来，并大声朗读，治疗师帮助个体识别出“冲突”；最后，对个体的非理性信念进行处理，调整来访者错误的归因方式和对未来的期望，从而减轻自责、厌恶自己、愤怒和不知所措等症状，进一步控制闯入性记忆和回避性行为的发生。这种治疗方法对于并发有罪恶感的个体更为有效。

（5）眼动脱敏和再加工（Eye Movement Desensitization and Reproessing，EDMR）。眼动脱敏和再加工（EMDR）是一个尚存争议的治疗，因为它不是来自其他心理障碍的理论或者是有效的方法之中，而是来自个人的观察。EMDR 最初由夏皮罗创立，夏皮罗认为眼动能促进创伤性事件的认知加工。此后，EMDR 被看作认知行为方法，EMDR 主要是对记忆的意象、消极想法和躯体感受进行工作，它旨在促进创伤事件的信息加工过程，促进创伤相关的负性认知重构。发展到现在，EMDR 主要包括：采取一般病史和制订计划；帮助来访者稳定情绪和进行必要的准备；对记忆的意象、消极想法和躯体感受进行评估；通过眼动进行脱敏和修通；植入阶段；躯体扫描阶段；结束阶段和治疗效果的再评估八个治疗阶段。

EMDR 不仅有眼动脱敏的成分，还包括暴露和认知的成分。在 EMDR 治疗中，其程序是要求来访者双目睁开，眼睛追随治疗师移动的手指向双侧快速移动。同时，要求患者想象创伤当时的情景，注视着这段创伤性记忆；重新体验负性的认知，并将与创伤相关的认知和情感语言化。夏皮罗提出 EMDR 加速了信息的处理，导致创伤性记忆的适应性解决，在 EMDR 治疗中产生了一种与快速动眼阶段很类似的神经生物状态，这种状态可以减轻由海马调节的关于创伤记忆的反复体验发作强度，也可减轻负性情感。

（6）格式塔治疗。在使用格式塔技术时，可以使用一种叫“未完成的事项”的技术，即深入到受害者的过去并将其带到意识中的技术。这种技术能起到类似刺破脓包进行引流的作用。可以在危机恢复的最后阶段使用这种技术，以便起到赎罪、忏悔和康复的作用。使用这种格式塔技术的具体做法是在治疗室内放上两三把空椅，让来访者想象空椅代表不同的有关人员。干预者和来访者轮流扮演其中的角色，模拟事件发生时的情景，发自内心地进行对话，表达愧疚、愤怒、忏悔等多种复杂情感，尽量释放所压抑的感情。在扮演过程中，要缓慢耐心地处理“未完成的事项”的每一片段，直到来访者能和当时场景中的每个人和平相处。等创伤平息，努力把来访者拉回到现实中，帮助他继续自己的生活。

上述个别干预技术应当具有通用性，可以在罪犯心理矫正中，尝试用来对产生创伤后应激障碍的罪犯进行干预治疗。当然，在尝试使用过程中，可以根据罪犯的具体情况和创伤性事件的差别，进行必要的变通。

2. 药物治疗

PTSD 的药物治疗能缓解某些症状，减少来访者的痛苦体验，通常作为心理治疗的辅助措施，增加来访者对心理治疗的依从性。目前，主要是使用选择性 5- 羟色胺再摄取抑制剂类抗抑郁药物，它能明显缓解抑郁、焦虑症状，改善睡眠质量，减少回避症状。在我国还尝试性应用了中西药结合治疗创伤后应激障碍，结果显示该方法起效快、副反应少、来访者的依从性高。另外，躯体症状的改善可以影响到个体情绪的改变。因此，创伤事件发生后，应针对个体的躯体症状及时给予药物对症治疗。

3. 积极的家庭与社会支持

家庭在 PTSD 治疗中具有重要意义，家庭的支持和配合是来访者康复的重要基础。良好的家庭和社会支持是创伤后应激障碍发生的保护因素。从创伤返回到正常状态的关键，是家庭内部的有力支持。一般认为创伤事件发生后受到良好社会支持的来访者都有较佳的效果。对来访者来说，从家庭亲友的关心与支持、心理工作者的早期介入到社会各界的热心援助，这些都能成为有力的社会支持。同时，要考虑来访者的实际需要，在条件允许的情况下与来访者进行有效沟通，以增强社会支持的力度，降低来访者 PTSD 发生的危险。

第三节　不同犯罪类型的犯罪心理识别与矫正

一、暴力型犯罪心理识别与矫正

（一）暴力型罪犯心理

暴力型罪犯是指以暴力或暴力威迫为手段实施犯罪行为的罪犯，主要包括因实施故意杀人、故意伤害、抢劫、绑架、敲诈勒索、放火、爆炸、投毒、暴力妨碍公务、聚众斗殴等犯罪行为而被判入狱的罪犯。

这类罪犯在服刑期间主要表现出以下心理特征。

1. 情绪不稳定，自我控制力差

暴力型罪犯的情绪很不稳定，遇事易激动，自我控制力差，极易感情用事。他们的行为往往受情绪左右，而不是受理智控制，因而一旦遇到外界刺激便会产生强烈的情绪反应，并在这种情绪的支配下，不计后果，鲁莽行事。暴力型罪犯激烈冲动的情绪特征、自我控制力差的特点还使其表现时好时坏，极易出现反复现象。甚至有些暴力型罪犯会因为难以忍受监狱艰苦的生活和严格管束，不顾加刑的后果，孤注一掷，伺机越狱脱逃。

2. 价值观扭曲，是非不清

暴力型罪犯由于受到周围不良思想观念的影响，价值观扭曲，是非颠倒，好坏不分，美丑不辨，形成了“不信一切唯信钱”的价值观、“唯我独尊”的人生观、“哥们儿义气”的友谊观、“亡命称霸”的英雄观等。这些不良观念既是他们过去犯罪的原因，又是他们被判刑入狱后抗拒改造的根源。在监狱内，有的暴力型罪犯表现为对“哥们儿”讲义气，为“哥们儿”可以两肋插刀，信奉“有福同享，有难同当”的观念，在监狱内拉帮结伙，恃强称霸。有的暴力型罪犯崇尚“有钱就有一切”“有钱能使鬼推磨”，只图私利，即使在监狱内被强制改造，仍把改造当交易。遇到利益纠纷时，往往斤斤计较、寸利不让，有时为了蝇头小利而大打出手。

3. 攻击性强，报复心重

暴力型罪犯表现为性情暴躁，做事鲁莽，情感冷漠，具有较强的攻击性和报复心。有学者曾对暴力犯（抢劫犯、杀人犯）进行过艾森克人格问卷调查，研究结果发现：在 P 量表上的得分明显高于常人，即暴力型罪犯孤独，情感冷漠，不关心他人，难以适应外部环境，与他人不友好，喜欢寻衅搅扰。因为暴力型罪犯具有情感冷酷和攻击性强的个性特点，所以在和其他罪犯相处时，会因话语不投机或鸡毛蒜皮之事对其他罪犯大打出手；心情不好时，轻则顶撞对抗，重则直接与监狱警察发生冲突。由于他们心胸狭窄，易走极端，有很强的报复心，当对警察的不满积压到一定程度时，甚至会做出残害监狱警察的恶性再犯罪行为。

4. 逞强好胜

暴力型罪犯大多爱慕虚荣，非常注重自己的“面子”，因而经常有逞强好胜的表现。他们不仅通过拳头来赢得“声誉”，还喜欢吹嘘自己的无所不能来博得其他罪犯的“赞誉”。他们最怕丢面子，因而对监狱警察的当面批评会表现出强烈的不满。为了自己的面子，他们总能很好地完成监狱警察交办的事情，如果受到表扬、赞许，就会表现得更加出色。正因为他们太爱面子，所以为了维护自己的面子，即使违反监规也在所不惜。有的暴力型罪犯为在罪犯中树立“天不怕、地不怕”的英雄形象，不惜冒禁闭、加刑的危险，冲撞在前，拼杀在先。正因为他们存在逞强好胜的特点，极易被某些工于心计的抗改罪犯所利用，成为狱内打架斗殴事件的“出头鸟”。

（二）暴力型犯罪的矫正

1. 矫正的目标

对暴力型罪犯进行心理矫正，先要明确矫正的目标，国内外学者对该问题进行了探讨。大卫·莱斯特（David Lester）认为，对暴力型罪犯进行心理矫正，需要达到下列目标。

（1）训练暴力型罪犯在感到自己要失去控制的时候，随时找心理学家或者心理治疗专家帮助解决问题，不要耽搁，否则会使自己已经取得的进步难以巩固。

（2）训练暴力型罪犯在发脾气的时候，尽可能地使用言语表达自己的情绪，而不要进行暴力行为。要使暴力型罪犯认识到，暴力行为可能导致自身的毁灭。

（3）教育暴力型罪犯在进行冲动性暴力行为之前，要认真考虑进行暴力行为的后果。

（4）教育暴力型罪犯充分认识和掌握自己的情绪变化，特别是愤怒情绪变化的规律与控制技能，而不是简单地体验这种情绪或者任由该不良情绪支配自己的行为。

（5）帮助暴力型罪犯认识潜在的被害人是激起暴力犯罪行为的因素之一，讨论潜在被害人在暴力犯罪行为产生中所起的作用。

我国学者对暴力型罪犯的心理矫正也进行了深入研究。其矫正方案的总目标是消除或减弱参加矫正罪犯的暴力倾向。具体分为转变观念、培养能力和完善自我心理调控系统三个阶段。

一是转变观念阶段，需要完成三个方面的任务：认清危害，激发改善动机；正确归因，认识问题根源；检查观念体现，转变不良价值观念。

二是培养相关能力阶段，需要完成的任务有培养愤怒和焦虑情绪控制能力；培养良好的沟通和协商关系能力；改变不良习惯，培养健康生活方式。

三是完善自我心理调控系统阶段，需要完成的任务有提高自我意识水平；增强道德调节作用；树立正确法律意识。

2. 矫正的重点

暴力型罪犯需要层次、心理水平普遍不高，他们的自我控制能力和社会适应能力也普遍低下，因此对暴力型罪犯的矫正应该是全方位的，重点需要解决以下问题。

（1）改变错误的认知观念。暴力型罪犯大多存在错误的认知观念，看待问题片面、极端，常常以“自我为中心”，缺乏思想上的独立性。对“哥们儿”讲义气，为兄弟可以两肋插刀；崇尚暴力，“不管有理无理，拳头就是道理”；爱逞强好胜，错误地认为“人善被人欺，马善被人骑”，为了面子不惜打个你死我活。并且他们的思维狭窄，认识偏激，固执己见，不能正确地认识和评价自己的行为后果，总是将自己遇到的挫折和不幸归咎于他人。改变错误的认识观念，是对暴力型罪犯进行心理矫正的首要任务。

（2）克服不良的行为习惯。在错误的认知观念下，由于受到周围环境或影视作品中暴力行为方式的影响，一些罪犯已经逐渐形成了用暴力行为去处理矛盾纠纷的模式，因此当他们遇到困难时，习惯用武力解决问题。这些不良的行为习惯与负性情绪形成恶性循环，使暴力型罪犯的问题变得更加严重。因此，克服不良的行为习惯，训练良好的行为方式，是对暴力型罪犯进行心理矫正的基本方法。

（3）提高自我控制能力。一般而言，人们容易受情绪的影响，但理智性强的人的行为一般不会被情绪所控制，而暴力型罪犯由于缺乏对自己心理活动的分析、综合和判断能力，不能适当地、准确地进行自我评价，因而缺乏对自己的心理活动和行为的控制和调节能力。此外，暴力型罪犯普遍低下的自我意识发展水平，还会严重影响其个性的健康发展，并造成个性方面的缺陷。因此，提高自我控制能力，也是对暴力型罪犯进行心理矫正的重要问题。

3. 矫正的措施

对暴力型罪犯的矫正，可以采用先改造后发展的矫正模式，先了解罪犯的个性特点，然后采取适当的方式对其进行心理矫正。首先，了解矫的正内容和要求，并明确矫正目标。其次，通过座谈或心理活动等方式，分析暴力行为的危害，引导罪犯思考改变暴力行为的代价和益处，激发罪犯寻求改变的动机。最后，讲述暴力行为与个体及其外部情境刺激之间的关系，指导罪犯结合自身经历，描述、剖析暴力行为发生的过程，找出支撑暴力行为的种种观念、与暴力有关的不良行为习惯。

（1）心理咨询或心理治疗。根据暴力型罪犯的心理问题类型及严重程度，选择适合的方式，对罪犯进行心理咨询或治疗时，需要专业的心理工作者帮助罪犯分析容易诱发暴力的因素，学会应付挫折的具体方法；发现自我意识存在缺陷时，学会科学、客观地认识自我；当出现消极情绪时，学会积极地自我调节；消除或改善心理障碍，避免心理障碍引发的暴力行为。

心理咨询或心理治疗分为个体和团体两种方式，对于监狱管理工作，团体的方式更高效，更经济。例如，对暴力型罪犯在调节自我情绪、人际交往、减压等方面效果显著。

（2）行为训练与干预。许多暴力型罪犯的犯罪行为的发生，与他们缺乏有关的社会技能有联系，对于这样的罪犯，应当进行社会技能训练。这类社会技能训练的内容包括如下方面。

①人际交往技能训练。一些暴力罪犯行为的发生，是暴力型罪犯与别人之间产生的人际冲突引起的，因此需要训练他们的人际交往技能，使他们掌握建立和维护良好的人际关系的技能，能更好地与别人相处，从而避免人际冲突和暴力行为的发生。同时，一些暴力罪犯行为是在经受不住朋友的请求、激怒等情况下发生的，对于这类罪犯，也应当进行如何处理朋友关系、如何摆脱朋友的不合理要求等方面的训练。研究发现，团体心理辅导可以很好地帮助人们进行人际交往技能的训练。监狱人民警察可以组织一系列的心理辅导活动，以提高暴力型罪犯的人际交往能力。

②放松训练。暴力行为的发生，往往伴随着明显的身体紧张和情绪激动，在很多情况下，这种紧张和激动对暴力行为的发生起助长和推动作用。因此，

训练暴力型罪犯掌握放松自己身体和情绪的技能，可以有效地防止愤怒情绪的增强和暴力行为的发生。放松训练可以采取音乐放松，骨骼肌肉放松等，同时可以加入冥想等想象训练，以提高罪犯的自我放松技能水平。

③宣泄训练。暴力行为通常是在愤怒、紧张、焦虑等消极情绪的推动下发生的，是个人直接使用暴力手段发泄这些情绪的结果。因此，对暴力型罪犯进行心理矫正时，可以对他们进行宣泄消极情绪的训练，引导、训练暴力型罪犯以言语性的、非体力的、建设性的方式宣泄消极情绪。例如，通过各种体育运动、对模拟人进行暴力行为、大声吼叫、找人倾诉、书写日记等方式宣泄消极情绪。

④情境适应训练。大量的暴力犯罪行为是在不利情境中发生的，是个人受到情境中的消极情绪感染、剧烈的人际互动和无意识地进行模仿的结果。例如，群体事件中出现的“打群架”现象。因此，对这样的罪犯，要进行恰当适应特定情境的训练，让他们知道如何在不利情境中保持个人的独立性、判断力和责任感，如何摆脱情境的诱惑和暗示，遇到不利情境应当迅速离开等技能。因此，通过模拟情境，表演“心理剧”的方式让罪犯进行角色扮演的情境适应训练是进行心理矫正的方法之一。

矫正方案的实施，需要根据具体的问题，设置具体的完成时间。矫正工作可以通过了解参与罪犯价值观念变化、行为表现以及整体适应能力来评估各阶段及整体的矫正效果。在效果评估中，可以选择使用自陈法、测验法和综合评估法。

二、财产型罪犯心理识别与矫正

（一）财产型犯罪心理识别

财产型罪犯是指以获取财物为目的而实施犯罪行为的罪犯，主要包括因实施盗窃、抢劫、诈骗、贪污、受贿、绑架勒索等犯罪行为而被判刑入狱的罪犯。其中，抢劫、绑架勒索犯按犯罪目的属于财产型罪犯，按其犯罪手段则属于暴力型罪犯，因此他们往往同时具有两种类型罪犯的心理。

财产型罪犯的主要心理特征如下。

1. 物质需要强烈

财产型罪犯的犯罪与其物质需要强烈有关，他们被判刑入狱后，其强烈的物质需要并不会消失，仍然会表现出强烈的物质占有欲，并可能由此而导致他们旧病复发，产生狱内重新犯罪行为。他们对物质有强烈的需求，其原因是多方面的，追求享乐，爱慕虚荣都是他们犯罪的主要动机，有些罪犯因扭曲的社会认知形成补偿和报复心理。

贪图享乐是财产型犯罪的主要犯罪动机之一。研究表明，该类型犯罪大多不是因为生活困难，而是为了享乐而犯罪。他们都是为了自我的私欲而盗窃和抢劫，即使在服刑期间，他们对享乐的欲望仍比其他类型罪犯更为强烈。他们图吃喝，要舒服，讲功利，并由此形成独特的行为表现。该罪犯在入狱前，养成了贪欲无度、好吃懒做的恶习，到监狱后一时难以矫正，他们吃不惯大锅饭，过不了艰苦的生活，因而动足脑筋、想尽办法减轻刑罚执行造成的痛苦。例如，有些罪犯为了获得监狱民警的信任，专门投其所好，较少公开对抗，或者通过送衣、供食等小恩小惠的形式笼络、控制其他犯人，为自己所用。

有些财产型罪犯具有较强的虚荣心，他们追求物质利益，不单是为了自己享用，更重要的是为了满足自己的虚荣心，希望获得他人的注意与羡慕，甚至为讲排场、要“面子”和所谓的“自尊”，攀比摆阔。

当前社会经济的发展在改善人们物质生活条件的同时导致了贫富差距的拉大。在社会生活中出现的分配不公、非法致富等现象，会让一些人产生挫败感。面对挫折，大多数人能运用正确的方式予以克服，但也有一些人格存在明显缺陷的人，采用非法占有财物的方式应对挫折，以此来补偿因寻求合法致富导致的失败。如果说由挫折引起的补偿心理是一些财产型罪犯犯罪的原因，那么“狱内损失，狱外补”的补偿心理也是其难以改造并重新犯罪的重要原因之一。与挫败感不同，因出身环境、身体残疾、疾病或缺乏劳动技能等原因而处于绝对贫困的人，感受到更多的是社会的不公和冷漠。此类人实施财产型犯罪，除满足自身需要外，还伴有对社会不公的报复心理，如因“仇富心理”而实施的犯罪行为。

2. 思想表现相对隐蔽

大多数财产型罪犯都有一定的社会经验，善于克制自己的情绪和思想，很少会感情冲动，不轻易吐露自己内心的真实想法。他们对监狱人民警察“唯命是从”，即使有不满也很少公开对抗。在接受教育改造方面，他们善于做表面文章，但内心却仍然坚持原来的观点。

3. 意志力薄弱

财产型罪犯抵制金钱诱惑的意志力较为薄弱，容易受到外部消极因素的影响。如盗窃、诈骗、挪用公司财务等罪犯，就是因为他们不能控制对金钱的贪欲，由小到大，最终沦为罪犯。尤其是青少年群体，他们的认知有限，有时受到犯罪团伙的引诱和教唆，加之自我意志薄弱，不能抗拒诱惑而走上犯罪的道路。还有一些刑满释放的人员，经过改造，本已决心重新做人，但因意志薄弱，在利益的引诱下重新犯罪。

4. 行为习惯恶性大

习惯是影响个体行为的重要因素，财产型罪犯中有不少人就是因在社会化过程中形成的不良习惯而导致犯罪入狱的，如由最初的贪小便宜、小偷小摸逐渐发展成有便宜不占就难受、有机会不偷就不甘心的犯罪恶习，有的甚至发展成“癖”。具有较长犯罪经历的财产型罪犯，由于形成了犯罪“习癖化”或动力定型，其犯罪恶性大，在服刑期间遇到外界诱惑极易旧病复发，其改造难度较大。

（二）财产型犯罪的矫正

1. 矫正的目标

财产型罪犯以盗窃犯和诈骗犯居多，对其心理进行矫正可以分为三个阶段：扭转错误的认知观念，矫正恶劣的行为习惯及培养良好的个性品质。

（1）扭转错误的认知观念涉及认识犯罪对个人及社会的危害；明白个人的错误认知，如贪图享乐、爱慕虚荣、盲目攀比等病态心理；认识致富手段的多样性以及犯罪致富的危害性；能客观、正确地看待在市场经济发展过程中出现的不良社会现象。

（2）矫正恶劣的行为习惯包括认识恶劣行为习惯的表现和危害；学习对恶劣行为习惯的意识和控制；学习分散或转移对他人财物的注意。

（3）培养良好的个性品质包括培养罪犯形成诚实、善良、乐观、自信、乐于助人、意志力坚定、抗压能力强、热情、开朗等。

2. 矫正的重点

对财产型罪犯的矫正重点主要包括三个方面。

（1）抑制膨胀的物质需要。财产型罪犯往往对金钱和物质具有强烈的、超乎寻常的欲望需求。正是他们这种对物质强烈的占有欲，才让他们不顾法律和道德的制约，做出违法犯罪的行为。造成这些现象的主要原因是个人的贪婪、盲目攀比、追求享乐的虚荣心在作怪。因此，抑制罪犯对物质的畸形需求是主要的矫正工作。

（2）矫正扭曲的社会认知。在社会经济体制转轨过程中，出现了一些靠钻法律和政策的空子、坑蒙拐骗、侵吞国有资产等通过非法途径致富的一部分人。他们把犯罪作为谋生和致富的手段，只看到个人的利益，不关心行为背后的代价。只看到社会中出现的不公平现象，不了解现象背后的原因。只有矫正其错误的社会认知，增加其法律意识和水平，才能从根本上遏制该犯罪行为的出现。

（3）克服恶劣的行为习惯。财产型罪犯尤其是盗窃犯和诈骗犯大多是惯犯和累犯，由于有多次作案经验，当面对外部诱惑时，缺乏自我控制能力，并对作案抱有侥幸心理，形成了恶劣的行为习惯。因此，克服恶劣的行为习惯对矫正财产型罪犯有重要的作用。

3. 矫正的措施

对财产型罪犯的矫正要根据矫正对象的特点，犯罪原因等，选用适合的矫正方案。任何犯罪都是在一定心理态度的支配下实施的，因此对财产型罪犯进行心理矫正是十分必要的，具体方法如下。

（1）认知疗法。认知疗法是指通过改变思维和行为的方法来改变不良认知，达到消除不良情绪和行为的短程的心理治疗方法。认知心理学家认为，犯罪行为的产生是由于道德水平的低下以及由于这种道德水平所引起的认知偏差造成的，当个人的道德水平较低时，个人就不能正确地认知和评价社会生活中的事物，从而引起适应不良和违法犯罪行为。由于犯罪心理在某种意义上被看成一种社会适应不良的思想表现，因此认知疗法在罪犯心理矫正中被大量应用。认知疗法的观点认为错误的认知和观念是导致情绪和行为问题的根源。因此，矫正的根本目标就是要发现并纠正罪犯错误的观念及其赖以形成的认知过程，使之改变到正确的认知方式上来。对财产型罪犯的心理矫正，可以先让其对自我的犯罪行为进行深入的分析，让罪犯认识到犯罪对个人及社会的危害；明白个人的一些错误认知，如贪图享乐、爱慕虚荣、盲目攀比、梦想一夜暴富等病态心理；认识致富手段的多样性以及犯罪致富的危害性；在市场经济发展中出现一些不良现象时能客观、正确地看待。

部分财产型罪犯文化水平低下，有时不能很快认识到自身的不良认知，因此提高罪犯自身的文化水平和综合素质，就显得更为重要。一些监狱开始培养罪犯学习文化知识的习惯，让其从被动教育变为主动的自我教育。例如，2011年7月初，某监狱开始在全体服刑人员中推行《明理励志读写本》，服刑人员每天需要读写的内容包括“一日一示、一日一读、一日一得、一日一悟”。《明理励志读写本》作为罪犯自我教育的一种教育手段和载体，其内容涵盖了道德教育、普法教育以及心理健康等多项内容。在二监区的郭某曾是一个自视甚高的“另类”。在2009年，他因合同诈骗罪被判处无期徒刑，开始他对监区办的《日新报》上的文章经常嗤之以鼻，后来他却成了《日新报》的写手。郭某说是《明理励志读写本》改变了他。某天，当他翻看到一篇名为“责任是一面镜子”的文章时，他在读写本上写下：“责任心是男人的魅力所在，看来之前我不够男人。改变，在当下。”有学者说“自我教育是最高意义上的教育”，很多监狱长期开展中华传统美德教育，并定期举办讲座，一些服刑人员已经将《三字经》《千字文》《弟子规》等经典文集烂熟于心，这对罪犯的心理矫正起到巨大的帮助作用。

（2）行为疗法。行为疗法源于行为主义理论，强调通过对环境的控制来改变人的行为表现，其理论的代表人物是华生、斯金纳和班杜拉。行为疗法是直接以人的失常行为为治疗对象，通过对个体反复训练，达到矫正适应不良行为的一类心理治疗。行为疗法的经典技术是行为强化法，也是操作性条件反射的基本原理。它能促使个体特定行为的发生，或提高反应发生的概率。当罪犯表现出良好行为时，就给予肯定性的评价和奖励，使自发行为被强化为经常地自觉行为。当罪犯表现出不良行为时，就给予否定性的评价和惩罚，使这种行为受到阻抑，变为间断性的偶发行为进而逐渐消退。

对财产型罪犯，尤其是多次盗窃的罪犯，改变其恶劣的行为习惯，可以采用行为强化的方法。如监狱人民警察可以提前设置一定的诱惑刺激，观察罪犯对刺激物的反应，如果能控制自我对金钱等刺激物的占有，要给予表扬，如果不能则要给予一定的惩罚。

为了培养良好的个性品质，可以进行有目的性的干预训练，如自信心训练、抗挫折能力训练等。总之，对不同的财产型罪犯进行心理矫正时，先要分析其犯罪原因，根据具体问题进行具体分析，选择合适的矫正方法。

三、毒品型犯罪心理识别与矫正

（一）毒品型犯罪心理的识别

1. 毒品型罪犯心理

毒品是指非医疗、科研、教学需要而被滥用的有依赖性的药物，是社会生活及法律领域中特指的那些对人体有毒害作用的成瘾药物，包括吗啡类（如鸦片、吗啡、海洛因等）、可卡因类、致幻剂、苯丙胺类（如苯丙胺、冰毒、摇头丸）、大麻、卡塔叶及制剂以及国务院规定管制的其他能使人形成瘾癖的麻醉药品、精神药品等。从社会心理学及临床医学的角度来看，新型毒品（主要指以苯丙胺类为主的合成精神毒品，主要有冰毒、摇头丸、K 粉等）对于吸毒者的生理、心理和正常的社会生活产生极大的危害，不仅严重摧残吸毒者的身心健康，还严重危害社会健康。

毒品型罪犯是指实施与毒品有关的犯罪行为的罪犯。在我国，涉毒犯罪是指与毒品有关的一系列犯罪的总称，具体是指违反国家有关毒品管理法规、非法走私、贩卖、运输、制毒、持有、吸食毒品以及非法种植毒品原植物等破坏国家禁毒活动、妨害社会管理秩序、危害公民身体健康、依法应受处罚的行为。

一般而言，毒品使用者进行犯罪的最常见的原因有两种：一是维持毒瘾。当个人多次使用一些毒品后，会产生毒瘾，如果产生毒瘾的人停止使用毒品，就会引起戒断症状，使个人产生难以忍受的痛苦体验，因此为了追求快感和维持毒瘾，就会进行一系列财产犯罪以购买毒品。二是由于使用毒品产生的幻觉、妄想等异常精神状态的作用。当个人使用毒品后，就会产生欣快、躁狂、幻觉、妄想、冲动等心理状态，因而产生犯罪活动。

2. 毒品型罪犯的狱内心理特征

毒品型罪犯与其他罪犯相比，具有自己的独特性，例如：生活技能差，文化程度低，好吃懒做，生活懒散，缺乏意志力。由于涉毒罪犯大部分自己也吸食毒品，因此身体健康及性能力普遍较差，据调查，涉毒罪犯中有传染病的比例要较其他类型罪犯高。毒品型罪犯在服刑期间主要表现出以下典型的心理特征。

（1）认罪但不悔罪。毒品型罪犯都能认罪服判，但大多认罪不深，悔罪感不强。据某监狱的调查表明，错误的认知是造成毒品型罪犯认罪不深、悔罪感不强的思想原因。其错误认知主要表现如下：①认为毒品犯罪是“经济问题”，是“做生意”，“无非是想得点钱”，政治上没反对党和政府，是“拿钱买牢坐”。②虽然承认是犯罪，但是借口“人多地少，生活困难”“为了养家糊口”或说毒钱“干净”，不是偷抢的“赃钱”。③认为走私贩毒，闯荡江湖，动辄筹资成千上万元，是“凭本事吃饭”。④某些曾获取过暴利的罪犯，经济上占了便宜，甚至浮财、底财尚存，认为“坐几年牢没有什么了不起”。⑤因使用隐蔽力量破获的案件中被判刑的罪犯，心存不满，狡辩翻案。

（2）善于伪装。毒品型罪犯一般社会经历复杂，犯罪过程极为隐蔽，这使他们善于察言观色，不轻易暴露自己的真实想法，显得圆滑、深沉和狡诈。在日常改造中，爱耍两面派，表面上谨慎，唯监狱警察是从，没有过分的出格行为，也从不惹是生非，背地里却喜欢在同犯中散布反改造言论，搬弄是非，甚至故意破坏监管改造秩序。他们的功利意识较强，信奉“苦干不如巧干，巧干不如围着监狱警察转”，因而为了自身利益，主动投监狱警察所好，以博得信任。此外，他们中的有些人为了逃避劳动改造，利用自己身体素质差的弱点，故意装出一副虚弱的可怜相，既可以逃避劳动，又可能争取到保外就医的机会。

（3）人生观扭曲，个性存在缺陷。毒品型罪犯的人生观主要表现为推崇金钱至上，追求及时行乐，奉行一切为己。在这种扭曲的人生观的支配下，毒品型罪犯在服刑期间仍然享乐思想严重，不仅不悔罪，还伪装积极改造骗取减刑，以便早日出狱，为了获取更多的钱财继续进行毒品犯罪活动。他们的道德观念低，欠缺廉耻心，善于掩饰，并且容易撒谎，阴险狡猾，疑心重，善用心计，不在乎他人的感受，以自我为中心。他们普遍情绪不稳定，认为世界是沉闷的、缺乏刺激的、没有希望的。

（4）纠合心理较强。毒品犯罪中团伙犯罪居多，因此毒品型罪犯入狱后，其好结团伙的特点仍有所表现。他们往往以地域、民族、风俗等因素纠合在一起，逐步组成以毒品犯为主的罪犯非正式群体，并形成一定的利益范围。如果遇到其他罪犯损害其团伙利益就会合伙进行报复。有的甚至有意妨碍监狱民警的正常管理，以“尊重少数民族特有的风俗”为由相抵触，对监管改造安全构成潜在的威胁。

3. 毒品成瘾者心理的特征

由于毒品型罪犯多数也存在自我吸食毒品的现象，或者因为吸食毒品，才走上违法犯罪的道路，因此对毒品成瘾者的心理识别也是研究的一个重点内容。

毒品成瘾者在吸毒的不同时期存在不同的心理特征。在吸毒初期，人们对吸毒的动机各有不同。有人是由于追求刺激，对毒品盲目好奇，对毒品体验产生强烈的尝试愿望。尤其是青少年群体，他们缺乏鉴别和思考的能力，认为吸毒就是时髦、新潮的玩法，从而导致随波逐流，盲目从众。有人是因为存在不同程度的情感障碍，不能承受挫折。面对现实生活中的种种失意，不能以积极的心态对待和处理，而是用毒品来麻醉自己，以逃避现实困境，寻求暂时的解脱。也有人是意志力薄弱，抵制不住他人的再生劝说和诱惑，为追求“至极的快乐”，从而染上毒品。在吸毒中期，吸毒者存在矛盾和侥幸的心理。此时，他们也想摆脱毒品，但经不起诱惑，逐步沉溺不能自拔。他们明知不能再走下去，但无力战胜身心的依赖，存有“再吸一次就不吸了”的侥幸心理，总要想方设法再次寻求毒品，从而使毒瘾恶性发展。在吸毒晚期，他们在心理上形成了对毒品的强烈依赖，人格发生变异，意志薄弱，自制力极差，自暴自弃，心灰意冷，脾气暴躁，适应环境和耐挫折能力差，难以维持正常的人际交往，回避矛盾，逃避现实。到此阶段的吸毒者即使经过强制戒毒，一旦回归社会很容易旧病复发，复吸率很高。

毒品，一个令人望而生畏的字眼，但有很多人为它跃跃欲试并欲罢不能，调查显示，吸毒者呈逐年上升趋势。毒品成瘾者之间存在共同的特点，如文化水平普遍偏低，一般没有固定的工作，家庭环境不和谐，在童年期缺乏父母长辈的关心和监管，从小缺乏安全感，难以对他人产生信任，自尊水平较低，具有冲动性人格障碍。行事风格比较喜欢遵从省力原则，面对毒品时的自我控制能力差。一旦染上毒品，毒瘾会进一步摧残吸毒者的精神状态，最终使其堕落，人格在诸方面表现异常。

（二）毒品型犯罪心理的矫正

戒毒的成功率低有很多原因，其中包括毒品本身的易成瘾性，吸毒者的个人素质、生活环境、人格特征及生活中的严重问题等。对毒品成瘾者的矫正不仅包括戒除生理毒瘾还包括心理的毒瘾，生理依赖可以在短时间内通过药物得以解决，但吸毒者对于毒品的心理依赖会存在很长时间，这是吸毒者难以摆脱毒品的最主要原因之一。因此，对毒品成瘾者的心理矫正就更显得尤为重要。常用的心理矫正方法具体如下。

1. 现实疗法

现实疗法是国外治疗海洛因成瘾应用比较广泛的一种心理治疗。由美国精神病学家威廉·格拉塞于 19 世纪 60 年代所创立，属于认知行为的治疗，目前在美国精神病院、犯罪矫正机构及少年矫正部门中应用广泛。

它的治疗原理是依赖人的理智和逻辑能力，以问题为中心，以现实合理的途径求得问题的解决；它注意思维和行为，较少直接针对情感和情绪。它强调现在和将来，而不纠缠于过去，重视“怎么办”而不是“为什么”；它反对以医学或“疾病”的模式来看待人的心理困难，强调人的自主自立，自己要对自己的行为负责。

现实疗法的治疗目标是帮助戒毒者认清什么是他们真正需要的，认清自己为什么需要这些；辅助他们对自己当前的所作所为进行分析评价，看看现有行为是否有益、有效、负责；协助他们选择负责任的行为，制定建设性的行动方案，以便做出改变，达到对自己生活的有效控制。因此，负责任的行为是现实治疗的核心目标。对戒毒者而言，要引导他们学习承担个人责任及做自我价值判断，积极面对现实问题，从错误中吸取教训，走向独立自主。

2. 行为疗法——代币法

代币法是一种利用强化原理促进更多适应性行为出现的方法，即用象征钱币、奖状、奖品等标记物为奖励手段来强化良好行为的一种行为治疗方法。例如，当戒毒者出现某种预期的良好表现时，立即给予奖励，使该行为得以强化。而当戒毒者出现不好行为时，则可扣回奖励。这里的代币实际上是一种可以在某一范围内兑换为物品的券，可以是钱币、小红旗、有分值的小卡片等。矫正者用代币作为奖励，强化戒毒者的期待行为，然后他们可以用获得的代币换取自己喜欢的东西。要注意将代币与戒毒者感兴趣并想得到的东西联系起来，并建立一定的代币兑换规则。通过不断强化而逐渐固定下来，成为人的习惯，从而帮助戒毒者养成良好的行为与生活方式。

运用代币制法的一般步骤包括：①确定要矫正的目标行为。该目标行为必须是具体可见的。②制定行为评分标准和等级。告知戒毒者哪些行为可得分或受到代币奖励，哪些行为将被扣分或扣除代币。规定好奖励的数量、时间和方式。③确定基线，了解代币制开始前的行为水平，并为治疗过程中的评估提供比较数据。④选择支持强化物，即选择代币的用途，用代币可以兑换哪些物品，如食物、生活用品等，可以通过询问戒毒者本人和其他调查方式来确定，如将代币制应用在有多名戒毒者组成的团体中，要注意选择的支持强化物对大家都有吸引力。⑤选择代币的类型。一般要求代币有吸引力，轻便耐用，不易伪造。⑥选择能帮助实施管制的人员来协助治疗者管理代币的制作、保管、发放和兑换工作。⑦决定具体的实施程序，主要有设计适当的数据表，定好记录的人员、时间和方式；决定强化（发给代币）的人员、方式和目标行为；确定每个戒毒者每天每个行为能获得代币的数量；建立兑换支持强化物的规则，确定每种支持强化物的代币值；规定惩罚的具体办法和标准；明确工作人员的职责；对潜在的问题列出计划。⑧计划使戒毒者脱离代币管制，在自然环境中维持治疗的效果。

3. 厌恶疗法

厌恶疗法是一种通过惩罚手段抑制或消除患者不良行为的治疗方法。其做法为通过附加某种刺激的方法，使戒毒者在进行不适行为的同时产生令人厌恶的心理或生理反应。如此反复实施，结果使不适行为与厌恶反应建立了条件联系。以后虽然取消了附加刺激，但是只要患者进行这种不适行为，厌恶体验照旧产生。为了避免厌恶体验，戒毒者不得不中止或放弃原有的不适行为。厌恶疗法首先要确定目标行为，并且目标行为只能选择一个最主要的或者是迫切摒除的不良行为。其次要选择厌恶刺激。厌恶刺激必须是强烈的，使其产生的不快要远远压倒于原有的种种快感，才有可能取而代之。常用的厌恶刺激为电刺激、药物刺激和想象刺激。最后要尽快把握时机施加厌恶刺激，必须将厌恶体验与不适行为紧密联系起来。需要注意的是如果采用厌恶疗法，需要让戒毒者签署知情同意书，并确保厌恶刺激是无害的和安全的。对于戒毒者可以采用电击厌恶、药物厌恶和想象厌恶。

（1）电击厌恶。每当吸毒者见到毒品或毒品图片而产生快感体验和吸食冲动时，就立即给予电击，令其产生痛苦体验。开始时每有一次冲动便给一次电击，反复几次后可视情况降低电击次数。对于注射吸毒者，可在针尖上接上电刺激仪，当其注射时立即给予电刺激，产生痛苦体验。

（2）药物厌恶。服用催吐药物，在药性即将发作时吸食毒品，产生呕吐反应或先注射肌肉麻醉剂，再注射海洛因，二者在体内同时发生作用，去除了往常的快感。或在吸食的毒品内掺入有恶臭或其他难闻气味的化学药品（如氨水），使在吸食毒品时感到厌恶和恶心。

（3）想象厌恶。加强意象训练，利用图片、幻灯片演示和讲解由于吸毒而导致的自杀、中毒死亡、艾滋病感染的病例，由于吸毒导致的家庭悲剧，身体器官受损的实际情形及其他种种令人作呕的反应，让戒毒者在头脑中反复想象吸毒的这些不良后果，从而产生恐惧和厌恶心理。

4. 干预训练

（1）放松训练。通过放松训练的方法可以帮助戒毒者降低情绪的紧张程度。放松训练有多种形式，常用的有骨骼肌肉放松，音乐放松，想象放松等。

（2）情绪调节训练。利用训练软件让戒毒者进行情绪调节练习，并监控其脉搏和心率变化，强化其正确的情绪调节方法。通过控制生理指标变化提升情绪调节能力。

（3）运动训练。根据戒毒者的心肺功能指标和身体健康状况，制定静、动结合的运动训练，矫正人员将目标行为设定为适合的体育锻炼，对积极行为及时加以强化引导，帮助戒毒者强化科学健身意识，促进身体恢复。

总之，对毒品成瘾者的矫正不仅需要生理和心理的矫正，还需要毒品成瘾者社会支持系统的作用，需要家人和朋友的支持和配合，共同帮助和督促毒品成瘾者的戒毒工作。

第六章　犯罪心理矫正的体系与实施

第一节　犯罪心理矫正的运作体系

罪犯心理矫正运作体系的建立，一方面要依据现代心理学的有关原理，另一方面要反映我国罪犯改造工作的实际情况和现实需要，本着既有科学性、逻辑性，又便于实际操作的原则去进行。罪犯心理矫正的运作体系包括内容体系和工作体系两部分，下面分别进行阐述。

一、罪犯心理矫正的内容体系

（一）罪犯心理健康教育

对罪犯进行心理健康教育，是罪犯心理矫正的基础工作之一，它通过向罪犯宣传心理学、心理卫生和心理健康方面的基本知识，让罪犯学会认识自己、剖析自己、接纳自己，从而自觉调整心理状态，积极面对服刑改造生活，提高罪犯自我教育和接受改造的自觉性。

监狱的罪犯心理健康教育是面向全体罪犯进行的，内容主要包括：心理学、心理健康基础知识教育；认知模式、积极情感、意志力和生活方式优化教育；人格健全教育；自我意识教育；人际和谐教育等。对不同服刑阶段和不同类型的罪犯，心理健康教育的内容应有所侧重。

罪犯心理健康教育多采取集体教育的方式，其具体方法应当从改造工作和罪犯的实际情况出发，灵活多样。常用的方法有正规的课堂教育；利用传播媒介（如广播、电视、黑板报、小报等）开展宣传教育；开展专题讲座；加强潜在课程建设；罪犯的自我教育等。

（二）罪犯心理评估

对罪犯进行心理评估，是心理矫正工作的前提和基础，它是评估者根据心理测验的结果，加上其他多方面的资料，对被评估的罪犯个体或群体的心理特性做出有意义的解释和科学的价值判断过程。通过评估，能获得罪犯较为真实、准确、深层次的信息，为进一步开展咨询、治疗和重新犯罪的预测、预防提供依据。

罪犯心理评估是面向全体罪犯进行的，大致可分为入监评估和矫正效果评估两个方面。入监评估就是对新入监罪犯的个性特征、社会心理方面的缺陷及其他心理问题进行诊断的过程。通过评估，建立罪犯心理档案，制订矫正计划，为进一步实施矫正打下基础。矫正效果评估又分为阶段性评估和后期评估，前者是对服刑一定阶段罪犯的矫正成效进行不定期的评价，为改进矫正计划提供依据；后者是对服刑后期即将出狱的罪犯进行综合性的心理评价，为重新犯罪的心理预测、预防及社会帮教提供依据。

罪犯心理评估是一项十分复杂的工作，评估方法也很多，既要对罪犯进行心理测验，又要进行行为观察、日常考核，还要对测验、观察、考核的结果进行综合分析与判断。建立一套中国式的罪犯心理评估系统，是需要我国从事罪犯心理矫正工作的专家学者和实务工作者努力探索的重大课题，目前这一课题已取得重大进展。

（三）罪犯心理咨询

罪犯心理咨询，就是运用心理学的知识和原理，帮助来访罪犯发现自己的问题及其根源，从而挖掘其自身潜在的能力，改变原有的认知结构和行为模式，以提高对改造生活的适应性和应付各种事件的能力，起到促进矫正的作用。

罪犯心理咨询的内容十分广泛，涉及罪犯在改造过程中因各种问题引起的心理困惑，如学习问题、交往问题、劳动问题、家庭问题、职业问题、适应问题、心理健康问题、回归社会问题等。罪犯心理咨询在形式上与社会一般意义的心理咨询相比，既有相同之处，又有自身的特殊性，必须考虑监狱特殊的环境条件和改造罪犯的特殊需要。目前，常采取的咨询形式主要有门诊咨询、团体咨询、电话咨询、书信咨询、现场咨询和宣传咨询等。

罪犯心理咨询虽然是罪犯心理矫正工作的组成部分，但是它对罪犯教育尤其是对罪犯的思想教育工作具有极大的促进作用，通过罪犯心理咨询，还可以及时发现罪犯群体中的消极因素和个别罪犯存在的心理危机，起到预防突发事件的作用。

（四）罪犯心理治疗

罪犯心理治疗，就是应用临床心理学和精神医学的理论和技术，由专业人员在与被治疗罪犯之间建立一种职业关系的基础上，通过语言、表情、文字、动作等媒介，消除或缓解罪犯的各种心理障碍和异常行为，促使罪犯恢复心理健康，重塑健全人格的过程。

罪犯心理治疗主要适用于那些适应不良的、患有各种心身疾病和形成不良癖好的罪犯，目的是帮助他们解除心理疾病、消除不良行为、增强自我控制和社会适应能力，重塑健全人格。

与心理咨询相比，心理治疗是一项专业性、技术性更强的工作，虽然它只适用于少数患有心理疾病的罪犯，但是它在整个罪犯心理矫正内容体系中的重要性和复杂性是不容忽视的。从目前我国监狱的实际情况看，由于人员和条件的限制，开展专业性的心理治疗还存在诸多困难和局限性，应积极争取社会机构的介入。

（五）罪犯心理预测和危机干预

罪犯心理预测，就是运用心理科学的原理与技术，依据有关资料，对罪犯个体或群体的心理发展变化过程、趋势及重新犯罪的可能性所做的科学估量和推断。通过心理预测，能随时把握罪犯心理发展变化的状态和方向，了解罪犯心理问题的性质和程度，通报罪犯重新违法犯罪的可能性，以便进行及时的预防或干预。

罪犯心理危机干预，是指在发现征兆与诊断预测的基础上所进行的心理诱导、危机调停和劝解等措施，以缓解心理冲突，平息焦虑，防止其演变为严重的精神疾病和防止突发事故。监狱中很多恶性案件都是由罪犯心理危机爆发而又未能及时发现、采取预防措施引起的，因此进行心理危机干预，对防止狱内事故的发生具有重要意义。

二、罪犯心理矫正的工作体系

开展罪犯心理矫正工作，必须建立完备的工作体系，以利于进行有效的决策、参谋、执行、监督、管理、反馈等，保证工作的有序运转。

根据我国监狱系统的实际情况，从现实与未来的角度综合考虑，笔者认为我国罪犯心理矫正的工作体系由以下几部分组成。

（一）成立全国罪犯心理矫正研究与指导中心

成立全国罪犯心理矫正研究与指导中心，需要由司法部统一安排，在司法系统的高等院校或研究机构，抽调专门的教学、研究人员组成，可适当吸收实际部门的业务骨干作为兼职研究人员。该中心的主要任务如下。

（1）开展罪犯心理矫正理论与技术方面重要课题的调查研究。

（2）开展对基层心理矫正专业人员的培训工作，特别是监狱系统心理咨询师的培训工作。

（3）做好基层心理矫正实践的技术指导工作。

（4）组织开展全国性的学术研讨和经验交流活动。

（二）省（市、自治区）成立罪犯心理矫正中心

该中心设在省（市、自治区）监狱管理局，由监狱管理局的有关领导、专家组成，可在国内、省内聘请心理学专家担任顾问。该中心的主要职能是对全省（市、自治区）各监狱的心理矫正工作提供理论和政策上的指导；制订省（市、自治区）罪犯心理矫正工作的计划；组织全省（市、自治区）范围内的业务培训、经验交流；组织和协调全省（市、自治区）的罪犯心理矫正工作，并有计划地举行学术研讨。

（三）监狱成立心理矫正室

心理矫正室是开展罪犯心理矫正工作的具体执行机构，一般应配备 3 ～ 5 名具有大专以上学历、有一定矫正工作经验、有较强的科研能力、热爱心理矫正工作的监狱警察。对他们要先经过专业培训，获得心理咨询员（师）资格后，方能上岗。罪犯心理矫正室的职责如下。

（1）制定符合本单位实际的心理矫正工作制度。

（2）根据省（市、自治区）罪犯心理矫正中心的总体安排，制订本单位的矫正工作计划。

（3）在本监狱范围内开展对罪犯的心理健康教育、心理评估、心理咨询与治疗、心理预测和心理危机干预等项工作。

（4）建立并不断完善全监狱罪犯的心理档案。

（5）对监区（分监区）从事心理矫正工作的辅导员进行业务培训和指导。

（6）对罪犯心理自助组的成员（罪犯）进行集中培训与管理。

（7）协调各监区（分监区）之间的业务关系，组织经验交流。

（8）定期举办本监狱范围内的心理矫正理论研讨会。

（9）对疑难个案进行集体会诊，研究矫正措施。

（10）对本监狱心理矫正工作的成效及经验教训及时进行总结，定期向省罪犯心理矫正中心汇报。

（四）监区（分监区）成立罪犯心理矫正辅导站

心理矫正辅导站要配备 1 ～ 2 名经过专门培训的监狱人民警察作辅导员，其职责主要包括以下几个方面。

（1）向罪犯进行经常性的宣传教育，鼓励罪犯去接受心理帮助。

（2）协助心理矫正室对罪犯进行心理评估和心理健康教育，提出对罪犯心理档案的修改和补充意见。

（3）深入罪犯群体之中，及时发现罪犯中的心理异常者，并与心理矫正室取得联系。

（4）为监狱心理矫正室提供有关罪犯各方面的信息资料。

（五）在罪犯中成立心理自助组

心理自助组，是在罪犯自觉自愿的前提下，经监狱心理矫正室审查后批准成立的。成员一般由 3 名以上身心健康、具有初中以上文化程度、表现较好的罪犯组成。主要任务如下。

（1）利用业余时间组织、辅导罪犯学习心理学知识。

（2）收集罪犯对心理矫正工作的体会、意见和要求。

（3）对重点矫正对象进行照顾与帮助。

（4）协助监狱心理矫正室和辅导站做好心理矫正方面的其他工作。

以上五个部分构成了一个具有一定层次和特定结构的功能系统。只有各个部分的功能都得到正常展现，上下一贯，紧密配合，才能做到有序运转，系统的总体功能才能得到最好的发挥。

第二节　犯罪心理矫正的运作模式

所谓模式，是指某种事物的标准形式或使人可以照着做的标准样式。模式是某种事物发展到一定阶段的成熟化产物，一旦形成就对事物的发展起着规定、约束和规范的作用。我国监狱的罪犯心理矫正工作至今只经历了十几年的时间，与“三大改造手段”相比尚属于新生事物，尚未形成一套成熟的模式。但通过对目前心理矫正工作做得比较好的监狱进行调查研究，也凸现出一些矫正模式的端倪，现归纳总结如下。

一、发展模式：健康导向、平等关系、着眼发展、重视潜力

发展模式是以健康心理为导向，帮助罪犯挖掘心理潜力，注重提高罪犯自我认识和生活质量的矫正模式。发展模式不将罪犯的很多心理问题看作疾病而看作正常发展状态的偏差或偏离，将罪犯的一些适应性问题，比如妻子提出离婚感到烦恼和痛苦、与他犯的人际矛盾、对劳动和狱内生活的不适应等，看作罪犯与其特殊身份和特殊环境相互作用的正常反应。因此，发展模式不将罪犯当作病人看待，而是信任他们，充分挖掘他们战胜自身心理问题的潜力、能量和资源，帮助他们战胜自己。

在发展模式的运作中，心理矫正专业人员因持发展的、健康的观点认识和对待罪犯，因此更容易以平等的身份与罪犯建立良好的咨访关系，非常注重尊重罪犯的人格，倾听他的倾诉；心理矫正工作者虽然也有诊断意识，但是绝不会随意给罪犯贴上一个“某某疾病”的标签，从而给罪犯造成人为的负担；矫正工作者虽然也给罪犯以适当的指导和解释，但是注重将这种指导和解释建立在充分倾听、与罪犯讨论以及罪犯能领悟的基础上，而绝不会将自己装扮成一个专家、医生或教师、父母，强行向罪犯灌输自己的理论、看法和价值观念；在发展模式中，矫正工作者注重发挥罪犯的主体和主角作用，并为罪犯发挥这种作用搭建舞台、创造环境、设置条件，而不是自己当演员、主角，将罪犯当观众、配角，矫正工作者占据咨询和治疗的大部分时间，罪犯只有听的份而没有倾诉的机会和时间。

发展模式的矫正效果着眼于罪犯偏离的回归、心理免疫力的增加和自我人格的成长，着眼于以后罪犯运用较高的自我尊重、客观的自我认识和良好的心态为人处世、生活工作。

因此，发展模式的运作方式如下：普及心理健康知识 — 增加罪犯自我认识能力并产生寻求帮助的自觉性 — 发展性心理咨询 — 使罪犯提高自尊、自信，获得人格成长。这个运作方式体现了对罪犯人格的充分尊重，如不会轻易说罪犯有“病”、不会认为罪犯“有病”而强迫他进行咨询，不会让罪犯感觉到因心理上的问题而低人一等。

二、医疗模式：病理导向、医患关系、着眼疾病、重视技术使用

医疗模式是指以病理心理为导向，矫正专业人员作为医生和专家的角色，把罪犯视为病人，注重对病人心理疾病的诊断和分析，在此基础上制定和实施治疗方案，直到病人病情有所好转或痊愈的过程。

医疗模式与发展模式的重大区别突出地表现在治疗师和来访罪犯的关系上，发展模式中心理咨询员或治疗师与来访罪犯的关系是平等、友好、尊重的关系，而在医疗模式中，医生与病犯在权利拥有上是不平等的关系，医生是主动的、主事的，甚至是主宰的，诊断和各项医疗措施完全由医生做主，不需要与病犯商量；而病犯则相对处于被动的、相对无助的状态。在医疗模式中，医生也给病犯提出建议，但这种建议是命令或嘱咐，病犯要执行医生的嘱托，无条件地服从医生的决定。

一般来讲，精神科医生大多遵循医疗模式，心理咨询员大多遵循发展模式，但由于国内咨询员的培训教程和培训师资大多倾向于医疗模式，持病理学导向，因此即便是非精神科出身的监狱心理咨询员也经常不自觉地遵循医疗模式，不自觉地将来访罪犯当作病人，自己则作为心理医生的角色，在诊断、咨询和解释的过程中，比较喜欢用“症状”“病因”等医学用语。

罪犯心理矫正医疗模式的运作方式与医治一般躯体疾病的运作方式是相似的，基本过程是病犯主动求医或被劝导求医 — 症状分析与诊断 — 主要由治疗者拟定治疗方案 — 进行治疗。

在医疗模式中，也存在互相参与型的方式，医生与来访罪犯共同参与对心理疾病的治疗，医生是参谋，与病犯商量共同做出决定或提供咨询意见，让病犯自己帮助自己，双方权利平等，尤其是适合在智力、学历、年龄和生活经验等方面都与医生相似、希望自己了解病情并参与治疗的罪犯。如果医生受过心理治疗的良好训练，具备体察和通情的能力，即使采用医疗模式，也能实现对病犯人格的尊重和积极的倾听。

三、改造模式：思想导向、教导关系、着眼安全、重视探测不良思想

改造模式是目前监狱心理矫正中的常见模式，它将心理咨询、法制教育、思想教育融为一体，属于广义的心理矫正范畴，主要由监区指导员和从事教育改造工作的人员来完成。在实际工作中，没有完成从警察到心理咨询员角色转换的心理矫正从业人员一般也遵循改造模式。心理矫正的改造模式以心理辅导和思想教育为主导，以咨询、谈话、教导为主要方式，与罪犯谈话或进行心理

咨询的目的，主要在于摸清罪犯的心理状况和思想脉搏，以便有针对性地对其进行矫正和改造，从而达到维护狱内安全、提高改造质量的最终目的。最近几年，监狱押犯构成的不断变化，现在押犯监管改造难度的增加以及对改造质量要求的不断提高，促使不少监狱人民警察学习心理学和心理矫正知识，客观上促进了这一模式的形成、发展和普及。

心理矫正的改造模式将心理矫正视为监管改造的手段和工具，从监狱和警察的出发点以及所取得的成绩看，应该说收效很大。但是，如前所述，心理矫正与思想教育在性质、理论基础、双方关系、操作方法以及具体目标等方面都截然不同，在个性、情绪方面的障碍与思想和意识形态方面的东西属于不同的领域，这一点已形成共识。改造模式将这两种性质不同的事物掺杂在一起，因而很容易在一定程度上限制罪犯心理矫正这一新生事物的专业化发展。

在我国监狱罪犯心理矫正工作的初创时期，在心理学专业人员缺乏的情况下，采用这种改造模式应该说是一种现实的选择，它既能调动监狱人民警察自觉运用心理学知识改造罪犯的积极性，又能发挥我国监狱对罪犯进行思想改造的优势，使教育改造工作出现新的突破。但是，既然是进行心理矫正，就不能把它完全与思想教育混同，必须遵循心理学的原则和方法。这一点，还需要实际工作者在实践中细细体会，逐步探索。

四、全员训导模式：心理决定导向、训导关系、着眼全员参与、重视传统经验和日常训练

所谓全员训导模式，是指全体监狱人民警察投身罪犯心理矫正改革，着眼于对罪犯的心理训练和发展指导，要求监狱人民警察全员提高改造工作的心理策略水平，在罪犯服刑期间和所有改造场合，全面负起对罪犯全员的心理训导责任，科学地将心理训练和发展指导活动融入日常的改造工作中来，这种模式被提出者认为是我国罪犯心理矫正改革的最终目标，模式的提出主要出于目前心理矫正工作的局限性：第一是少数监狱人民警察矫正少数罪犯；第二是心理辅导局限于专业训练室内。

全员训导模式主张将传统经验与心理训导相结合，在日常生活和平凡小事上对罪犯进行文化渗透、潜移默化的影响，逐渐转化罪犯的立场和观点。应该说，这种模式或许可以作为教育改造的理想模式，但是无论如何，要想使这一模式得以实现，其前提是每一位监狱人民警察在作为管理者、教育者的同时，还是一名心理学专业人员。显然，从目前来看，这种模式实现起来还相当

困难，还需要一个漫长的过程。

在以上介绍的四种模式中，前两种属于狭义的心理矫正模式，专业性强，难度较大，主要由专业人员从事矫正工作，其目的直接着眼于罪犯心理疾病的缓解和消除，以及罪犯人格的成长。后两种属于广义的心理矫正模式，主要由经过一定培养训练的监狱人民警察从事矫正工作，实际上是心理学和心理矫正的理论与方法在改造罪犯工作中的运用，其目的是运用心理矫正的原理和方法为改造工作和监狱安全服务。因此，后两种模式与其说是心理矫正的模式，不如说是教育改造的模式。

在实际运用中，很难区分各种模式的优劣，但从心理矫正规范化和专业化的角度来讲，应对有心理问题的普通罪犯提倡发展心理矫正模式，对有心理障碍和精神疾病的罪犯在运用医疗模式的同时，提倡发展模式中尊重病犯人格、挖掘病犯潜能的思想。至于广大监狱人民警察学习心理学和心理矫正知识，并在改造实践中运用，探索出一些有实际效能的矫正模式或教育模式，是一件非常值得提倡和鼓励的事情，但需要进一步规范化，而且必须把它与专业性的心理矫正工作区别开来，不能混为一谈。

第三节　犯罪心理矫正的组织实施

心理矫正对我国罪犯改造工作而言，还是一项新的工作。由于它自身的科学性、规范性和严密性，要求在具体实施过程中，必须遵循严格的程序，制订周密的计划，进行科学的管理，并注意及时总结和提高。心理矫正对服刑人员教育改造有很重要的作用，但是要想使心理矫正工作稳定高效地进行，必须把心理矫正工作与入监教育、个别教育、生产劳动等相结合，这样才能使监狱心理矫正工作更加人性化，管理更加文明化，服刑人员才能更加积极改造，获得新生。监狱应当运用科学的心理矫正手段，巧妙地把握心理矫正工作“七个结合”，科学合理的开展罪犯心理矫正工作。

一、心理矫正工作要与入监教育工作相结合

入监教育工作是监狱对服刑人员进行的一种适应性和应知性的教育过程。服刑人员初次投监后，自我归类为弱势群体，他们会出现弱势心理现象。在新

的环境中反映出心灵脆弱与困境，有些服刑人员会产生悲观、消极情绪，对监狱民警执法态度不认同，还有些服刑人员对环境产生陌生感和恐惧感，甚至有破罐破摔等负面情绪，进而采取一些严重影响自身心理健康的行为。通过入监教育，可以让服刑人员放弃不切实际和不正当的需求，通过了解监狱的改造、生产状况消除对监狱的陌生感；尽快适应学习及生活，消除对监狱和民警的戒备心理，从而让他们有一个心理过渡期及缓冲期；熟知党的劳教工作方针、指导思想、政策及基本任务，从而完成认清自我、升华思想、改正恶习的任务。但是，在这个过程中，会遇到很多困难，因为这个时期是个别服刑人员情绪反常、消极悲观、易怒易攻击等反改造行为的凸显高峰期，也是服刑人员能否顺利完成心理改造的关键期。他们因为突然的生活改变及自身以前的一些心理障碍，会一时难以接受监狱改造的事实，不能以平常心及正确的态度面对接下来的生活。因此，在入监教育中应该把抚平服刑人员多变的情绪，让其正确勇敢面对现实作为重点。另外，心理矫正工作是一个长期漫长的改造工作，为了使以后的矫正工作有良好的基础及可参考资料，在服刑人员服刑心理状态的调查中需了解服刑人员的身体健康状况（有无脑损伤和神经系统病史），然后了解省籍、职业、年龄、文化程度、犯罪类型、原判刑期的构成情况。在此基础上，通过运用明尼苏达多项人格测验、艾森克人格问卷量表对其心理、个性、性格进行科学的测验，做出准确的心理评估，并根据基本情况及测验结果制订一个基本的矫正书面计划书，为每个服刑人员建立好心理健康档案。

二、心理矫正工作要与个别教育及集体教育工作相结合

个别教育具有针对性强、解决问题迅速、及时的优点，它可以根据每个人的心理特点和个性特点进行“因人施教”的教育，在转化服刑人员的价值观、思想及矫正其不良行为中发挥着重大作用。但因为服刑人员的自身生活经历，个性心理差异，心理隐蔽性的强弱、健康状况及潜在的一些危险因素短时间难以被暴露，特别是那些“多进宫”的人员，有些已经形成行为孤僻怪异、扭曲的障碍心理，因此在关注服刑人员的服刑现状时，应根据不同心理特征和表现恰当地运用心理矫正技术，并对个体进行干预，提高他们的心理健康水平，消除其不合理情绪，及时矫正服刑人员自身的心理问题和障碍，这无疑对心理矫正工作是个良好的补充。如个别服刑人员因心灵脆弱在改造中变得慵懒，容易悲观，平时沉默寡言，抗挫折能力弱，一般不轻易暴露自己的内心，容易自伤或自残，不愿向监狱民警讲真话，容易走向极端，使监狱民警很难了解他的情

况和内心的想法。针对这些情况要从其内心深处找原因，把握其产生极端情绪的真正原因，科学认识、积极引导，并对其进行解除恐惧心理的心理行为强化训练和行为干预，大力开展个别教育。有时同一宿舍或同一监区的服刑人员会相互影响产生相同的思想动态，这时应根据心理联络员提供的信息，对他们进行集体教育。

三、心理矫正工作要与生产劳动相结合

在当前的条件下，劳动仍然是教育改造的主要手段之一。对服刑人员而言，一定的矫正性劳动能矫正他们的许多恶习，帮助形成正确的认知和行为方式。在具体实践的过程中，如不能正确认识和对待劳动本身及劳动中存在的许多问题，心理问题就容易产生。这些问题往往包括对劳动中条件差、任务重、时间长等表示不满和怨恨，劳动现场随时可能因为各种因素引发服刑人员打架斗殴等突发事件。除认真向服刑人员讲明劳动的价值、解决其劳动过程中实际存在的各种问题外，心理矫正工作在此必将发挥应有的作用。

服刑人员中很多属于兴奋型，心理状态不稳定，自我心理平衡能力低下，对事情缺乏全面的分析，处理问题多于片面性和主观臆断性，在碰到批评或挫折时，情绪变化激烈，易于冲动。这就要求管教干警在处理劳动现场的争端时，不仅要做到公开、公正，还要关注当事人的精神和心理状态，在讲清道理、明辨利害的同时一旦发现其处于冲动状态，即能熟练地运用心理学的某些原理，说服当事人；可以借助具体事实，分析其有害心理的由来，帮助他们分析行为的利弊，最后达到由“欲望控制服刑人员”转变为“服刑人员控制欲望”的目的，使他们能以正确的心态面对劳动，处理争执，真正发挥劳动所具有的矫正功能。

四、心理矫正工作要与解决实际问题相结合

服刑人员的心理问题主要是由实际问题引发的，解决服刑人员的后顾之忧，才能有效地杜绝服刑人员的心理问题。因此，监狱应当根据服刑人员的实际问题，在狱内要为其塑造健康的心理；在狱外更要倾力帮助他们解决实际困难，提供适当的社会帮助：对于家庭困难的罪犯帮助其办理社会保障，对于孩子就学困难的罪犯帮助其解决就学问题，对于即将出狱的罪犯给予其就业指导等。将服刑人员心理健康教育纳入教育总体规划，根据他们的心理、生理特点，结合年龄、文化程度等实际情况，创新运用心理漫画、情景剧等多种形

式，缓解服刑人员的改造压力；同时，监狱还需帮助服刑人员度过社会歧视关和就业谋生关。只有不断夯实硬件基础，提升软件实力，才能使心理矫正更规范、扎实地开展。具体做法如下。

1. 加强硬件设施建设

建立服刑人员心理健康指导中心功能室，其中包括预约等候室、中央控制室、团体辅导室、心理测评与档案室、个体咨询室、网络咨询室；同时建立音养室、宣泄室、生物反馈室与沙盘治疗室。

2. 加强工作机制建设

通过不断完善制度建设，夯实心理健康教育基础。

（1）建立罪犯心理咨询工作月例会制度。每月定期召开罪犯心理咨询工作月例会，通报当月各监区心理咨询工作开展情况，罪犯中个性问题和群体性、倾向性问题，并开展针对性的研讨活动。

（2）建立心理矫正工作制度体系。制定并出台《心理咨询及心理咨询工作人员守则》等工作制度，把心理矫正工作内容列入监狱年度工作责任制考核，有力推进罪犯心理矫正工作的开展。

（3）实行顽危犯会诊制度。结合新时期监狱教育改造工作的要求，定期召开由监狱分管领导、相关部门召开的顽危犯会诊会议，不仅为监狱民警提供互相学习、共同提高的工作平台，推动个别教育工作深入发展，还能实现监狱民警优势教育资源利用最大化。

（4）建立罪犯心理危机干预制度。结合监管安全工作需要，确定心理危机干预的内容和对象，采用面对面、家庭干预和社会干预等方式，对罪犯开展心理危机干预，通过采取心理疏导、危机调停等措施，缓解罪犯心理冲突，防止发生突发事件或发展成严重精神疾病。

3. 加强监狱心理矫正工作管理平台建设

建设心理矫正管理系统，构筑心理咨询工作的高速网络平台，实现心理矫正工作的标准化、规范化和网络信息化的管理模式。

（1）全面建立罪犯心理健康档案。管理系统采用光标智能读卡阅卷的方式，用软件自动生成电子数据，可提高工作效率和准确度，更有利于各项数据的永久保存，监狱对罪犯建立的心理档案能更加科学、快速、有效地反映出每名服刑人员的心理、行为特征及改造表现，使全监民警能准确地了解所管理服刑人员的个性特点、心理健康状况，为监狱民警进行针对性管理、教育和矫正提供了科学依据。

（2）利用网络加强对心理咨询民警的管理与考核。建立以服刑人员心理健康指导中心为指导，以各监区、警区为主体，以罪犯同伴辅导员为基础的心理咨询网络，使心理咨询工作顺利进行。

（3）健全监区心理矫正多元激励机制。监狱强化业务激励，定期对监区心理辅导员进行心理矫正业务培训或外送参加学术研讨以及社会上有资质培训机构的定期培训。同时，对监区心理辅导员给监区罪犯开设的心理教育专题讲座，举办团体心理辅导以及心理咨询的工作给予一定的物质补助。进一步激发兼职心理矫正人员的工作热情，强化协管激励对在监区心理矫正活动中表现积极，及时协助监狱民警制止和化解心理危机的罪犯同伴辅导员，严格依照计分考核办法，给予适当的专项奖励分激励。强化综合激励，将监区心理矫正工作纳入监狱排头兵考核，作为监区创优、创先人才选拔任用的重要指标，监狱每年开展优秀心理辅导站、优秀监狱民警心理辅导员以及罪犯优秀心理信息员评比活动，对优秀监区心理辅导员优先提名省级管教标兵（或能手），优先竞争上岗监狱科（监区）领导岗位。

（4）建立监区罪犯心理防控联动机制。推行罪犯心理动态评估分析，罪犯同伴辅导员每周向监区心理辅导站报告小组罪犯心理信息；监区民警心理辅导员在监区狱情分析会上通报本监区罪犯心理动向，分析危险行为苗头，提出心理预测及应对策略。心理矫正职能部门挂钩专职心理咨询师，每月及时给监区提供专业的指导和建议，并联合监区心理辅导员综合分析该监区罪犯心理动态状况，通过分析罪犯犯罪史、行为习惯，结合面谈和心理测试等方式，对监区罪犯心理状况进行综合评估，对监区有心理问题的罪犯进行分类归档，确定一般心理问题、严重心理问题、神经症性心理问题、人格障碍疑似精神疾病等不同危险等级。推行心理危机预警干预。监区对存在自伤、自残、自杀、行凶等极端心理倾向的罪犯，心理辅导站严格依照危机发现、评估确认、预警发出、危机干预和善后处置等流程环节，联合监狱心理健康指导中心，及时落实管控干预措施，确保心理危机干预成功。

（5）建立以服刑人员心理健康指导为中心与以监区为核心的心理矫正工作网络。与各监区、刑执各科室进行连接，将矫正中心、各监区、刑执各科室的局部工作变成整体协作。通过自动化测试、远程咨询、远程测试、信息上报、领导查询等各项系统功能，实现服刑人员心理健康指导中心与监区之间、心理咨询师与教育干事之间、日常事务与个人事物之间的协同管理，更加有效地规范工作流程，提高信息应用水平，简化管理，加强沟通，提升工作效率。

（6）机构科学化设置。监狱必须根据单位实际以及押犯特点，在反复调研的基础上，在各监区建立心理辅导站，推行一区一站监区心理矫正工作模式。

监狱要积极超前谋划，筹集专项资金在每个监区设置罪犯心理辅导站，心理辅导站站长由监区主管改造领导担任，成员包括职能科室挂钩专职心理咨询师及监区心理辅导员，各心理辅导站配备民警心理辅导员 2 ～ 4 人。同时，在罪犯中以监舍为单位设置罪犯同伴辅导员，每个监舍中应有一名同伴辅导员，着力“建构中心（指监狱服刑人员心理健康指导中心）辐射、监区主导、全员参与、上下联动”的监狱监区心理矫正格局。

4. 加强社会资源的整合

学校、机关和社会团体与监狱建立长期帮扶关系。虽然在不遗余力地帮助服刑人员加强改造，但是监狱民警仍然表示监狱的力量是微薄的，要让服刑人员真正“新生”，还需要社会上更多力量的支持。

5. 加强心理健康教育

以“和谐改造从健康心理开始”为主题，积极开展以“八个一”为主要内容的心理健康教育活动，即举办一次心理健康教育专题讲座和团体心理辅导活动；每天播放一档心理健康教育类节目；监区每月组织开展一次亲情进监帮教活动；推广情绪动态晴雨表制度，每月形成心理健康状况分析报告；举办一期心理健康操培训班；以警区为单位每月开展一次心理健康操比赛；对各监区分管教育的领导、教育干事、包组民警和心理辅导员进行一次团体心理辅导培训；各监区每天开展一次心理拓展游戏。“八个一”活动的开展，进一步提高了全体服刑人员的心理健康水平和自我调适能力。

6. 加强罪犯改造质量评估体系建设

（1）建立罪犯入监评估制度和工作流程。在罪犯入监之初，对所有入监新犯进行心理测试。由监狱组织对其进行危险程度、恶性程度、改造难度评估，提出关押和改造的建议，监区根据该建议制定出个体教育改造方案，并确定管理民警。

（2）建立罪犯教育矫正期的评估工作流程。管理民警在了解、熟悉罪犯入监评估材料的基础上，根据监狱评估中心制定的评估内容和要求，围绕遵纪守法意识、思想道德意识、心理健康水平、就业能力、社会适应能力、文化水平，六个方面 28 项因子，对每一名被管理的罪犯每季度实施定期改造评估。

（3）建立罪犯出监评估制度和工作流程。在罪犯刑释前的 3 个月内，根据监狱出监综合评估工作方案，综合罪犯在服刑期间的考核奖惩，教育矫正期的评估结果、心理测试等情况，从遵纪守法意识、思想道德意识、心理健康水平、就业能力、社会适应能力、文化水平等六个方面，就社会适应性和重新犯罪倾向对罪犯进行综合评估，提交综合评估报告、回归管理保护建议书和帮教安置建议书，通过司法厅信息平台将相关信息传送至罪犯原户籍所在地的司法行政机关，为帮教安置、管理控制提供依据。

五、心理矫正工作要与社会心理医学机构工作相结合

随着社会的进步和科学的发展，人的心理问题也变得异常复杂，特别是失去了自由、被限制了行为的服刑人员的心理疾病也逐渐地多样化和深层次化，如果不能及时地给予治疗，任其发展下去，就会造成意想不到的后果。但是，现有的监狱民警掌握的是一些最基本的心理学知识，不具备心理医疗技术和能力。因此，提高教育挽救质量，加强监狱与社会心理医学机构的合作，实行监狱心理矫正工作与社会联办制度显得尤为重要。

（1）邀请有关专家、学者来监狱进行心理知识讲座、团体心理辅导等。

（2）选择本地有实力的医院或心理医生在监狱内设立心理门诊，开展心理咨询、心理治疗工作。

（3）邀请心理学专家来监狱为服刑人员的心理疾病进行会诊和治疗。心理学专业人士的加入，有效地解除了服刑人员心理疾病的困扰。做好服刑人员心理矫正工作，为监狱增强教育挽救工作的有效性和针对性提供重要指导。

六、心理矫正工作与人才培养和专业化队伍建设的结合

要顺利开展心理矫正工作，人的因素是第一位的，除了依靠广大监狱人民警察的主动配合和积极参与之外，更重要的是配备一支素质较高的专业队伍来具体实施这项工作。当然，我们可以从社会上聘请一部分专家来协助和指导工作，根据我国罪犯改造工作的实际情况，心理矫正工作的具体执行与操作，主要应当由监狱人民警察来完成。由于这项工作在专业性方面的特殊要求，必须从管教民警队伍中进行认真挑选，并要进行重点培养。监狱及其上级部门应积极搭建活动载体，创造利于培养专家队伍的环境。

（1）搭建专业的经验交流平台，创设学术氛围，如成立监狱学会心理矫正专业委员会、监狱心理咨询师协会，定期举办学术研讨会、矫正技术展示会，在 OA 网建立矫正工作论坛等，培养本单位、本系统的学术带头人。

（2）监狱管理部门要为心理矫正人员参与专业活动创造条件，提供机会，组织他们参加行业协会（心理学术机构）及其活动，参加业务活动，发表科研论文，扩大理论研究实践视野，提升自身素养。要以具体的奖励措施鼓励他们勤奋探索，不断提高自身的专业兴趣，使专业人员具备学术荣誉感、行家认

同感，产生一批有社会影响力的监狱心理专家。

（3）鼓励心理咨询师参与社会公益活动，在对外的心理援助方面增长自己的才干，利用专业技能为社会公众服务，增强监狱咨询师对社会的影响力，树立监狱民警为人民服务的文明形象。

（4）建设和强化心理矫正团队。团队建设的意义在于团队具有目标导向功能、凝聚功能、激励功能、控制功能四大功能。组建和强化心理矫正团队建设，最大的意义就是能充分发挥和调动团队所有成员的集体智慧，提升团队成员的凝聚力，为共同的目标一起努力、一起思考，集合团队成员间的优秀点子，取长补短，通过集体的努力来完成同一个目标。这有利于提升罪犯心理矫正工作的水平，提高罪犯改造的质量。

七、心理矫正工作要与提升罪犯自我矫正效能相结合

综合利用监狱、监区的不同教育载体，丰富罪犯自我矫正的内容，助推罪犯学会自我矫正。监狱、监区心理辅导员每日上午、下午定时组织罪犯做心理保健操；每周组织罪犯收听狱内心理广播站播放的心理问题专讲；每月开展读小报、评小报、网络焦点话题讨论；每季度收看狱内心理电视节目；每年开展心理图片展、心理剧创作表演、心理健康征文等活动，全方位挖掘罪犯自我矫正潜能，营造罪犯互帮互助的氛围。同时，心理辅导员定期开展对罪犯心理信息员的相关培训，罪犯心理信息员及时汇报罪犯心理问题，及时发现、制止并疏导罪犯的异常行为，进一步前移罪犯“心防”工程，将罪犯自杀、行凶等监管安全隐患消灭在萌芽状态，全力维护监狱监管秩序的持续稳定。

第七章　犯罪心理矫正的未来走向

第一节　犯罪心理矫正的本土化

一、什么是罪犯心理矫正的本土化

我国的罪犯心理矫正工作目前在理论和实践上，基本上是处于引进和模仿西方理论、模式的水平上。这种引进和模仿固然是十分必要的，但这种状况的持续显然不利于我国罪犯心理矫正理论和实践的进一步发展。要摆脱当前的困境，必须走本土化的道路。

所谓“罪犯心理矫正的本土化”，是指我们在引进国外有关心理矫正的理论和方法的同时，应考虑我国的社会背景、传统文化、社会价值取向和国人的人格特征，考虑我国罪犯改造工作的成功经验和现实状况，建构出适合我国国情的罪犯心理矫正理论和方法体系。只有经过本土化的过程，我国的罪犯心理矫正在理论和方法上才会扎根于中国社会，成为改造罪犯的有效武器；也只有经过本土化的过程，我们才能形成自己的理论框架、研究方法和知识体系，使罪犯心理矫正具有我们自己的特色。

二、罪犯心理矫正本土化的具体内容

（一）对西方罪犯心理矫正的理论和方法要加以适当的改造和调整

产生于西方社会的心理矫正理论和方法，深受西方文化与社会习俗的影

响。而我国的社会文化，在历史沿革、文化传统、社会结构、经济条件、价值观念、生活习俗等许多方面，都与西方国家有诸多不同。我国罪犯在人格特点、心理矛盾等方面，与西方监狱的罪犯相比，差别也很明显。因此，在我国监狱开展心理矫正工作，就不能机械地套用西方的理论和方法，而要根据我国罪犯改造的实际情况，对其进行适当的改造和调整。

例如，以移民为主体的美国社会，文化环境相对松散、开放，人们崇尚自由与独立，因此产生于美国的现代人本主义心理学强调心理咨询与治疗的“非指导性”原则，主张以患者为中心。相比之下，长期受到中国传统文化熏陶的中国公民，强调生活的自律化与行为的规范化，人们习惯于克制和依赖。因此，注重个人中心的西方心理矫正方法是否能有效地解决中国人的问题就值得推敲了。曾留学哈佛大学的岳晓东博士认为“启发来询者积极思考与咨询员的适当指导相结合应是中国社会推行心理咨询的最佳模式”。

再如，与注重个人价值的西方人不同，中国人的价值取向常指向社会、集体和家庭，因此中国人的心理问题除与当事人自身的价值观念有关之外，往往还与难以摆脱的外部压力有关。有人认为，在美国，心理咨询师面对的是求询者个人，而中国的心理咨询师则要面对求询者的整个社会环境。

鉴于此，我们在对罪犯进行心理矫正时，既要注意尊重罪犯的主体地位，培养其自助能力，又要给予适当的指导性帮助，启发罪犯全面而深入地分析其犯罪心理、人格障碍及其他精神疾病产生的根源。

（二）对我国传统医学中有关身心疾病和心病心治的宝贵遗产要加以继承和弘扬

我国传统医学在长期探索和发展中积累了一笔丰富的遗产。例如，战国时期的医学名著《黄帝内经》中就有较为丰富的心理病理和心理治疗思想，其中有许多心理治疗方法（如“情治”法、“暗示治疗”等）与现代心理矫正中所采用的方法相对应或有相通之处；在我国中医理论中，有关“悲胜怒、恐胜喜、喜胜忧、怒胜思、思胜恐”的心理疗法，也是极其珍贵的精神遗产。对此，我们应该责无旁贷地去继承它、研究它、弘扬它，这样既有利于丰富和发展我们现有的罪犯心理矫正理论，又有利于中华民族民族意识和民族精神的发扬光大。

（三）要更为自觉地总结、应用我国监狱几十年来改造罪犯的成功经验，使之与心理矫正工作并行不悖、相互补充

我国监狱在半个多世纪以来改造罪犯的实践中，积累了许多宝贵的经验，

我们必须加以认真地总结和提高。尤其是广大监狱人民警察自觉或不自觉地运用心理学的原理和方法改造罪犯的成功经验，如在教育改造中所采用的感化法、说理法、行为训练法、因人施教法等，更应当成为我们当前开展罪犯心理矫正工作的坚实基础。另外，我国监狱在长期实践中还积累了丰厚的罪犯思想教育工作经验，造就了一大批思想教育工作者。虽然他们无法替代心理咨询和治疗专家的工作，但是他们可以和心理矫正专家一起构成连续的服务体，共同帮助罪犯消除反社会心理和其他心理问题，塑造健全人格，真正将罪犯改造成能适应社会的守法公民。

（四）逐步建立和运用有中国特色的罪犯心理矫正理论体系与方法、技术

要真正实现我国罪犯心理矫正工作的本土化，最终必须建立和运用有中国特色的罪犯心理矫正理论体系与方法、技术。为此，既要继续借鉴和吸取国外罪犯心理矫正的先进经验，引进科学的方法和技术手段，又要充分考虑我国的国情，尤其要深入分析我国监狱工作的实际和当前罪犯的心理特点。只有使罪犯心理矫正工作形成中国特色，才能真正成为改造罪犯的有效武器。

第二节 犯罪心理矫正的规范化

一、什么是罪犯心理矫正的规范化

所谓罪犯心理矫正的规范化，是指按照有关规定和基于实践的需要而形成的统一标准或准则，去组织引导、协调约束罪犯心理矫正活动的方式和过程。

首先，罪犯心理矫正的规范化要有统一的标准。这种标准，国家有关部门要以法规性文件或行政命令等形式颁布实施，对全国的罪犯心理矫正工作具有较强的约束力。必须统一遵照执行，各监狱力争达到其标准要求。其次，罪犯心理矫正规范化的形式，是基于实践的需要和心理学职业行为的要求。罪犯心理矫正工作要发展，要更好地发挥作用，必须实现规范化。不仅如此，罪犯心理矫正作为一项心理学职业行为，也必须遵循该行为的普遍性要求。最后，罪犯心理矫正规范化的目的，是为了加强这项工作的标准化、科学化，提高质量

和水平，更好地为改造罪犯服务。同时，在实现罪犯心理矫正规范化的过程中也提高了监狱人民警察的综合素质。

二、制定全国性的罪犯心理矫正工作规范

2003 年 6 月 3 日，中华人民共和国司法部发布第 79 号司法部令——《监狱教育改造工作规定》，自 8 月 1 日起施行。其中，第七章是关于心理矫正的内容：

“第四十三条 监狱应当开展对罪犯的心理矫正工作。心理矫正工作包括：心理健康教育，心理测验，心理咨询和心理疾病治疗。

第四十四条 监狱应当建立心理矫正室，配置必要的设备，由专业人员对罪犯进行心理矫正。

第四十五条 监狱应当对罪犯进行心理健康教育，宣传心理健康知识，使罪犯对心理问题学会自我调节、自我矫正。

第四十六条 监狱应当在罪犯入监教育、服刑改造中期、出监教育期间对罪犯进行心理测验，建立心理档案，为开展有针对性的思想教育和心理矫正提供参考，对重新犯罪的倾向进行预测。

第四十七条 监狱应当配备专门人员，对罪犯提供心理咨询服务，解答罪犯提出的心理问题。

第四十八条 监狱对有心理疾病的罪犯，应当实施治疗；对病情严重的，应当组织有关专业人员会诊，进行专门治疗。

第四十九条 监狱从事心理测验、心理咨询工作的人员应当具备以下条件：

（一）取得心理咨询员、心理咨询师、高级心理咨询师等国家职业资格证书；

（二）具有强烈的事业心和高度的责任感；

（三）具有良好的品行和职业道德。

监狱可以聘请社会专业人员参与对罪犯的心理矫正工作。”

显然，上述规定体现了国家主管机关对监狱罪犯心理矫正工作的高度重视，这是一个很大的进步，对今后这项工作的规范化运作起到极大的促进作用。但是，笔者认为仅仅在《监狱教育改造工作规定》中包含部分心理矫正的内容是远远不够的，无论在规定的范围还是具体的细节上都不能满足实际工作的需要，必须制定专门的《罪犯心理矫正工作规范》。

司法部应组织专门力量，在总结十多年来全国各地开展罪犯心理矫正的实

践经验和借鉴国外有益做法的基础上，研究并制定出中国监狱系统的《罪犯心理矫正工作规范》，从而将罪犯心理矫正工作纳入正规化和制度化的轨道。在《罪犯心理矫正工作规范》中，应在以下方面做出明确规定。

（1）监狱系统罪犯心理矫正的功能、职责与范围：有何作用，包括哪些任务要求和哪方面内容。

（2）管理体制：从中央到监狱分别由哪些部门管理这项工作。

（3）机构设置与人员配备：监狱中罪犯心理矫正机构的规模、编制。

（4）运行操作：罪犯心理测验、心理档案、心理咨询、心理治疗及心理健康教育等的条件、对象、实施步骤等。

（5）经费与设施保障：经费的种类、设施的规格及保障水平。

（6）从业资格认定：从事罪犯心理矫正的人员应具有怎样的资质，拥有何种证书。

（7）评估与考核：采用怎样的标准，怎样考核。

三、加强罪犯心理矫正规范化的理论研究和实践

探索罪犯心理矫正工作虽然已在我国监狱系统开展了十余年，但是总体来说还处于初级阶段，有许多问题需要在理论上探讨、在实践中摸索。其中，如何实现罪犯心理矫正的规范化就是一个需要不断研究的问题。规范化是一个过程，不可能通过制定一个文件、发布一个规定就毕其功于一役，必须在理论与实践的结合上反复验证、不断探索。理论研究者要走出书斋，到实践中去，深入了解目前我国罪犯心理矫正工作的现状和存在的问题；实际工作者也要加强理论学习，主动寻求理论的指导，克服盲目性、随意性，增强专业性、科学性。

第三节　犯罪心理矫正的专业化

目前，在我国的罪犯心理矫正实践中，经过广大从业人员的不断探索，已经摸索出一些有效的方法和技术手段，如利用《中国罪犯心理测试个性分测验》（COPA-PI）对罪犯个性进行评估，运用“四步心理矫正法”对罪犯进行咨询

和治疗，[①]建立宣泄室、静省室、疏导室等疏解和调节罪犯的不良情绪等。但从整体水平和层次来看，其方法和技术的运用还需要在专业化方面进一步提高。心理矫正作为一项专业性很强的工作，其成效如何在一定程度上依赖运转方法和技术的准确性、科学性，只有掌握现有主要方法和技术的实施条件和操作过程，才能根据具体罪犯的心理状况灵活运用。如果不具备这个基础，单凭热情和摸索很难深入推进罪犯心理矫正工作。

一、不同心理治疗流派的方法和技术要选择性使用

国外心理治疗流派纷呈，方法繁多，但如何在我国罪犯心理矫正中运用，是个值得慎重思考的问题。在实际矫正过程中，既不能原样照搬，又不能脱离其基本的治疗原理和精髓，因此要结合实际，谨慎使用。

（一）精神分析疗法不宜直接运用

精神分析学派的理论和技术重在挖掘来访者的无意识心理和早年经验，通过自由联想、释梦、分析来访者的抗拒和移情以及解释等方法，使来访者的无意识冲突意识化，从而领悟心理疾病的原因，增强自我的力量，战胜心理疾病。

笔者认为，在罪犯心理矫正中，不宜直接运用精神分析疗法进行治疗，主要原因如下：第一，精神分析的技术复杂、深奥，很不容易掌握，更不用说熟炼地运用；第二，精神分析疗法的运用特别强调治疗师被分析的经验和专业分析训练，而我国监狱绝大部分矫正工作者根本不具备这些经历；第三，精神分析学说中的泛性色彩有其荒谬之处，不容易被整体文化水平较低的服刑罪犯理解和接受。

但是，精神分析理论在罪犯心理矫正中的一大贡献却不容忽视，那就是它能帮助矫正工作者更加深刻地认识罪犯心理疾病和人格特点的成因，认识罪犯存在于无意识中的若干心理冲突。对领悟能力较高的罪犯，在适当的时候，运用适当的语言向他们阐释，也能获得一定的效果。

（二）行为治疗的方法和技术要注意人性化使用

行为疗法建立在学习理论的基础上，认为人的不良行为也像良好行为一样是通过学习得来的，因而也可以通过学习消除或减低。行为治疗法注重被治疗

① 罗大华，胡一丁．犯罪心理与矫治新论 [M]. 北京：中国政法大学出版社，2003: 577.

者外显不良行为的改变，通过系统脱敏法、厌恶治疗法、代币法、生物反馈法等具体方法和技术，改变被治疗者的不良行为。

在罪犯心理矫正中，行为疗法常用来治疗罪犯的不良行为习惯，比如吸毒、口吃、某些性变态行为、恐怖症、焦虑症等，具有实用、简约、有效的特点。但由于行为疗法不主张探讨被治疗者的动机和情绪，也不注重他们以往的生活史，因而容易导致为治疗而治疗，忽略人的感受和体验的局面。在对罪犯的具体矫正中，如果运用行为疗法，要注意人性化运用。比如，在使用厌恶治疗法之前，要向罪犯讲明这种方法的过程和原理，如果有必要可以让罪犯了解一些痛苦的反应，让罪犯有心理准备，并能很好地配合治疗。在治疗过程中，治疗师要及时了解罪犯的感受和想法，并不断鼓励罪犯坚持治疗。

（三）正确把握和运用人本治疗法

人本治疗法秉承人本主义的观点，以来访者为中心，重视来访者的人格尊严，将心理治疗的过程视为治疗师为来访者设置的一种自我成长的教育机会。治疗师并非指导者，而是以同等的地位对待来访者，确认来访者具有觉醒的能力；只要给他提供自然的、和谐的、良好的环境氛围，来访者自然就会摆脱自我观念中不真实的外衣，暴露出个人人格的真实面，最终实现自我振作、重建自我的目标。人本治疗的关键是通过对来访者的真诚、无条件的关怀和共情（empathy）态度，为来访者提供良好的人际氛围和成长的环境，从而促使来访者开放真实的自我、找回失去的信心、走出自我的天地，进而得到自我成长。

在我国罪犯心理矫正实践中，人本疗法不是用多了，而是用得不够，并且很多时候在运用时并未建立在把握人本疗法精髓的基础上。如果在矫正实践中，矫正工作者扮演的是一种指导者、教育者、训导者，或是穿着白大褂的警察的角色，在咨询过程中给予太多的指导、训诫、评价、判断甚至是批评，那么矫正工作者就无法深入罪犯的内心世界，无法给来访罪犯提供自我开放的良好氛围，也无法给予来访罪犯调动自身潜能战胜疾病的机会。这种与做思想工作无异的做法，在我国罪犯心理矫正实践中比比皆是。

例如，在某案例中，某罪犯给父母写信，好几封都被退了回来，由此向监狱心理咨询员说他们（指父母）都死了，咨询员听后分析了退信的几种可能的原因，然后说了下面一段话："以前父母都很爱惜你，他们图的是什么，就是希望你能变好，希望你能有出息。望子成龙是天下父母的心愿，你单考虑自己的不好受，写信回去被退了回来，就认定他们都死光了！这算什么话？你作为父母的儿子，都这么大了，你有没有考虑过父母的感受？儿子一错再错，儿子坐牢坐了一次又一次，他们怎么面对现实，怎么面对周围的人？难道父母就不要面子，不痛惜自己的儿子？你现在还没有结婚，等到你为人父母了，就会体会到父母是如何含辛茹苦地把自己的儿女拉扯大的了，就会体会到父母对儿子的良苦用心。一封信被退了回来，一句话就否定了父母的深情，就那么简单吗……”

此番话中，监狱心理咨询员遵循一般教育者的思路对来访罪犯进行训诫和质问，不但没有体察到来访罪犯的内心感受和细微的原因，而且与任何一位非专业人士一样站在批判者的角度对来访罪犯进行了批评。在此案例中，咨询员事后虽然通过与罪犯家人电话联系而帮助罪犯获得了与亲人之间的交流和沟通，但是存在于罪犯内心深处的情感、想法并未得到充分疏解，更不用提罪犯对自身问题的领悟、对自身潜能的利用和人格的成长了。

（四）认知疗法要与启发罪犯领悟相结合，要注重改变深层观念

认知疗法认为在影响个体情绪和行为后果的因素中，主要原因不是客观环境刺激或既成事实，而是个体所持的观念和看法，认为心理异常的原因就是人有自寻烦恼或庸人自扰的心理特征，对客观事件不自觉持有错误的观念和解释，从而造成心理异常。因此，治疗师的责任就是指导和劝说，从而纠正来访者对事件本身所产生的错误观念，以达到心理治疗的目的。

认知疗法可以广泛应用于任何罪犯心理疾病的治疗中，只是如果运用不当，很容易演变成对罪犯错误观念的质疑和批判，从而导致罪犯产生逆反和抗拒心理。因此，在实际运用中可基本遵循下列程序，既有教育心理咨询员的指导和劝说，又不失来访罪犯在矫正过程中的主体性和主动性，以保证取得较好的治疗效果。

（1）让来访罪犯自己反省，目前生活中有哪些信念常常萦绕心头、挥之不去，以致造成他情绪上的痛苦；

（2）鼓励来访罪犯自行分析验证这些信念是否合理；

（3）通过来访罪犯的回忆和分析，明确指出其信念的不合理之处；

（4）采用简单易懂的逻辑推理，分析来访罪犯的不合理信念及其原因；

（5）向罪犯说明并力图使罪犯领悟，正是这些不合理信念造成他的心理困扰；

（6）举出其他人思想荒诞不经造成严重后果的事例，咨询员可以施展幽默，加深来访罪犯的认识和领悟；

（7）启发来访罪犯，如何替换原有的不合理信念，并加以联系；

（8）让来访罪犯学会在以后类似的实践中运用治疗中的经验，学会用合理的思维方式处理问题，避免重蹈覆辙。

心理矫正专业人员要时刻注意，一旦你成为咨询、治疗过程的主角，滔滔不绝、不厌其烦地为罪犯做分析，而罪犯成为配角和观众的时候，纵使这分析再精辟、准确，也难以达到理想的效果，其根本原因是来访罪犯要想获得改变，必须自己获得领悟，这个过程需要凭借启发而不是灌输才能实现。

还需要注意的是，罪犯的错误观念常常以结构的形式存在，像一棵树一样，他表达出的错误观念常常就如树的枝叶，而这些枝叶又都有自己归属的树杈和主干的分支。因此，心理矫正专业人员还要善于帮助罪犯领悟表面错误观念背后的基本的、核心的观念，这样才能触及罪犯心理问题的实质。经常的情况是，要通过至少几次咨询（而不是一次简单了事）和咨询员敏锐的洞察才能做到这一点。

二、罪犯心理矫正方法和技术的运用过程要严谨而科学

在罪犯实际心理矫正中，可以选择和运用的具体方法和技术很多，一部分方法和技术运用的频率很高，如运用心理测验对罪犯进行心理评估的技术，咨询中的倾听、提问、共情、解释、表达等技术，心理治疗中的放松技术、关注技术、与不合理信念的辩论技术等。对这些方法和技术的运用要严谨而科学。

（一）运用心理评估技术的严谨性和科学性

心理评估技术是认识被矫正罪犯心理问题及其人格特点的重要一环，从实践来看，目前主要存在不准确性、随意性、静止性的问题。

1. 不准确性

不准确性是指心理评估不能很好地把握罪犯的特点和心理问题的性质、类型和程度，具体而言：第一，来访罪犯的心理问题属于什么性质的问题，是精神病问题还是神经症问题，或者是一般的心理问题。由于多数监狱心理咨询员没有经历过精神病学知识的学习和训练，从而不能很好地辨识精神病犯和具有一般心理问题的正常罪犯，盲目对不适合进行咨询的罪犯进行咨询，其后果可能直接导致某些病犯病情的延误。第二，来访罪犯心理问题的类型、程度和表现是什么，其大体个性特点是什么。回答这个问题是为进一步制定和实施咨询方案提供详尽资料。目前，在这一问题的评估上，由于咨询员不太注重病史资料的收集，因而使这一过程显得短促而匆忙，不易得出较为准确的判断。另外，不准确还比较突出地体现在评估工具的选择上，评估工具需要根据罪犯的

实际情况而选择，对现有的几个心理测验量表不能不加选择地运用。例如，明尼苏达多相人格测验主要用来测查来访罪犯的病态倾向，假如来访罪犯只是表现出一般的适应性问题，则可以不必使用；焦虑自测量表主要评定的是罪犯的焦虑情绪程度，只有罪犯存在焦虑情绪时才适用，否则便不适用。即便运用这些量表，其常模是为社会一般人群制定的，直接用它作为比较罪犯的标准，也会产生若干偏差。

2. 随意性

随意性是指评估的过程简单任意，没有建立在收集资料、细致分析、追踪调查的基础上。对罪犯的评估需要收集大量资料，如罪犯的人口学资料、支持系统、家庭情况、人际关系、平时对待类似问题的态度和做法、心理社会发展历史、健康和医疗史等，这些资料对于全面、正确认识罪犯至关重要。随意性诊断在一些监狱小报的咨询信箱栏目中表现得尤为突出：罪犯在寥寥几句情况介绍后，监狱心理咨询员在回答中就根据这几句话做出“你得了焦虑症”或“你得了强迫症”的诊断，未免太过于草率、随意和不负责任。

3. 静止性

静止性是指将评估看作一次性完成和了结的事情，主要通过心理测验的几项简单数字下结论，而这些结论在心理咨询档案中固定下来，成为认识和评价罪犯的静止性依据，忽略了来访罪犯心理状态的动态性变化。实际上，罪犯心理评估应该贯穿心理矫正的全过程，只有这样才能及时、准确地把握罪犯心理在矫正过程中的变化和罪犯心理问题的消解过程，并根据这些变化及时调整矫正方案。

（二）罪犯心理咨询方法和技术的运用要到位

罪犯心理咨询中的方法和技术包括三大类：第一类是与来访罪犯建立良好咨询关系的技术，包括真诚、无条件关注和共情；第二类是参与性技术，包括倾听、反应、澄清、具体化等；第三类是影响性技术或干预性技术，包括表达、解释等。这些技术目前在罪犯心理咨询过程中很常用，但是最常见、最主要的问题是运用不到位。下面仅就其中的几方面加以分析。

共情，与其说是一种技术，不如说是一种态度，是咨询员设身处地体验对方内心世界，陪伴来访罪犯共同面对他的困难和问题的态度。共情在咨询员与来访罪犯建立咨询关系中扮演着重要角色。罗杰斯的一段话很能让我们体验在咨询和治疗关系中共情的重要性：“对治疗师来说，与病人建立联系是一次新的冒险，他觉得这就是那个人，我的病人，我有点害怕他，害怕他的深度，因为我有点害怕我自己的深度。然而当他开始讲话时，我开始尊重他，觉得我与他的关系像家庭成员般的密切。我感觉到他的世界对他来说是多么令人惧怕，他也在努力把握这个世界，我愿意感受他的情感，我希望他能明白在他黑暗、狭小、枯竭的世界中有我与他同在，与他同行，并且我对此无所恐惧。我希望在与他的关系中能坦率、清晰地表达我的情感，与他一道踏上令人惧怕的旅程，进入他自己，进入被他所深藏的惧怕、恐惧。这是一个充满人情味的、也是难以预测的旅程。我认识到由于他自己的惧怕，他会把我看作冷漠的、不理解他的人，我希望完全接受他的这些情感，然而我也希望我能以一个他能接受的方式表达我的真实情感而不致被他误解。最重要的是我希望他以真实的样子和我交往，我能在与他的关系中坦率地表现我本来的面目和我本来的感觉，这就是我治疗的基础，他也许能成为本来的他，开放且毫无惧怕。”

监狱心理咨询员虽然面临的对象是罪犯，但是也需要共情的投入和参与，因为没有它就不会与罪犯建立起良好的关系；没有它罪犯就不会袒露心扉；没有它咨询和治疗进程就无法顺利展开，从而取得良好的效果。目前的罪犯心理咨询多属一次性咨询，在有限的时间里监狱咨询员肯定会运用倾听、提问、解释等技术，但现实问题是罪犯在思量了很长时间终于鼓起勇气走进咨询室时，他的问题很难在一次时间里得到解决，这样即便运用到各种方法和技术也只能是比较仓促的，很难做到位。就倾听技术而言，绝不是一般意义上的听和听到，而是全然地、全神贯注地、完整地、积极地倾听，不但听到字面意思，而且听到字面背后所隐含的情绪情感、体验和感受。倾听时，咨询员的目光、表情、姿势和动作都包含着对罪犯的关切和理解。

（三）罪犯心理治疗的方法和技术需谨慎适用

罪犯心理治疗的方法和技术应该说在所有心理矫正的方法和技术中是专业性最强的一部分，不经过专门培训达到熟练掌握，是无法运用到矫正实践中的。如行为疗法的放松技术、格式塔疗法的空椅技术、合理情绪疗法中的与不合理信念辩论技术，还有角色扮演技术、自信训练技术、催眠技术、心理剧等。鉴于监狱心理矫正专业人员极其有限，大多数技术还未被治疗实践所运用，最常用的当数放松技术，多数情况下是利用多媒体播放指导语进行的。在尚未熟练掌握心理治疗的相关理论和方法技术之前，凭借简单的了解和自学，在罪犯心理治疗领域进行探索时，要持相当谨慎的态度，因为一旦治疗过程开始，治疗师就不容易把握情势的发展，很可能会产生消极的后果，所以心理治疗一定要经过专业培训方可尝试。

第四节 犯罪心理矫正队伍的专业化

前已述及，目前我国罪犯心理矫正队伍的专业化水平总体较低，这是制约整个心理矫正工作向纵深发展的瓶颈，是这项工作长期处于低水平徘徊的根本原因。队伍的专业化是罪犯心理矫正专业化的一个方面，因为这一方面的极端重要性，所以专门进行论述。

一、从业人员的选择

鉴于罪犯心理矫正工作专业性强、责任重大，监狱选拔从业人员时至少要注意把握以下两个方面。

（一）热爱心理矫正工作，责任心强

监狱心理矫正工作者要热爱所从事的工作，对矫正工作本身有着浓厚的兴趣和热情。平日就有助人为乐的价值趋向，在帮助他人的同时，自己也获得道义上的满足。对罪犯心理矫正的热情，是出于对这种助人活动本身感兴趣的动机，而绝不是其他利己的动机，这一点非常重要。

监狱心理矫正工作者的责任心有三层含义：第一，对来访罪犯认真负责，严格按照道德规范和法律规范帮助他们，绝不能超越道德、法律的界限；第二，要对监狱、对社会负责，通过消除来访罪犯的心理问题，给他所在的监区、周围的朋友和亲人带来安定和快乐，为监狱安全做出一份贡献；第三，对自己负责，对心理矫正这一职业负责，努力提高自己的专业水平，积极寻求自我成长的途径，不因为自己的无知、怠惰和失误给自己和这个职业涂上污点。

（二）素质要求

1. 人格基本健全

作为监狱心理矫正工作者，应该具备较为健全的人格，为人开朗、豁达、热心、诚恳，有着较强的开放意识和探索精神，自我调节不良情绪的能力较强，能与他人建立良好的人际关系，有自信心。

2. 有一定的学习能力和反思能力

心理咨询职业的专业性强、实践性强、个别差异大，因此监狱心理咨询员要不断学习、不断摸索、不断成长，才能增长才干。咨询员还要有自知之明，能对工作不断地进行反思，每一次咨询和治疗，都要对自己的状态保持警觉，觉察到自己内心产生了什么反应，为什么会产生这些反应，以防止咨询员个人的投射心理和各种偏差的干扰。

3. 有一定的移情能力

这里的移情，是指监狱心理咨询员在罪犯心理矫正工作中能投入自己的感情，能与来访罪犯建立起新型的建设性的人际关系。心理矫正是人与人、心与心甚至生命与生命、灵魂与灵魂打交道的职业，是所有职业中人际关系最为密切的职业之一，因此美国心理学家R. R.卡可夫称心理咨询是“生命的流露”。① 只有咨询员投入自己的真情实感，对来访罪犯充满爱心和关切，视帮助来访罪犯为自己的崇高责任，才能最大限度地帮助罪犯成长。反之，一个自私、冷漠，视来访罪犯为麻烦，处处计较个人得失的咨询员，即使拥有多么高深的学问也无法给罪犯提供真正意义的帮助。

4. 具备一定的知识基础

作为一名监狱心理矫正工作者，除去应该具备以上的素质外，还应该具备心理矫正专业知识和技能。但是，因为目前极少有监狱拥有心理学人才和心理咨询、治疗的专门人才，所以符合以上三个条件的监狱人民警察，只要受过高等教育，具备一定的人文和社会科学基础知识，经过专业培训，学习并掌握心理学和心理矫正的知识和技能，取得相应的资格，也能从事罪犯心理矫正工作。

二、从业人员的培养

（一）要树立对监狱心理咨询员长期培养的观念

目前，一部分监狱的心理矫正工作者接受过一次或几次短期培训，还有一部分接受过一次一年以内较长时间的培训，但是监狱心理咨询员的成长绝不是这几次短期培训或一次较长时间的培训所能奏效的。心理咨询和治疗的专业性和操作性很强，理论博大精深，技术和方法纷繁复杂，非短时间所能掌握。发达国家从事罪犯心理矫正的监狱心理学家一般至少拥有心理学或精神病学学士学位（多数拥有硕士或博士学位），并因为有一定的临床经验、品性良好和通

① 李智慧. 心理咨询的理论与方法 [M]. 北京：北京理工大学出版社，2019: 43.

过行业协会的资格考核而获得了从业资格。我国监狱当然不具备这样的人才条件，但是必须树立通过定期培训（可以纳入职业教育或继续教育轨道）使咨询员尽快成长的观念。

现在一部分监狱出于资金或人员紧张的考虑，对咨询员使用过多，而提供培训的机会过少。或由于监狱对罪犯心理矫正的专业性认识不足，认为咨询员通过一次培训回来就应该全盘展开工作，其结果是选拔的监狱人民警察尚未成长为一名真正的咨询员，他的工作势必停留在浅层次，很难深入开展。当然，监狱心理咨询员完全可以边干边学，只是除去自我摸索外必须不间断地、梯级性地（从初级到中级再到高级）参加规范性培训（尤其是在成长初期），才可以避免走太多的弯路。

（二）建立监狱心理咨询员梯级性常规培训机制

对监狱心理咨询员的培训必须实现常规化、梯级化、规范化和可操作化。

1. 常规化

从司法部到各省（市、自治区）监狱管理部门，都要高度重视监狱心理咨询员培训的长期性，把咨询员培训纳入常规工作之中，避免临时性、偶然性运作。

2. 梯级化

就现状而言，我国监狱心理咨询员培训尚未分出梯级，无论咨询员素质高低、专业技能掌握多少、工作开展情况如何，都千篇一律参加同一形式和同一内容的培训，有部分咨询员反复参加几次培训，但是每次都相差无几。这样的培训不利于其中优秀的咨询员脱颖而出，也不利于心理矫正队伍总体水平的提高。因此，必须根据咨询员的情况进行梯级式培训，即建立初级、中级、高级的培训模式，可以与目前劳动部运作的国家心理咨询师的培训相结合，也可以单独进行。这项工作已得到国家有关部门的重视，并已经开始启动。

3. 规范化

既然要为监狱系统培训优秀的心理咨询专业人员，那么从课程设置、师资配备、教学管理、考试考核、实习等环节都必须进行规范化运作。这里最重要的一个环节就是高水平师资的配备。培训用师资不仅应精通心理咨询和治疗的理论知识，还应该具有丰富的实践经验，确实能引领咨询员的成长。

4. 可操作化

迄今为止，在监狱系统举办的若干次心理矫正培训中，最重要的一个弱点是过分注重理论的传授，实践操作很少或没有。学员在学习过后，模模糊糊地懂得一点知识和道理，但对这些知识如何在实践中运用却常常一无所知。举例来说，“倾听”是一个非常重要和基本的技术和方法，但在实践中如何做到倾听？怎样才算是倾听？倾听中如何做出恰当的反应？仅仅让学员知道必须倾听是远远不够的，必须对学员进行倾听训练，让他们切实感受到倾听与一般意义上“听”的区别，并学会在实际罪犯心理咨询中运用，才算是掌握了这一技能。实际上，心理咨询和治疗的培训与游泳训练是相似的，如果只让学生背会游泳的要领而不在水中实地体验和练习，那么学员永远也无法真正学会游泳。因此，必须加强体验和实践教学环节，让学员学会感受，学会操作。

（三）建立监狱心理咨询员的督导制

督导，是具有咨询专长的督导者对心理咨询学习者（或称受导者）通过观察、分析、评价，在业务学习与实践操作上给予及时的、集中的、具体的指导和帮助，以不断提高学习者对心理咨询的理解和操作技能，是心理咨询业务成长与个人成长的重要环节。①

咨询员也是普通人，他们在矫正实践中肯定会遇到各式各样的问题和比较棘手的个案，需要更精湛的督导者给予业务上的指导。不仅如此，咨询员也面临着自我人格成长的问题，也有自己难以面对和解决的心理冲突，需要督导者陪伴一段路程。

督导制，目前在我国心理咨询和治疗界尚未建立，还没有一个成功的模式可以借鉴。在监狱系统建立督导制可先在小范围内、在条件许可的地区进行试点，逐渐积累经验，扩大督导队伍。但无论如何，要想使咨询员得到更快、更顺利地成长，培训体制和督导体系都非常重要，必不可少。

另外，要为监狱心理咨询员建立统一档案，对咨询员的培训、考核、工作变动等情况进行跟踪，并建立相应的激励机制和专业职称评定机制。作为一个专业技术性岗位，从业人员应该相对固定。监狱心理矫正工作者经过培训得到成长后，一般不宜进行岗位调动，但应该鼓励在不同监狱心理矫正岗位之间进行人员轮换和经验交流。

三、监狱心理咨询员职业适切性的自我判断

监狱咨询员的自我判断和反思能力在咨询中占据重要作用，最先需要反思

① 中国就业培训技术指导中心，中国心理卫生协会组织编写．国家职业资格培训教程 心理咨询师 三级 2012 修订版 [M]. 北京：民族出版社，2012: 75.

的问题是我适合做一个监狱咨询员吗？对下面两方面资料的思考和回答，可以作为监狱咨询员进行职业适应性自我判断的参考。

（一）助人品质反思

助人品质，即作为助人一方的咨询员的素质和职业品性，是咨询和治疗中的关键因素，是能否有效帮助来访罪犯的前提和基础。下面的问题可供监狱心理咨询员对助人品质进行自我思考（原文中第二人称在此改为第一人称）。

（1）我对他人真的很感兴趣吗？

（2）遇到挫折时，我是否容易心情烦乱，无法集中注意力？

（3）我能否耐心地倾听他人诉说和我相反的观点，而不会排斥、不耐烦？

（4）我批评他人时是否按照自己的价值标准？

（5）对别人所说的话，我是否能抓住重点？

（6）当我倾听别人倾诉时，是否希望别人赶快讲完，然后就可以尽情陈述自己的观点？

（7）别人陈述问题时我是否专注？

（8）当别人告诉我隐私时，我是否表现出好奇、震惊或惊讶？

（9）当我对求助者的心理问题的原因感到迷惑时，是否有强烈的愿望去深入寻找？

（10）对于我喜欢的人，我是否容易只看到他的优点，反之是否常看到对方的缺点？

（11）别人是否认为我很理解他人的心情？

（12）如果我的意见与求助者有出入，我是否更愿意相信自己的判断？

（13）我能否化解对他人的不满而不会使自己不舒服？我是否常主动给别人一些忠告和建议？

（14）有人说，江山易改，禀性难移，但我是否更愿意相信人是可变的？

（15）如果与我打交道的人让我感到不舒服，我的情绪就会低落，甚至可能回避？

以上问题可以用“是”或“否”来回答，可供参考的结论是如果得分在13分以上，一般来说已经具备了有效地帮助来访罪犯的基础，这些咨询员大都表现出真诚、热情、有理解力、有条理、较为客观、有自信心的素质和个性品质，比较容易与来访罪犯建立良好的咨访关系。[①]

① 陈巴特尔.心理咨询与治疗[M].天津：天津大学出版社，2009: 28.

（二）自我觉察性反思

监狱心理咨询员在咨询实践中会不断产生各种想法、体验、感受、判断，甚至对来访罪犯产生厌恶、烦躁、紧张、焦虑等消极情绪，有这种情绪没有关系，关键是咨询员能敏锐地觉察到自己的这种情绪，知道这是自己心理和情绪的投射，从而不让它影响到正常的咨询和治疗过程的进行。但是，一些情绪的产生和投射经常是不自觉的过程，因此识别、觉察自己的心理活动和情绪状态就显得更加重要。下面一些问题供监狱心理咨询员思考和回答，以便判断自己的自我觉察能力。

（1）过去我存在哪些心理冲突？在哪些方面留下了一碰就痛的伤疤？

（2）现在我还隐藏着什么样的心理冲突？每当面临这些冲突时，我通常的做法和感受是什么？

（3）我经常使用的防御机制是什么？

（4）我是否经常感受心理不安全感？这些不安全感来自哪里？

（5）我从事罪犯心理咨询的动机是真正出于对助人活动本身的兴趣还是想通过它达到我自己的某些目的？

（6）我常常感到周围的世界对我是友好的还是具有威胁性的？

（7）来访罪犯令我有些不快，为什么会产生这样的情绪？

（8）他引起了我内心深处的哪些东西？

（9）我今天在咨询过程中滔滔不绝地讲话，是想表达我自己的观点还是害怕罪犯的倾诉给自己带来的压力？

（10）每当我感觉咨询不是太成功时，我是感受到深深的挫败感，还是认识到这是成长之必然，自己常给自己打气？

（11）我感觉到咨询中的某个时间我的双手和双腿不由自主交叉到一起，当时我正在体验什么情绪？为什么有防御型姿势的变化？

以上题目只是为监狱心理咨询员提供了自我觉察的线索。实际上，有很多内心活动和情绪感受稍纵即逝，很不易被觉察，另外一些情绪和想法因为受到意识的抵抗而在暗处（无意识中）指挥自己的行动也不易被察觉。但是，咨询员经过专业培训和感受训练，应该练就一双“鹰”的眼睛，不但能外观来访罪犯，及时、敏锐地察觉罪犯心理的微小变化，而且能内视自己，洞察自己心理和情绪变化的来、去和原因，如此才能对罪犯做出恰当而正确的反应和回馈，对自己做出适应性调整。

参考文献

[1] 杨珊珊 . 犯罪心理分析课 [M]. 北京 : 中国法制出版社 , 2019.
[2] 张蔚 . 犯罪心理分析 [M]. 北京 : 中国法制出版社 , 2019.
[3] 许大鹏 . 犯罪心理画像 [M]. 北京 : 台海出版社 , 2018.
[4] 李娟娟 . 犯罪心理分析 [M]. 北京 : 台海出版社 , 2018.
[5] 吴宗宪 . 犯罪心理学分论 [M]. 北京 : 商务印书馆 , 2018.
[6] 任奕瑾 . 职务犯罪心理警示与防范 [M]. 成都 : 电子科技大学出版社 , 2017.
[7] 范辉清 , 王亮 . 犯罪心理分析与干预 [M]. 广州 : 暨南大学出版社 , 2013.
[8] 裴杰 . 职务犯罪心理分析与侦查对策 [M]. 郑州 : 河南人民出版社 , 2006.
[9] 罗大华 . 青少年违法犯罪心理分析 [M]. 北京 : 知识出版社 , 1982.
[10] 邵晓顺 . 犯罪心理分析与矫正 [M]. 杭州 : 浙江大学出版社 , 2015.
[11] 王威宇 . 罪犯心理矫正 [M]. 北京 : 中国政法大学出版社 , 2017.
[12] 马立骥 . 罪犯心理与矫正 [M]. 北京 : 中国政法大学出版社 , 2013.
[13] 王超 . 监禁矫正效能实证研究 [M]. 石家庄 : 河北人民出版社 , 2017.
[14] 范燕宁 , 谢谦宇 , 罗玲 , 等 . 社区矫正社会工作 [M]. 北京 : 中国人民公安大学出版社 , 2015.
[15] 欧渊华 . 社区服刑人员教育矫正理论与实务 [M]. 北京 : 中国法制出版社 , 2016.
[16] 邵晓顺 . 服刑人员心理矫正 [M]. 杭州 : 浙江大学出版社 , 2018.
[17] 周吉 . 未成年人犯罪预防与矫正问题研究——以检察机关未检部门社会职能为视角 [J]. 辽宁公安司法管理干部学院学报 , 2020(04): 59-67.
[18] 徐太军 , 陈文 . 社区矫正柔性治理实施路径探析——以四川省合江县经验为例 [J]. 西华师范大学学报 (哲学社会科学版), 2020(04): 58-65.
[19] 谢玲 . “心理—情境” 视阈下的纵火行为分析 [J]. 中国刑警学院学报 , 2020(02): 46-55.
[20] 潘浪 . 浅谈误判心理学应用于社区矫正工作 [J]. 法制与社会 , 2020(10): 171.

[21] 王钦颢.青少年犯罪的心理特征和矫正措施分析[J].决策探索(下), 2019(10): 91-93.

[22] 邵晓顺.犯罪心理内容及其分析路径探究——以罪犯教育改造为视角[J].公安学刊(浙江警察学院学报), 2019(04): 82-91.

[23] 申权威.大学生犯罪心理分析及预防策略探究[J].校园心理, 2019, 17(02): 143-145.

[24] 赵静.高校大学生犯罪心理分析及教育对策研究[J].中小企业管理与科技(中旬刊), 2018(10): 107-108.

[25] 姚峰.监狱改造模式及效果澄清——兼《犯罪心理分析》述评[J].犯罪与改造研究, 2018(10): 45-49.

[26] 秘雨欣."自杀式"犯罪的心理分析及预防[J].安徽警官职业学院学报, 2018, 17(05): 30-34.

[27] 加草曼.女性犯罪特点及相关因素分析[J].现代商贸工业, 2018, 39(27): 105-106.

[28] 焦迎娜,苏春景.未成年犯罪人的心理特点分析[J].预防青少年犯罪研究, 2018(04): 21-29.

[29] 季翀.老年犯罪嫌疑人审讯研究[D].北京:中国人民公安大学, 2018.

[30] 杨瑞琪.变态人格故意杀人的犯罪心理分析及侦防对策[D].重庆:西南政法大学, 2018.

[31] 蔡竟.青少年暴力犯罪行为心理因素分析及其干预[D].湘潭:湖南科技大学, 2017.

[32] 周璐怡,王子豪,杨鹏翔.观念层面下犯罪的心理因素分析[J].法制与社会, 2017(14): 21-22.

[33] 张澜,蔺娜.高校大学生犯罪心理分析及教育对策研究[J].安徽警官职业学院学报, 2017, 16(03): 92-94.

[34] 余发有,金敏.当代大学生犯罪心理分析与预警模型研究[J].价值工程, 2017, 36(11): 183-185.

[35] 张丽欣,李玫瑾.基于犯罪心理分析的刑事责任能力辨析[J].中国人民公安大学学报(社会科学版), 2017, 33(02): 17-24.

[36] 余军,张敏.犯罪心理分析在心理测试中的作用[J].中国公共安全(学术版), 2017(01): 117-120.

[37] 李栓.浅谈青少年犯罪的心理特征和矫正措施[J].法制博览, 2017(01): 204-205.

[38] 张婷，栾文龙．未成年犯罪人社会化教育研究 [J]. 长春教育学院学报，2015, 31(21): 59-60.

[39] 史丽．老年人犯罪心理分析以及对策 [J]. 才智，2015(34): 164.

[40] 徐超凡．从自我意象系统的视角解读系列犯罪行为 [J]. 山东警察学院学报，2015, 27(03): 118-122.

[41] 孙长柱，张耀军．贪污受贿犯罪心理分析与预防对策：中国犯罪学学会年会论文集 (2014 年)[C]. 中国犯罪学学会，2014: 206-221.

[42] 陈和华．冲动犯罪心理分析：中国犯罪学学会年会论文集 (2014 年)[C]. 中国犯罪学学会，2014: 783-790.

[43] 陈辽海．微观心理分析法在侦查中的应用 [J]. 重庆与世界 (学术版), 2014, 31(05): 76-78.

[44] 张静，张国蓉．弱势群体犯罪心理分析及对策思考 [J]. 法制与社会，2014(12): 252-253.

[45] 李攀．犯罪人及其犯罪心理分析——以女性犯罪为视角 [J]. 法制与社会，2014(08): 286-287.

[46] 瞿业．女性犯罪心理分析和防范措施 [J]. 法制与社会，2013(35): 240-241.

[47] 杨芷英．青少年冲动行为的心理疏导及其矫正 [J]. 重庆社会科学，2013(12): 42-49.

[48] 陈凡龙，关鹏．荣格的情结理论与犯罪动机 [J]. 山东警察学院学报，2013, 25(03): 132-138.

[49] 常谦，张三都．犯罪原因分析——以精神分析为视角 [J]. 湖北警官学院学报，2013, 26(05): 177-179.

[50] 布鹏．信息化背景下讯问策略与方法的应用 [J]. 山西省政法管理干部学院学报，2012, 25(03): 179-181.

[51] 社区矫正社会管理创新项目课题组，陈霄，邱佩钰．不同犯罪类型社区服刑人员 316 例心理差异调查分析 [J]. 交通医学，2012, 26(01): 46-50.

[52] 闫博文．浅谈罪犯心理的社区矫正 [J]. 现代经济信息，2011(18): 252.

[53] 骆群．社区矫正理论基础之多维探析 [J]. 理论研究，2008(01): 48-51.